Jörg-Achim Schröder

Human Ressource Management im Spannungsfeld ‚freiwilligen Engagements‘

Diplomica® Verlag GmbH

Schröder, Jörg-Achim: Human Ressource Management im Spannungsfeld ‚freiwilligen Engagements', Hamburg, Diplomica Verlag GmbH 2011

ISBN: 978-3-8428-5483-3
Druck: Diplomica® Verlag GmbH, Hamburg, 2011

Bibliografische Information der Deutschen Nationalbibliothek:
Die Deutsche Nationalbibliothek verzeichnet diese Publikation in der Deutschen Nationalbibliografie; detaillierte bibliografische Daten sind im Internet über http://dnb.d-nb.de abrufbar.

Die digitale Ausgabe (eBook-Ausgabe) dieses Titels trägt die ISBN 978-3-8428-0483-8 und kann über den Handel oder den Verlag bezogen werden.

Inhaltsverzeichnis

Einleitung

Bürgerschaftliches – bzw. *Freiwilliges Engagement (FE)* und *Frühe Hilfen* als Teil eines solchen Engagements, mit den Ideen des *Human-Resource-Management (HRM)* einander zu verzahnen ist das Vorhaben des vorliegenden Textes. Es scheint zunächst naheliegend, dass das Management menschlicher Ressourcen in unmittelbarer Verbindung zum *Freiwilligen Engagement* steht, geht es doch auch hier darum, vorhandene Ressourcen der Freiwilligen *und* die Freiwilligen *als* Ressource, zumal in organisatorischen Zusammenhängen, zu managen. Dieser Text wird sich zunächst mit dem *Freiwilligen Engagement*[1] in der BRD beschäftigen (Kapitel A), greift anschließend einen spezifischen Bereich solchen Engagements heraus und zwar die so genannten *Frühen Hilfen*, um an diesen, exemplarisch am Bremerhavener Modell[2], Zusammenhänge zum HRM aufzuzeigen (Kapitel B). Damit dies gelingt, wird der Ansatz des HRM aufgegriffen und genauer beschrieben (Kapitel C). Dieser Bereich befasst sich, neben möglichen Ansätzen eines HRM, mit Personalmanagement (Beschaffung und Entwicklung), mit Motivation und Commitment, insbesondere mit Führungsaspekten und Führungstheorien sowie abschließend mit einer Typologie von Führung. Abschließend werden die Erkenntnisse zusammengeführt und dargestellt (Kapitel D). Die Entscheidung für *Frühen Hilfen* und insbesondere für das dargestellte Modell ‚Familie im Stadtteil' (FiS) fiel auf Grund der Möglichkeit, dies genauer beschreiben zu können und der Option, mit Hilfe eines Erhebungsinstrumentes, spezifischen Fragestellungen nachspüren zu dürfen.

Die *Frühen Hilfen* eignen sich auch insofern, als dass sie in vielen kommunalen Modellen der BRD sowie in den zehn *Bundesmodell*projekten vom *Freiwilligen Engagement* der Bürger (mit-)getragen werden. Parallel gibt es professionelle Strukturen dieser Hilfen und auch Mischformen. Häufig gibt es Schnittstellen zwischen dem *Ehrenamt* oder anders gesagt, der *Freiwilligenarbeit* und der professionellen Tätigkeit. Diese Schnittmengen sind nicht unproblematisch, sie eignen sich als Nährboden

---

[1] Synonyme sind Bürgerschaftliches Engagement, Neues Ehrenamt, Ehrenamt auch andere.

[2] Bremerhavener Modell: Familie im Stadtteil (FiS)

für Missverständnisse ebenso, wie für Unmut, Aufbegehren oder Resignation und anderen Gefühlslagen mehr. Wie gelingt in solchen Kontexten ‚*Mitarbeiter*führung', im Sinne von Führung der Freiwilligen, wie gelingt Akquise (Gewinnung von Freiwilligen), Förderung, Kontinuität, ‚Entlohnung', im Sinne auch von Anerkennung, Zusammenarbeit und vieles andere mehr, kurzum, welche Elemente des *Human-Resource-Management* gewinnen hier Bedeutung und wie müssen diese Element gestaltet werden, damit sie in den Strukturen des *Freiwilligen Engagements* Segen bringend, m. a. W. gelingend für alle Beteiligten eingesetzt werden können?

Was also sind die Bedingungen für gelingendes Zusammenwirken von *Freiwilligen* und *Professionellen* sowie deren gemeinsames und hoffentlich erfolgreiches Handeln im Feld? Warum können Menschen *für* eine Sache zusammenwirken, obwohl sie unterschiedlich *ein*gebunden, sowie unterschiedlich vertraglich gebunden sind? Diese Differenzen sind nicht verdeckt, jeder weiß darum. Was bewirkt aber die Akzeptanz dieser Unterschiede? Was bewirkt gelingende Zusammenarbeit und was steht dem entgegen? Welche organisatorischen Elemente müssen vorhanden sein, wenn grundlegende Zusammenarbeit funktionieren soll und welche verhindern dies? Arbeiten die einen *fürs Geld* und die anderen *für die Ehre*? Ist es für die einen nur ein *Job* und für die anderen eben ein *(Ehren-)Amt* oder ist *Freiwilliges Engagement* an gar kein *Amt* mehr gebunden? Ist das sichtbare *Engagement* nicht eine *freiwillige* Arbeit für *beide* Seiten, sowohl für die *Freiwilligen*, wie auch für die *Profis* (werden doch auch die professionell Tätigen nicht zum Tun gezwungen)?

Das Thema dieser Arbeit, nämlich die Annahme, dass HRM als Haltung, mit seinen theoretischen Ansätzen und methodischen Möglichkeiten, ein Instrument der Gestaltung *Freiwilligen Engagements* (dann aber auch der *Früher Hilfen*) sein kann, wird in den oben benannten Fragen spezifiziert, beides verweist auf nachfolgende Untersuchung. Dieser Text will aufzeigen, dass HRM im Grundsatz als Instrument für den *nicht* professionellen Engagementbereich tauglich ist, das es aber Differenzen zu professionellen Kontexten gibt, in denen das HRM entwickelt wurde und insofern Zuhause ist. Diese Unterschiede sollen herausgearbeitet werden, so dass sich ein tauglicher Kern entblättert, der für diesen Engagementbereich nutzbar ist bzw. werden kann.

A Freiwilliges Engagement

1. Begriffsklärung

„In ein Amt gewählt zu werden, ist oft schädlich für den Körper und immer nachteilig für die Seele."[3]

Dass eine Begriffsklärung, insbesondere des hier gewählten Begriffes ‚Freiwilliges Engagement', notwendig ist, macht schon die Vielzahl parallel verwendeter Begriffe in diesem Feld deutlich. So lässt sich nicht ernsthaft von einer Entwicklungslinie der Begriffe *altes - und neues Ehrenamt – Freiwilligenarbeit – Bürgerschaftliches Engagement oder auch: Bürgerengagement (Baden Württemberg[4])* sprechen, da nicht der eine Begriff den anderen ablöste, sondern die benannten Synonyme noch immer in je unterschiedlichen Kontexten Bestand haben oder von Menschen in gleichen bzw. ähnlichen Kontextstrukturen je anders verwandt werden, je nach individuellen begrifflichen Zugängen. Diese Begriffe sind streng genommen ja keine Termini, keine definierten Fachbegriffe, insofern, so könnte man meinen, kann man auch in ihrer Verwendung nichts falsch machen, dennoch geht es bezüglich dieser Begriffsbildungen nicht nur um semantische Verschiebungen, nicht um einen jeweiligen Bedeutungswandel, wie manchmal angenommen, sondern durchaus um inhaltliche Veränderungen, schließlich verbirgt sich hinter jeder Begrifflichkeit doch etwas anderes. Damit behalten diese je anderen Begriffe ihre Berechtigung, müssten aber mit Inhalten hinterlegt werden und entwickelten sich dadurch dann möglicherweise doch noch zu Termini.

Vom *Ehrenamt* kommend, welches der Ehre, des Ansehens der Person im sozialen Umfeld, also seiner Community wegen übernommen wurde und noch immer wird oder durchaus auch auferlegt werden konnte und immer noch kann (man denke beispielsweise an die bestellten Wahlhelfer, an die Übernahme von Vormundschaften, an die Berufung eines Beisitzers, eines Ehrenrichters/ eines Schöffen), ergibt sich

---

[3] Dieser Satz wird dem faktischen Herrscher von Florenz zugeschrieben, Cosimo de Medici, ein Florentiner Bankier, er lebte von 1389 bis 1464.

[4] vgl. Sozialministerium Baden Württemberg (Hrsg.): Bürgerschaftliches Engagement. Band 3. Stuttgart 1996 oder auch www.buergerengagement.de; auch Hummel, K. (Hrsg.): Bürgerengagement. Seniorengenossenschaften, Bürgerbüros und Gemeinschaftsinitiativen. Freiburg i. Br. 1995

aus diesem „Konzept bürgerschaftlicher Pflichten" (Evers 1998[5]), eine spezifische Anforderung und Aufgabe, welche temporär begrenzt *oder* mit langfristiger Aufgabenbindung versehen ist. Der Wandel vom „alten -" zum „neuen Ehrenamt" vollzog sich mit der *Wiederentdeckung* des Ehrenamtes in der zweiten Hälfte der achtziger Jahre des vergangenen Jahrhunderts (Olk 1989[6]). Diese ‚Wiederentdeckung des Ehrenamtes' war der vorausgegangenen Professionalisierungsdebatte, insbesondere in der Sozialen Arbeit und der Entdeckung der Endlichkeit monetärer Ressourcen geschuldet. (Beher/ Krimmer/ Rauschenbach/ Zimmer 2008[7]). Das „neue Ehrenamt", so die fachwissenschaftliche Rezeption, kennzeichnete sich durch Ausdifferenzierung des Engagements, durch Tendenzen der Angleichung an berufliche Arbeit, durch zunehmende Tätigkeiten in basisnahen Organisationen aus (Beher/ Liebig/ Rauschenbach 2000[8]).

Mit diesen Tendenzen des ‚neuen Ehrenamtes' und dem Aspekt des „Selbstbezugs" wurde der Schritt zur Begriffsfindung der „Freiwilligenarbeit" getan. Es stand mit dieser Wende nicht mehr das ‚Amt' bzw. der ‚Dienst' im Vordergrund des Tuns, sondern das „Prinzip der biografischen Passung" (Jakob 1993[9]). Damit wurde und wird die freiwillige Arbeit als Prozessmedium der eigenen Biografie und der Selbstfindung verstanden. Die Passung erfolgt stets dann, wenn die eigenen Motive und Wünsche sowie die mitgebrachten Erfahrungen und Präferenzen, in einem bestimmten Lebensabschnitt des Freiwilligen, zu den geforderten und gewünschten Aufgabenmerkmalen einer Organisationsaufgabe passen (Beher/ Krimmer/ Rauschenbach/ Zimmer 2008).

---

[5] Evers, A.: Engagement und Bürgertum. In: Transit. Europäische Revue. 1998, H. 15, S.192

[6] Olk, Th.: Vom alten zum neuen Ehrenamt. Ehrenamtliches soziales Engagement außerhalb etablierter Träger. In: Blätter der Wohlfahrtspflege, 1989, H. 1, S.7-10

[7] Beher, K./ Krimmer, H./ Rauschenbach, Th./ Zimmer, A.: Die vergessene Elite. Führungskräfte in gemeinnützigen Organisationen. Weinheim und München 2008

[8] Beher, K./ Liebig, R./ Rauschenbach, Th.: Strukturwandel des Ehrenamtes. Gemeinwohlorientierung im Modernisierungsprozeß. Weinheim und München 2000

[9] Jakob, G.: Zwischen Dienst und Selbstbezug. Eine biographieanalytische Untersuchung ehrenamtlichen Engagements. Opladen 1993

Die Abgrenzung zu dem zwischenzeitlich geläufigen Begriff des „Bürgerlichen Engagement" oder „Bürgerengagement" (vgl. Fußnote 1) erfolgt zum einen über die Art
und Weise eines solchen Engagements, zum anderen über einen zeitlichen Bezug.
Bürgerliches Engagement ist vielschichtig, es spricht sowohl die einmalige oder
dauerhafte Geldspende des Bürgers für eine gemeinnützig orientierte Aufgabe an,
wie auch das unmittelbare Einbringen der Person in einen temporären Arbeitsprozess. Ein solcher Prozess kann sowohl eine einmalige Aktion sein (z.B. das Strei-
chen der Außenfassade des örtlichen Kindergartens an einem Wochenende, die
Wahlkampfaktion einer Partei auf dem Wochenmarkt seines Ortes u.v.a.m.) oder
aber eine auf bestimmte *oder* unbestimmte Dauer angelegte Tätigkeit. Während also
die Freiwilligenarbeit den Arbeitsbegriff aufnimmt und gewissermaßen fokussiert,
spricht das Bürgerengagement *jegliches* Engagement an, welches auf das Gemeinwohl hin ausgerichtet ist. Kennzeichen eines solchen Engagements ist nicht passive
Teilhabe am gemeinnützigen Geschehen, sondern *aktive* Beteiligung. Ob diese aber
in Form von einmaliger oder wiederkehrender bzw. regelmäßiger Geld- oder Sach-
spende oder aber in Form von temporär begrenzter *oder* dauerhafter Arbeitsleistung
erbracht wird, ist dabei unerheblich. Insofern unterscheiden sich das Ehrenamt von
der Freiwilligenarbeit und beide vom Bürgerengagement, umgekehrt aber ist das
Bürgerliche Engagement um Subsumierung beider zuvor benannten Begriffe bemüht.

Alle drei Formen haben aktuell nebeneinander Bestand, schließlich existiert das
Ehrenamt, in den Köpfen der Menschen tief verankert, noch immer und ein begriffli-
ches, wie inhaltliches Ausklingen ist nicht abzusehen. Auch künftig wird es Schöffen
geben, kommunale Wahlhelfer und dergleichen mehr, auch weiterhin werden Ver-
eins- oder Stiftungsvorsitzende dauerhaft diese Ämter führen (vielleicht nicht mehr
‚vererben'), das ‚Konzept bürgerschaftlicher Pflichten' hat nicht ausgedient, daneben
leisten Menschen auf lange Zeit, oft über Jahrzehnte, ihren Arbeitseinsatz im technischen Hilfswerk, bei den Freiwilligen Feuerwehren im Sanitätsdienst u. dergl. m.,
sind also freiwillig in irgendwelchen Arbeitseinsätzen präsent und zu guter Letzt gibt
es die beschrieben Formen des Bürgerlichen Engagements, als einmalig Aktion, als
Sach- oder Geldspende, als überschaubare temporäre Bindung, welche gerade in
eine bestimmte Lebensphase passt und obendrein der Selbstfindung oder der eigene
Entwicklung dient, insofern eine Passung hergestellt werden konnte. Dies zeigt, dass

kein Begriff den anderen wirklich ersetzen kann, wenngleich diese Begriffe häufig synonym verwendet werden.

Insofern erhält der Begriff des *Freiwilligen Engagements* zunächst einmal und bis hierhin die Bedeutung einer Klammer, da dieser Terminus die Aspekte aller drei Bereiche (Ehrenamt, Freiwilligenarbeit und Bürgerschaftliches Engagement) aufgreift. Er spricht die unterschiedlichen Motivationsebenen ebenso an, wie die verschiedenen zeitlichen Dimensionen und die Variationsbreite der unterstützenden Optionen. Freiwillig ist das Engagement in allen drei begrifflichen Bereichen und in allen drei Bereichen steht das Engagement der tätigen Menschen im Vordergrund – dies muss nicht gewichtet und bewertet werden, im Freiwilligen Engagement steht die Absicht und das daraus sich bildende Handeln im Fokus.

Evers greift aber nun die Begriffe Freiwilliges- und Bürgerliches Engagement auf und weist diesen einen je *anderen* Kontext zu. Dazu schlägt er systematisierend *polarisierende* Betrachtungsformen möglichen Engagements vor, klammert den Ehrenamtsbegriff dabei nicht aus, sondern subsumiert diesen unter dem Begriff des Bürgerlichen Engagement. „Auf der *einen Seite* steht ein individualistisch-liberales Verständnis, das Neigungen und Interessen des Einzelnen in den Mittelpunkt stellt, so dass soziales Engagement einen spezifischen ‚Markt der Möglichkeiten' darstellt. Auf der *anderen Seite* steht ein stärker von der Debatte um Gemeinwohl und Bürgersinn geprägtes Verständnis; es thematisiert soziales Engagement vor allem unter den Blickpunkt von Anforderungen der Gesellschaft und Gemeinschaft" (Evers 1998, S. 186[10]). Damit weist Evers dem Freiwilligen Engagement das Passungsverhältnis zwischen individuellen Voraussetzungen und organisatorischen Bedingungen zu (ein individualistisch-liberales Verständnis), dem gegenüber steht das Bürgerliche Engagement, welches den anderen benannten Zusammenhang für sich reklamiert (den Bürgersinn um das Gemeinwohl).

Anders gesagt basiert die *erste Denkfigur* auf der ökonomischen Vorstellung des Tausches. „Engagement ist eine andere Form des Tausches, einer interessengeleiteten Beziehung auf Gegenseitigkeit, bei der es immer um […] ausgeglichene Bilanzen geht (ebd., S. 188). Die geleistete Solidarität findet im Spiegel der Selbstfindung

---

[10] a.a.O.

oder -verwirklichung statt, also in der Fokussierung eigener Interessen, während die *zweite Denkfigur* von Evers eher als psychologisches Argument verstanden werden kann und die Befriedigung durch Engagement im Blick hat sowie den Gewinn von Lebenssinn durch solidarisches Handeln. Diese neuen Muster lösen die Orientierung an moralischen Normen, (preußischen) Pflichten bzw. Geboten ab. Da in unserer Zeit die Sinnfrage von Engagement von jedem Menschen selbst geklärt werden muss, erlangt Befriedigung Bedeutung. „Und schließlich ist das Streben nach persönlicher Befriedigung die Antwort auf eine Gesellschaft von Fremden, in der viele Hilfebeziehungen nicht mehr reziprok gedacht werden können" (ebd., S. 189). Ein individualistisch-liberal orientiertes Handeln erzwingt, innerhalb organisatorischer Rahmungen, ein Umdenken, weil Machtinstrumente, wie Zwang und Verpflichtung hier zunehmend nicht mehr greifen. Organisationen müssen verführen und das immer wieder aufs Neue, da die Bindungsfähigkeit der freiwillig sozial handelnden Menschen „prinzipiell unbeständig und kurzlebig ist" (Beher/ Liebig/ Rauschenbach 2000, S. 26[11]). Jenseits organisatorischen Managements geht es um die Gestaltung engagementfördernder gesellschaftlicher Rahmungen, also um politische Gestaltung. Da Politik zunehmend mehr an ihre Grenzen stößt (Ritscher 2005[12]), ist sie aufgefordert Entscheidungsfindungen partizipativ bürgernah zu organisieren und sich die Gestaltungskräfte des bürgerlichen Engagements zum Eigennutz und Nutzen der beteiligten und nicht beteiligten Menschen zu erschließen (Beck 1997[13]).

Der zweite Diskurs, der dieser Betrachtung gegenüber steht, rückt das Gemeinwohl in den Vordergrund und verknüpft dies mit dem (freiwilligen) Engagement der Bürger. Die soziologische Verortung bezieht sich auf das Verständnis von Solidarität und Hilfsbereitschaft, als Folge von geteilten Werten und sozialer Nähe. Das erbrachte Engagement ist damit Ausdruck gesellschaftlicher Anteilnahme und der Mitgliedschaft in einer Gesellschaft, in der dadurch ein symbolischer Beitrag zur Stärkung, mit dem Ziel besserer Bedingungen, geleistet wird. Evers bringt das auf die eingängige Formel, dass „wir nicht um unser, sondern um Unser Willen helfen" (ebd., S.

---

[11] a.a.O.

[12] Ritscher, W. (Hrsg.): Systemische Kinder- und Jugendhilfe. Heidelberg 2005

[13] Beck, U.: Kinder der Freiheit. Frankfurt a.M. 1997

193). Die politische Dimension dieses Ansatzes ist die Betrachtung des Menschen als Bürger/in einer eben politisch verfassten Gesellschaft. In diesem Zusammenhang erscheint das bürgerliche Engagement als Ausdruck politischer Handlungsfreiheit im Gemeinwesen. Übergeordnete Politik soll demnach zur Bildung von Motivation beitragen und gewissermaßen den „Unterbau einer Bürger- und Zivilgesellschaft bereiten und zugleich eine neue Art von politischer und sozialer Steuerung verwirklichen" (Beher et al. 2000, a.a.O., S. 27). Mit diesem Integrationsversuch von Gemeinwohl und (politischem) Bürgersinn, unter dem Begriff des Bürgerschaftlichen Engagement und der parallelen Abgrenzung zu dem benannten individualistisch-liberalen Verständnis, ist auch der Versuch unternommen, die Merkmale des Ehrenamtes zu subsumieren und sich damit einzuverleiben. Es bleibt die Frage, „inwieweit auch heute (bürgerschaftliches) Engagement für Ansehen und Geltung des Einzelnen mitbestimmend sein sollte" (Evers, a.a.O., S. 193). Wenn nicht der Mensch aus soziologischer Sicht, aus dem nachbarschaftlichen Netzwerk hilft, sondern sich dieser als Bürger, als ‚Citizens', also politisch zu verstehen gibt, gelingt nicht durch diesen Haltungswechsel, dieses andere Selbstverständnis, ein Perspektivenwechsel in Richtung von mehr Bürgersinn, fragt Evers?

Diese Systematik der Zuordnungen individualistisch-liberaler Prägung versus des, am Gemeinwohl orientierten Bürgersinns, zur Abgrenzung der Begriffe Freiwilliges Engagement versus Bürgerschaftliches Engagement, wirkt gesetzt und scheint ohne inhaltliche Verluste umkehrbar. Eine erkennbare Abgrenzung beider Begriffe verschwimmt, es scheint geradezu so, als ob Bürgerschaftliches Engagement zur quasi ‚eierlegenden Wollmilchsau' aufsteigt und gewissermaßen zum leuchtenden Fixstern am Himmel aller freiwillig erbrachten (Dienst-)Leistungen erscheint. Oder anders und sicherlich wissenschaftlich seriöser formuliert, „erscheint Bürgerschaftliches Engagement als eine terminologische Kategorie, als eine übergeordnete Klammer, die eine Begriffsdifferenzierung nur im Binnenverhältnis kennt [14]" (Beher et al. 2000, a.a.O., S. 27).

---

[14] Beher et al. Verweisen an dieser Textstelle auf: Brosch, A.: Formen bürgerschaftlichen Engagements. In: Hummel (1995a), S. 73-79; Hummel, K.: Bürgerengagement. Seniorengenossenschaften, Bürgerbüros und Gemeinschaftsinitiativen. Freiburg i. Br. 1995; Ueltzhöffer, J./Ascheberg, C.: Engagement in der Bürgergesellschaft. Die Geislingen-Studie. Ein Bericht des Sozialwissenschaftlichen Instituts für Gegenwartsfragen Mannheim. In: Sozialministerium Baden-Württemberg (Hrsg.): Bürgerschaftliches Engagement, Bd. 3, Stuttgart 1996

Diese Engagements, von Teilen der Bevölkerung eines Staates, werden heute vor vier zu unterscheidenden Diskussionssträngen sowie Traditionslinien geführt und sie werden als Bewältigungsstrategien gesellschaftlicher Veränderungen, Umbrüche und Krisen diskutiert und verstanden. (1) Die Entwicklung des Freiwilligen Engagement ist eingebettet in die Entwicklung der *sozial- und ordnungspolitischen Debatte*, damit in die Frage nach einer zukünftigen Neuordnung des Sozialstaates, unter Anerkennung seiner Ressourcenbegrenzungen und der Notwendigkeit einer Neugestaltung des Welfaremix. (2) In einem zweiten Diskussionsstrang ist das Freiwillige Engagement eingebunden in die Perspektive der *Arbeitsmarktentwicklung* westlicher Konsumgesellschaften. Die neoliberale Kapitalismusdiskussion, die Frage nach dem Wert des Geldes an sich, mit dem vom Produktionsmarkt losgelösten Kapitalmarkt, mit der Folge so genannter ‚toxischer Wertschöpfung' (oder anders: verbrannten Geldes), der damit ausgelösten Wirtschaftskrise, die abermals Arbeitsplätze vernichtet, verdeutlicht die scheinbare Notwendigkeit dieser Diskussion. Freiwilliges Engagement entwickelt vor dem Hintergrund zunehmend flexiblerer Arbeitszeiten, wachsender Teilzeit- oder Kurzarbeit sowie wachsende Mobilität der Arbeitnehmer gleich mehrere Funktionen, dies betrifft die individuelle Sinnkonstruktion, das befriedigende Ausfüllen von ‚zeitlichen Löchern', die soziale Einbindung in vertraute Gruppen, auch an je anderen Orten, denn als Sanitäter des DRK oder Mitglied einer Freiwilligen Feuerwehr wird man/frau an jedem Ort der Republik wieder in vertraute Strukturen anerkennend eintauchen können. (3) Damit rückt zugleich die Diskussion um den *gesellschaftlichen Zusammenhalt* in den Blick. Es geht hierbei um die Inszenierung von Gemeinschaft, um die Entstehung von Solidarität, um die Entwicklung von gesellschaftlichem Verantwortungsbewusstsein, um die individuelle soziale Sicherung. Schließlich konstruiert die Selbstkonstruktion individueller Sicherung in einer Gemeinschaft, zirkulär die Sicherung dieser Gemeinschaft. (4) Zu guter Letzt geht es um den gesellschaftlichen Diskurs *demokratischer (Weiter-) Entwicklung* des politischen Systems, also um die Frage der Legitimation bestehender Interessenvertretungen, um die Entwicklung von Partizipation und künftigen Freiwilligen Engagements. Es braucht Visionen zur Zivil- und Bürgergesellschaft (Beher/ Krimmer/ Rauschenbach/ Zimmer 2008, S. 39-40[15]). Vor dem Hintergrund einer zunehmenden

---

[15] a.a.O. (s. FN 3)

Unzufriedenheit mit ,der Politik', dem sich ausweitenden Desinteresse an Parteien oder Verbänden, entsteht der Eindruck, dass Bürgerinnen und Bürger ihre Anliegen zunehmend mehr selber in die Hand nehmen (Klages 2000[16]). Bei der Diskussion um die Zivil- und Bürgergesellschaft stehen Formen des politischen Sich-Einmischens, des politischen Protestes und zivilen Ungehorsams im Vordergrund, „die sich mit dem Begriff des bürgerschaftlichen Engagements verbinden" (Klein 2001[17]). In diesem Verständnis, zur Förderung eines bürgerschaftlichen Engagements bedarf es einen ,ermöglichenden' oder ,aktivierenden Staat', damit findet in diesem Diskussionsstrang die Abwendung vom konservativen ,starken Staat', aber auch von einem neoliberalen 'Minimalstaat' statt. „Politik in der Zivilgesellschaft [...] muss bereit sein, sich auf einen unbequemen Prozess des Daueraushandelns von Entscheidungen einzulassen" (ebd., S. 22).

Positiv gewendet werden die gewählten Interessenvertreter diese Zukunftsaufgaben aufgreifen und gestalten und zwar mit Hilfe alter *und* neuer Beteiligungsformen, regional verankert und regional übergreifend sowie unter Einbindung breiter gesellschaftlich relevanter Bereiche, wie der Wirtschaft, der Wissenschaft, der Gewerkschaften und den Wohlfahrtsverbänden. Wenn Politik dies versäumt, sich weiterhin omnipotent darstellt, wird es zur weiteren Verdrossenheit der Bürger führen und die Gesellschaft in ihren derzeitigen Strukturen gefährden. „Politik zeigt sich zunehmend hilflos in diesem Gewirr von Widersprüchen und Anforderungen für nachhaltiges, entwicklungsförderndes Handeln verstrickt. Sie hat ihre Orientierungsfunktion für die BürgerInnen verloren, tut aber so, als sei sie Herrin der Lage. Genau dies ist die Lebenslüge gegenwärtiger Politik – die Folge ist eine tief gehende Politikverdrossenheit" (Ritscher, S. 40[18]). Es gibt Zeichen, dass die Ergebnisse des letzten Freiwilligensurveys (1999-2004) schon nicht mehr aktuell sind[19]. Das WZB weist in seinem gerade vorgelegten Bericht (Juni 2009) darauf hin, dass es „dramatische Einschät-

---

[16] Klages, H.: Die Deutschen – ein Volk von Ehrenämtlern? Ergebnisse einer bundesdeutschen Studie. In: Forschungsjournal NSB (Neue Soziale Bewegung), Jg. 13, 2000, H. 2, S.33-47

[17] Klein, A.: Der Diskurs der Zivilgesellschaft. Münsteraner Diskussionspapiere zum Nonprofit-Sektor – Nr.6, In: Der Diskurs der Zivilgesellschaft. Politische Hintergründe und demokratietheoretische Folgerungen. Reihe Bürgerschaftliches Engagement und Zivilgesellschaft, Band 4 Opladen 2001

[18] a.a.O.

[19] Ein aktualisierter Freiwilligensurvey III wird gerade in 2009 erstellt.

zungen zur Gewinnung ehrenamtlicher Mitarbeiter/innen im Sportbereich gibt, dort sei die das Engagement der Aktiven um 21.1% zurückgegangen (WZB: Alscher et al., S.29-30[20]). Zunächst nun zu den Definitionen der Begriffe Ehrenamt, Freiwilligenarbeit, Bürgerschaftliches Engagement sowie in Abgrenzung dazu Freiwilliges Engagement.

1.1 Definition(en)

(1) Das **Ehrenamt** als Amt, welches einem (preußischen) Staatsbürger von Amts wegen, ohne Bezahlung und damit der Ehre wegen dies ausführen zu dürfen bzw. zu müssen, auferlegt werden konnte, wurde gesetzlich erstmalig in der preußischen Städteverordnung von 1808, im § 191, geregelt. Dort heißt es nämlich: „Jeder Bürger ist schuldig öffentliche Stadtämter zu übernehmen, und solche, womit kein Diensteinkommen verbunden ist, unentgeltlich zu verrichten."[21] Noch heute können bestimmte öffentliche Aufgaben, Funktionen, Ämter auf den Bürger übertragen werden, dazu gehören beispielsweise ehrenamtliche Richter, also die so genannten Schöffen, Vormundschaften oder Wahlhelfer. Neben diesen Möglichkeiten verordneter Ämter, existiert das Ehrenamt als staatlich kontrollierte amtliche Funktion in organisatorischen Kontexten wie Vereinen und Stiftungen. Die von den Mitgliedern dieser Organisationen auf Zeit gewählten Vertreter (Vorstände), werden dem örtlich zuständigen Amtsgerichten notariell gemeldet und in Amtsgerichtsregistern geführt. Diese Register sind quasi öffentlich, jeder Bürger hat das Recht einen Registerauszug anzufordern und damit einzusehen. Diese gewählten Vorstände entscheiden die Grundsatzfrage der Organisationen, führen die Geschäfte und sind ggf. Arbeitgeber, also Lenker und Leiter auf Zeit. Auch in kirchlichen Kontexten haben ehrenamtliche Funktionen in Form gewählter und zeitlich befristeter Ämter eine wesentliche Bedeutung, führen doch die Kirchenvorstände die Geschäfte der Kirchengemeinden, treffen alle Grundsatzentscheidungen, verteilen und verwalten die Budgets, entscheiden über Kreditaufnahmen und deren Anträge und haben Arbeitgeberfunktion.

---

[20] Alscher, M./ Dathe, D./ Priller, E./ Speth, R. (BMFSFJ Hrsg.): Bericht zur Lage und zu den Perspektiven des bürgerschaftlichen Engagements in Deutschland. Berlin (August) 2009 (WZB Wissenschaftszentrum Berlin für Sozialforschung)

[21] Quelle: Preußische Städteverordnung von 1808 (DPWV)

Neben diesen klassischen Ehrenämtern, gegen die sich der Bürger schlecht wehren kann *oder* in die er freiwillig hinein gewählt wird und die stets beschreibbare Aufgabenprofile haben, gibt es auch noch ungebundene freiwillige Formen des Ehrenamtes, welche jederzeit unkompliziert, weil nicht an Verfahren gebunden, auch wieder aufgegeben werden können. Dazu gehört beispielsweise das Amt eines Trainers in einem Sportverein oder der Sprecher eines spezifischen Bereiches einer Organisation (z.B. der Spezialist für Finanzen oder Soziales oder Recht des Ortsvereins einer politischen Partei) ebenso gehören dazu bestimmte Funktionsbereiche im Hierarchiegefälle stark spezialisierter Organisationen, wie etwa den Freiwilligen Feuerwehren oder dem Technischen Hilfswerk, um nur zwei große Organisationen herauszugreifen.

Der Blick auf einen wesentlichen Entstehungshintergrund beleuchtet einmal mehr, dass ein Ehrenamt an bestimmte Aufgaben gebunden und im Ursprung an staatliche Fürsorge gekoppelt war. Im preußischen Landrecht von 1794 wurde bereits ein allumfassender Kontroll- und Versorgungsanspruch formuliert. „Dort heißt es in §1: Dem Staat kommt es zu, für die Ernährung und Verpflegung derjenigen Bürger zu sorgen, die sich ihren Unterhalt nicht selbst verschaffen und denselben auch nicht von anderen Privatpersonen, welche nach besonderen Gesetzen dazu verpflichtet sind, erhalten können" (Wagner, 2007[22]). Bereits hier wird das spätere Subsidiaritätsprinzip erkennbar, erst kommt nämlich die private Fürsorge und Versorgung und erst danach tritt eine staatliche Gewährleistung auf den Plan. Davon unabhängig wird hier eine gesetzliche Grundlage der Armenfürsorge gelegt, wie sie beispielweise in Hamburg seit 1788 existierte und im ‚Elberfelder System' (Elberfeld/ Westfahlen), ab 1853 aufgegriffen und weiterentwickelt wurde. Diese systematische Entwicklung der Armenfürsorge wurde innerhalb von etwa 50 Jahren auf alle großen Städte Deutschlands übertragen und dort jeweils modifiziert angewendet (vgl. Scherpner[23]). Das Prinzip, welches dahinterstand, um der zunehmenden Armut in den wachsenden Ballungszentren während der Industrialisierung Herr zu werden, war die Einteilung der Städte in definierte räumliche Quartiere, dabei wurde jedem Quartier zur Erfas-

---

[22] Wagner, S. F.: Kurze Geschichte der Ehrenamtlichkeit. Vortrag zur Jahreshauptversammlung des Unionhilfswerk, 7. Mai 2007

[23] Scherpner, H.: Geschichte der Jugendfürsorge. Göttingen 1979

sung und Betreuung der Armen ein *ehrenamtlicher* Armenpfleger zugeordnet (vgl. Thiersch; Wagner; Heinze/ Olk, 1984[24]). Während in Hamburg die Armenpfleger auf drei Jahre gewählt wurden, wurden diese in anderen Städte vom Magistrat bestallt (benannt).

→ Ein Definitionsvorschlag: Das **Ehrenamt** in seiner Funktion als Amt, also als eine beschreibbare Funktion mit expliziter Aufgabenbenennung, in Abgrenzung zu anderen Tätigkeiten des organisatorischen Kontextes einer spezifischen Organisation, welches in der Regel temporär determiniert ist und unentgeltlich geleistet wird, bei einem selbstbestimmten oder durch die Organisation definierten (z.B. Schöffentätigkeit im Gericht) zeitlichen Aufwand, ist mit dieser Begrifflichkeit angesprochen.

Ein solches Amt ist eine (öffentliche) Verpflichtung, es wurde der Ehre, dem Ansehen und der Aufgabe wegen geleistet und hat noch heute eine ähnliche Bedeutung, so finden sich zu den Motivlagen im zweiten Freiwilligensurvey der Bundesregierung (Erhebungszeiträume 1999 & 2004), neben den Motiven *die Gesellschaft wenigstens im Kleinen mit gestalten zu wollen (66%)* und *mit anderen Menschen in Kontakt kommen (60%)*, noch immer gleichberechtigt *altruistische Motive*, diese betreffen Aufgaben, die der Pflicht wegen erfüllt werden und weil sie sonst niemand machen würde (44%) entsprechend empfinden in der Umfrage 2004, 36% der Befragten den Begriff des Ehrenamtes passend (Geiss, Gensicke, Picot, S. 97; 2005) [25].

(2) Der Begriff der **Freiwilligenarbeit** gewann in den 80-ziger Jahren des vergangenen Jahrhunderts zunehmend an Bedeutung, immerhin entschieden sich im Freiwilligensurvey 1999, 48% (50% in den NBL[26]) aller Befragten (n = 15.000) für diesen Begriff, während es 2004 allerdings dann nur noch 43% (46% in den NBL) waren (ebd., S. 92). Parallel zu einer begrifflichen Verschiebung, richtiger ist wohl eine Sicht begrifflicher Ergänzung bzw. Erweiterung, bleibt der Begriff des Ehrenamtes doch auch weiterhin bedeutsam, findet eine Renaissance des freiwilligen Engagement der Bürger Einzug in ihr Handeln und gleichermaßen in den wissenschaftlichen Diskurs

---

[24] Thiersch, R./ Wagner, G./ Heinze, R. G./ Olk, Th.: Wohlfahrtsverbände. Handbuch der Sozialarbeit/Sozialpädagogik. Neuwied und Darmstadt 1984

[25] vgl. Geiss, S./ Gensicke, Th./ Picot, S.: Freiwilliges Engagement in Deutschland 1999-2004. (II. Freiwilligensurvey, durchgeführt im Auftrag des BFSFJ, vorgelegt von TNS Infratest Sozialforschung) BFSFJ. München 2005
[26] NBL = Neue Bundesländer

(vgl. Beher/ Krimmer/ Rauschenbach/ Zimmer, 2008, S. 40[27]). Als Vorteile des Begriffs der Freiwilligenarbeit werden die relative Neutralität des Begriffes gesehen, in ihm spiegele sich sehr klar wieder, worum es geht, andererseits lehnt er sich an den international gebräuchlichen Begriff des ‚Volunteers' an, so jedenfalls die Begründung für diese Begrifflichkeit von Rosenkranz und Weber (Rosenkranz, D./ Weber, A. 2002, S.9[28]). In der fachwissenschaftlichen Rezeption wurde von einem Gestalt- und Formenwechsel gesprochen, von der Verschiebung traditioneller Aufgabenorientierung hin zu einem modernen Verständnis eines „neuen" Ehrenamtes (vgl. Rauschenbach, 1991[29]). Die Wiederentdeckung eines quasi ‚Ehrenamtes' ging einher mit einer sich wandelnden Motivlage der Menschen, die sich freiwillig engagierten, Jakob sprach in diesem Zusammenhang vom „Dienst zum Selbstbezug" (Jakob 1993[30]). Bedingt durch veränderte gesellschaftliche Erwartungen, wie etwa der Loslösung von traditionellen Bindungen und „dem Zwang zur Gestaltung der eigenen Biographie wurde ehrenamtliches Tun verstärkt als Medium für Prozesse der Identitätssuche und Selbstfindung" begriffen und genutzt (Beher/ Krimmer/ Rauschenbach/ Zimmer, a.a.O., S.42[31]). Damit aber ist freiwillige Arbeit nicht mehr an eine Aufgabe, an eine Organisation, an eine Form sozial-kultureller Sozialisation in einem bestimmten Milieu mit spezifischen Deutungsmustern gebunden, wird nicht mehr durch Pflichterfüllung und lebenslanges Engagement gekennzeichnet, sondern orientiert sich an den individuellen Bedürfnissen eines Menschen in einer bestimmten Lebensphase, einem wechselnden sozial-kulturellem Milieu, wechselnden Interessen und Bedürfnislagen, sich verändernden Interessen und gesellschaftlichen Einlassungen. Beher et al. sprechen von einem „neuen Verständnis von Ehrenamtlichkeit, dem begrifflich mit dem weiter gefassten Terminus der ‚Freiwilligenarbeit' Rechnung getragen wer-

---

[27] Beher, K./ Krimmer, H./ Rauschenbach, Th./ Zimmer, A.: Die vergessene Elite. Führungskräfte in gemeinnützigen Organisationen. Weinheim und München 2008

[28] Rosenkranz, D./ Weber, A.: Freiwilligenarbeit. Einführung in das Management von Ehrenamtlichen in der Sozialen Arbeit. Weinheim und München 2002

[29] Rauschenbach, Th.: Gibt es das neue Ehrenamt? Zum Stellenwert des Ehrenamtes in einem modernen System sozialer Dienste. In: Sozialpädagogik 1/1991, S.2-10

[30] Jacob, G.: Zwischen Dienst und Selbstbezug. Eine biographieanalytische Untersuchung ehrenamtlichen Engagements. Opladen 1993

[31] a.a.O. (s. FN 9)

den soll" und der den Organisationen spezifische Bedingungen abfordert (ebd. S. 42). Organisationen, die mit Freiwilligen arbeiten, können sich nicht darauf verlassen, dass diese Menschen von sich aus kommen und bleiben, weil altruistische Motive sie antreiben, sondern sind gefordert aktive Formen der Akquise zu entwickeln, die Menschen zeitlich befristet zu binden sowohl durch biographische Passungen, als auch durch Qualifikationsmöglichkeiten und Entwicklung von Sinn. Damit stehen für die Organisation nicht mehr nur die Aufgaben im Vordergrund, sondern gleichermaßen die Menschen, welche die Aufgaben erfüllen sollen. Gemäß einer Umfrage des DPWV[32] zeigte sich die Zufriedenheit der freiwillig Tätigen mit *den* Organisationen am größten, die sich explizit mit einer Fachkraft ausschließlich um die Koordination der Freiwilligen kümmerten.

→ Ein Definitionsvorschlag: **Freiwilligenarbeit** ist freiwilliges Tätigwerden eines Menschen für eine Aufgabe sowie für sich, unter der Prämisse biographischer Passung und legitimer eigennütziger Motive, in einer Organisation und zwar in Abgrenzung zum Ehrenamt, zeitlich befristet und, weil nicht formal bzw. verordnet, jederzeit aufkündbar.

(3) Seit geraumer Zeit kursieren parallel zu den oben benannten Begriffen, die synonymen Begriffe des **Bürgerengagements** bzw. des *'Bürgerschaftlichen Engagement'* durch virtuelle und wirkliche Welten, durch Organisationen und Literatur. Im 'Internationalen Jahr der Freiwilligen' (2001), welches die Vereinten Nationen 1997 ausriefen, wurde ein nationaler Beirat als zentrales Beratungs- und Koordinierungsgremium gebildet. Die meisten Mitglieder dieses Gremiums gründeten im Folgejahr das „Bundesnetzwerk Bürgerschaftliches Engagement" (kurz BBE[33]), mit Sitz in Berlin. Vorausgegangen war die Stellungnahme der Enquete-Kommission „Zukunft des Bürgerschaftlichen Engagement" des Deutschen Bundestages, sie empfahl in ihrem Abschlussbericht die Gründung eines Netzwerkes zur „nachhaltigen Förderung bürgerschaftlichen Engagements [...]. Für die Organisationen des Dritten Sektors steht dabei, neben dem Erfahrungs- und Informationsaustausch, vor allem eine verbesserte Vertretung ihrer Interessen als Träger bürgerschaftlichen Engagements

---

[32] DPWV Umfrage 2004/2005 zitiert nach Wagner, S.: a.a.O.

[33] Vgl. Jahresbericht 2008 des BBE (s. FN: Olk, Th./ Klein, A.)

im Mittelpunkt des Interesses" (Deutscher Bundestag[34]). Dem BBE gehören stimmberechtigt Bund, Länder und Kommunen an, weiterhin Akteure aus der Bürgergesellschaft, dem Dritten Sektor und der Wirtschaft, außerdem nicht stimmberechtigte so genannte kooperierende Mitglieder (vgl. hierzu den Jahresbericht 2008[35]). Dank des BBE und seiner vielfältigen Aktivitäten, wozu u.a. auch eine Reihe von Fachveranstaltungen und Veröffentlichungen gehören, hat sich in diesen sieben Jahren seines Bestehens zunehmend mehr der Begriff des „Bürgerschaftlichen Engagement" verfestigt. Die Stabsstelle für Bürgerengagement und Freiwilligendienste des Ministeriums für Arbeit und Soziales Baden-Württemberg hat insbesondere diesen Begriff seit Jahren fest etabliert und spricht schon nicht mehr vom Ehrenamt. Es gibt dort ein eigenes „Landesnetzwerk Bürgerschaftlichen Engagements", welches sich aus den Gemeinde-, Landkreis- und Städtenetzwerken zusammensetzt und „in dem das Bürgerschaftliche Engagement lebt" (vgl. hierzu die Internetseite des Sozialministeriums[36]).

Der Diskurs um die Zivilgesellschaft[37] und das (politische) Bürgerengagement leistet ein Übriges. Ansgar Klein beschreibt den Begriff des bürgerlichen Engagements als ‚mehrdeutigen, programmatischen Arbeitsbegriff', der die freiwillige bzw. ehrenamtliche Wahrnehmung öffentlicher Funktion genauso umfasst, wie die „klassischen und neuen Formen des sozialen Engagement, der gemeinschaftsorientierten, moralökonomischen bzw. von Solidarität geprägten Eigenarbeit und der gemeinschaftlichen Selbsthilfe" (Klein 2001, S. 19[38]). Trotz dieser Vielschichtigkeit des Begriffs erkennt sie aber einen gemeinsamen Bezugspunkt in dieser Debatte, denn „innerhalb der benannten Variationsbreite der genannten Facetten trägt bürgerschaftliches Engagement zu den demokratischen Qualitäten der Gesellschaft bei" (ebd. S. 19). Für sie

---

[34] Deutscher Bundestag – 14. Wahlperiode. Drucksache 14/8900, S.290

[35] Olk, Th./Klein, A.: Jahresbericht 2008 mit einem Ausblick auf 2009. BBE Berlin 2009

[36] www.sozialministerium.baden-wuerttemberg.de/de/Nutzen_und_Struktur_der_...

[37] Zivilgesellschaft verstanden „als eine weit ausholende und unabgeschlossene theoretische Suchbewegung nach den politischen Handlungsmöglichkeiten gesellschaftlicher Akteure zur Herstellung und Fortentwicklung demokratischer Formen der Politik charakterisiert" (Klein, A. 2001 a.a.O., S.1)

[38] Klein, A.: Der Diskurs der Zivilgesellschaft. Münsteraner Diskussionspapiere zum Nonprofit-Sektor – 06 und als Buch, Opladen 2001

bleibt die Hoffnung der damit verbundenen Wiederentdeckung des aktiven Bürgers, als Gewinn für die politische Kultur der Bundesrepublik.

Im Abschlußbericht der Enquete-Kommission des Deutschen Bundestages lässt sich die dort gemeinte Tragweite des Bürgerschaftlichen Engagement nachlesen: „Bürgerschaftliches Engagement bedeutet Vielfalt, und erst in diesem weiten Verständnis, das all diese vielfältigen Tätigkeiten einbezieht, erschließen sich die Dimensionen dieser Aktivitäten und ihre Bedeutung für unser Gemeinwesen. Die Bürgerinnen und Bürger erneuern mit ihrem freiwilligen Engagement in allen Bereichen des gesellschaftlichen Lebens Tag für Tag die Bindekräfte unserer Gesellschaft. Sie schaffen eine Atmosphäre der Solidarität, der Zugehörigkeit und des gegenseitigen Vertrauens. Kurz, sie erhalten und mehren, was wir heute „soziales Kapital" nennen: die Verbundenheit und das Verständnis zwischen den Mitgliedern einer Gesellschaft, die Verlässlichkeit gemeinsam geteilter Regeln, Normen und Werte und nicht zuletzt das Vertrauen in die Institutionen des Staates" (Abschlußbericht 2002[39]). Deutlich wird ein allumfassender Anspruch ‚freiwilligen Engagement', welcher unter dem Dach des ‚Bürgerschaftlichen Engagements' zum Konstrukteur des ‚Sozialen Kapitals' stilisiert wird.

Evers[40] unterscheidet polarisierend zwischen den Begriffen des ‚Freiwilligen Engagement' und des ‚Bürgerschaftlichen Engagements', indem er beiden Termini spezifische Handlungsoptionen und Sinngebungen zuweist. So steht das Freiwillige Engagement für die „Märkte der Möglichkeiten" (Freiwilligenbörsen, -agenturen usw.), im Wortsinne eines Marktes, eines Tauschgeschäftes, einer Konsumbefriedigung, damit einer ökonomischen Perspektive, während das Bürgerschaftliche Engagement für immaterielle Sinngebung, für Gemeinschaftsgefühl, Verantwortung und Pflichtenübernahme, für den politisch aktiven, verantwortlichen Bürger (Citizens) steht. Ob beide Diskurse einen unterschiedlichen normativen Gehalt aufweisen ist nicht klar, „bei genauerem Hinsehen liegt der Unterschied wohl eher darin, dass die normativen Elemente eines liberal-individualistischen Konzeptes lediglich deshalb weniger augenfällig sind, weil sie mit den vorherrschenden Selbstbeschreibungen von Individu-

---

[39] Enquete-Kommission „Zukunft des Bürgerschaftlichen Engagements". Deutscher Bundestag: Bericht Bürgerschaftliches Engagement: Auf dem Weg in eine zukunftsfähige Bürgergesellschaft. Opladen 2002

[40] Evers, A. 1998, a.a.O.

en und Politik besser übereinstimmen" (ebd., S. 198/199). In den alltäglichen politischen Diskussionen findet sich diese Trennungslinie nicht, da werden synonyme Begriffe der ‚Märkte der Möglichkeiten' parallel mit sozialen-, ökologischen-, zivilen- und militärischen Pflichtjahren diskutiert. Und ob normative Differenzen wahrgenommen werden, ist wohl kaum aus einer Metaperspektive, dem Blick von außen festzustellen, sondern obliegt einer Binnenperspektive und damit dem Individuum. Was bleibt ist Ungewissheit und eine Begriffsdiskussion, die für sich nichts reklamiert, sondern je nach Adressat und Akteur vielschichtig geführt oder auch nicht geführt wird und damit frei schwebend bleibt.

→ Eingebunden in den hier vorliegenden Text, soll Bürgerschaftliches Engagement, in Differenz zu den anderen aufgeführten Begriffen, beschrieben werden als die Form des Engagement, welches vielfältig bzw. vielschichtig ist, welches einmalig und dauerhaft angelegt sein kann, welches in Form von personengebundenem Einsatz, monetären Möglichkeiten, sachgebundenen Spenden erfolgen kann, das aber *nicht* auf einen, auf Dauer angelegten spezifischen und qualifizierten Arbeitseinsatzes basiert (wie beispielsweise im Sanitätsdienst, in den Rettungsdiensten, der semiprofessionellen sozialen Arbeit u.a., also der Freiwilligenarbeit), das auch *nicht* Pflichterfüllung im Sinne eines Ehrenamtes ist und deswegen auch nicht quasi per ‚Zwang' auferlegt werden kann. Bürgerschaftliches Engagement orientiert sich am ‚Markt der Möglichkeiten'.

(4) Wo lässt sich nun die Verbindungslinie zum *Freiwilligen Engagement* verorten? Lassen sich alle oben benannten drei Termini unter einem Begriff subsumieren? Gerät das nicht in Widersprüchlichkeiten beim Gebrauch dieses Begriffs? Ganz gleich wie man sich hier entscheidet, es bedeutet offensichtlich in jedem Fall Widersprüche ertragen zu müssen und den (jeweils) gewählten Begriff zu verbiegen – es ist derzeit (noch) eine Unmöglichkeit eine klare Abgrenzung herzustellen. Wie kann also in Anbetracht des Nichtmachbaren ein Definitionsvorschlag aussehen? Ein solcher (synthetischer) Versuch bleibt allerdings ungenau, soll mit dieser Begrifflichkeit doch die Klammer hergestellt werden, die alle zuvor benannten Bereiche unter einem Dach versammelt. Nicht mehr, aber auch nicht weniger. Dieser Begriff soll das Ehrenamt, die Freiwilligenarbeit und das Bürgerschaftliche Engagement subsumieren, soll Synonym sein, allerdings auch nur für den hier vorgelegten Text – er wird damit zu einem *Arbeitsbegriff*, mehr nicht. Mit dieser Idee eines Arbeitsbegriffes steht

er nicht isoliert und alleine da, schließlich hatte er diese Funktion bereits im Abschlussbericht des Freiwilligensurvey 2004 übernommen. Denn, so die Begründung dort, dieser Begriff weist „einen Bezug zum Konzept einer ‚Tätigkeitsgesellschaft' im Unterschied zur Arbeitsgesellschaft" auf; und „der Begriff des freiwilligen Engagements erfasst darüber hinaus auch besser das individuelle Moment der Motivation und den damit verbundenen Charakter freiwilliger Selbstverpflichtung" (Gensicke/Picot/Geiss 2006, S.50[41]). Der Begriff soll im Kontext dieses Textes verdeutlichen was mit ihm alles angesprochen wird, wenn anderes gemeint ist, wenn bestimmte Inhalte ausgeblendet werden sollen, verwendet dieser Text die je anderen definierten Begriffe.

Übersichtstabelle zur (vorläufigen) Abgrenzung:

Ehrenamt	Freiwilligenarbeit	Bürgerschaftliches Engagement
I n h a l t l i c h e B e s t i m m u n g e n (Definitionen)		
Das *Ehrenamt* wird definiert durch seine Funktion als Amt, also durch seine beschreibbare Funktion mit expliziter Aufgabenbenennung, in Ab-grenzung zu anderen Tätig-keiten des organisatorischen Kontextes einer spezifischen Organisation. Es ist in der Regel temporär determiniert und wird unentgelt-lich geleistet, bei einem selbst-bestimmten oder durch die Organisation definierten zeitli-chen Aufwand.	*Freiwilligenarbeit* ist freiwilliges Tätigwerden eines Menschen für eine Aufgabe sowie für sich, unter der Prämisse biogra-phischer Passung und legitimer eigennütziger Motive, in einer Organisation und zwar in Abgrenzung zum Ehrenamt, zeitlich befristet und, weil nicht formal bzw. verordnet, jederzeit auf-kündbar.	*Bürgerschaftliches Engagement* soll beschrieben werden als die Form welche einmalig und dauerhaft angelegt sein kann, welche in Form von personen-gebundenem Einsatz, mone-tären Möglichkeiten, sachge-bundenen Spenden erfolgen kann, das aber *nicht* auf einen, auf Dauer angelegten spezi-fischen und qualifizierten Arbeitseinsatzes basiert, das auch *nicht* Pflichterfüllung im Sinne eines Ehrenamtes ist und deswegen auch nicht quasi per ‚Zwang' auferlegt werden kann.
Freiwilliges Engagement		
Dieser Begriff soll das Ehrenamt, die Freiwilligenarbeit und das Bürgerschaftliche Engagement subsumieren, damit wird er zum Synonym der obigen Begriffe und dient in diesem Text als *Arbeitsbegriff*. Er stellt einen Bezug zum Konzept einer ‚Tätigkeitsgesellschaft' im Unterschied zur Arbeitsgesellschaft auf. Der Begriff des freiwilligen Engagements erfasst darüber hinaus auch besser das individuelle Moment der Motivation und den damit verbundenen Charakter freiwilliger Selbstverpflichtung.		

---

[41] Gensicke, T./Picot, S./ Geiss, S.: Freiwilliges Engagement in Deutschland 1999-2004. München 2006

1.2 Abgrenzungen zu anderen Engagementbereichen

Freiwilliges Engagement ist wesentlich dadurch gekennzeichnet, dass es sich auf Organisationskontexte bezieht, dabei muss in diesem Zusammenhang der Organisationsbegriff einerseits weit gefasst werden, indem er formal strukturierte- (Vereine, Stiftungen, Parteien, u.a.) wie auch informelle Kontexte (Netzwerkstrukturen, Initiativen, Bürgerforen, Runde Tische, Bewegungen, Stammtische u.v.a.m.) einbezieht, andererseits muss er sich zu quasi privaten Formen menschlicher Gruppierungen (wie Familientreffen und -feiern, familiärer Unterstützung, Freundeskreise, Partys u.a.m.) ebenso abgrenzen, wie zu einmaligen und eher zufälligem Zusammenkommen (wie etwas Festivals, Konzerte, Lesungen, Poetryslams u. dergl. m.). Eine solche Abgrenzung verweist auf inhaltliche Aspekte, welche offensichtlich erfüllt sein sollten, wenn von *Freiwilligem Engagement* die Rede ist. Wesentliches Kennzeichen eines solchen Engagements ist der Bezug zum Gemeinwohl, damit verbunden, die Idee der zur Verfügungsstellung des eigenen Handelns sowie das Bereitstellens eigener Ressourcen und zwar nicht nur zum Eigennutzen, sondern zum Nutzen für die Zivil- bzw. Bürgergesellschaft, die jeweiligen communities. Die Motivation des Handelns umschließt somit das Interesse am Anderen *ebenso* wie an der Gemeinschaft der Anderen, in die das Selbst eingebettet ist, insofern existiert stets auch ein Eigenbezug, der aber an einem Gemeinwohlinteresse gebunden ist. Die Verbindung zu den Anderen erhält damit einen ideellen Charakter und passiert pragmatisch über identische oder ähnliche Interessen, damit ist das gemeinsame Tun absichtsbedingt, wird also angestoßen und betrieben durch (zunächst nur) angenommene gemeinsame Ziele. Diese Ziele müssen nicht explizit benannt oder formuliert sein, sie können bereits Tragfähigkeit erlangen, wenn sie lediglich vermutet werden. Erst im Prozess des gemeinsamen Tun werden sie nach und nach sichtbarer und verstetigt sowie zum gemeinsamen Gut und Fundament.

Neben dieser Gemeinwohlorientierung wird noch ein Zweites wesentlich und zwar der Zeitbezug hinsichtlich des Handelns und der Zielannahme. Damit ist die Kopplung der Gemeinwohlperspektive an dem beabsichtigten Nutzen für die Gemeinschaft angesprochen und damit die Differenz zu einem punktuellen Nutzen einer Gemeinschaft innerhalb einer spontanen Aktion oder einer kurzzeitigen Zusammenkunft (wie beispielsweise dem Spaßbezug im Karneval). Zeitbezug meint die Perspektive des Handelns über das jetzige Handeln hinaus. Erst der Zeitbezug im Gruppenkontext des Gemeinwohls macht Handeln absichtsvoll und nutzbar für Künftiges sowie für andere.

Zu guter Letzt meint Gemeinwohlorientierung in diesem Zusammenhang nicht die Haus- und Tischgemeinschaft (im weiteren Sinne von Patchworkfamilien, Kommunarden, familiären Wochenendbezügen, Hausgemeinschaften u.v.a. Lebensformen mehr), nicht die Institution des nahezu klassischen bürgerlichen Familienbildes dieser Gesellschaft (Mutter & Vater mit Kind/Kindern), sondern spricht den Bürgerbezug im nahen Umfeld an, also die „Kommune als zentralen Ort aktiver Bürgerschaft", denn „sie sind die ‚Keimzellen' und der Kern einer vitalen Bürgergesellschaft" (Olk 2003[42]).

Einer der größten, oftmals nicht hinreichend gewürdigten Engagementbereiche, ist die Familie schlechthin, dabei sind hier alle familiären Bezüge angesprochen, also gerade auch die, die über die eigentliche Kernfamilie hinausgehen. Dabei ist hier mit der Kernfamilie das familiäre System gemeint, welches eine Haus- und Tischgemeinschaft bildet. Kernfamiliäres Engagement bezieht sich auf die Reproduktionsleistungen, also auf das Gebären von Kindern, das Pflegen derselben, den Krankenbeistand, das Aufziehen und Erziehen, die Übernahme von Entwicklungsaufgaben bis in das Erwachsenenalter hinein, das Bereitstellen aller dafür notwendigen Ressourcen (Liebe, Anerkennung, Geborgenheit, Wohnung, Nahrung, Geld, Zeit, Kraft, Geduld usw.). Familiäres Engagement geht aber oftmals weit über diese Kernfamilie hinaus. Es unterstützt Angehörige im nahen und weiteren Umfeld und zwar ideell, materiell und ganz praktisch, durch tätiges Handeln am Anderen. Das betrifft die Kranken-, Alten- und Behindertenpflege ebenso, wie beratende, administrative, handwerkliche und andere Unterstützungsformen. Und last, but not least, werden Teile der eben beschriebenen Leistungen über die familiären Bande hinaus auch noch im Freundeskreis erbracht, also in einem nahen emotionalen Umfeld, welches aber durch die besondere Nähe der Menschen, durch die emotionale Betroffenheit, noch eine deutliche Distanz und damit Differenz zum Bürgerengagement aufweist.

---

[42] Olk, Th.: Perspektiven der Förderung bürgerschaftlichen Engagements in der Stadt Köln. Vortrag anlässlich der KABE-Fachtagung am 20.03.2003 in Köln

Das WZB für Sozialforschung[43] befasst sich explizit erstmalig, im Zusammenhang mit dem Bürgerschaftlichen Engagement, mit dem Familienkontext. In seinem aktuellen Bericht zur Lage und den Perspektiven des BE widmet es der Familienarbeit ein eigenständiges Kapitel (III): „Engagement im Kontext von Familie und familiennahen Unterstützungsformen". Um diese Formen bürgerschaftlichen Engagements, welches außerhalb formaler Organisationsstrukturen stattfindet und in enge private Bezüge eingebunden ist, auch noch einbeziehen zu können, schlagen die Autoren des WZB eine erweiternde Begrifflichkeit vor und sprechen von „Zivilengagement" (vgl. S. 12, a.a.O.).

Abschließend müssen all diejenigen Engagementbereiche unterschieden werden, die zwar ebenfalls unentgeltlich geleistet werden, die auch einen Bezug zu Gruppen haben, welche möglicherweise nicht Familie sind, die aber zum einen spontan erfolgen und zum anderen in der Absicht, es bei der Einmaligkeit zu belassen, also keine Idee der Nachhaltigkeit implementieren (Nachhaltigkeit meint hier den Nutzen für andere in der Zeit danach oder die planmäßige Wiederholung des Ereignisses in einem bestimmten zeitlichen Rhythmus) und damit den Bezug zu einem Nutzen für Viele über die Aktion hinaus nicht entwickeln können und/oder wollen. Gemeint sind hiermit alle irgendwie gearteten Feierlichkeiten, die außerhalb organisatorischer Kontextbindung passieren. Der Feuerwehrball, das planmäßig organisierte Dorffest, das Vogelschießen und dergleichen mehr sind damit also nicht angesprochen.

2. Gesellschaftliche Bedeutung

Die Bedeutung Freiwilligen Engagement lässt sich mehrschichtig fassen. Zahlenwerke, wie erhobene Studien zum Engagement sind ebenso bedeutend, wie der Blick auf die Wirkungsmöglichkeiten im öffentlichen Raum, für eben diesen Raum oder die konstruktive Gestaltung des Sozialen Kapitals, wozu auch der gesellschaftliche Zusammenhalt gehört. Soziales Kapital ist eine „Konstellation aus Vertrauen, geteilten Normen und Werten sowie Netzwerken der Zusammenarbeit" (Enquete-Kom.,

---

[43] Alscher, M./ Dathe, D./ Priller, E./ Speth, R. (BMFSFJ Hrsg.): Bericht zur Lage und zu den Perspektiven des bürgerschaftlichen Engagements in Deutschland. Berlin 2009 (WZB Wissenschaftszentrum Berlin für Sozialforschung)

a.a.O., S.57). Diese Form von Vertrauensdividende benötigt einen Nährboden, Formen der Ermöglichung, dazu einen ermöglichenden Staat, der aber eben nur günstige Rahmenbedingungen schaffen darf, mehr nicht. Freiwilliges Engagement muss frei bleiben, dazu gehört Ungebundenheit, im Sinne freier Bindung, ebenso wie unentgeltliches Tun. „Empirische Befunde zeigen, dass gesellschaftliche Netzwerke zwischenmenschlicher Vertrauensbeziehungen, wie sie im gemeinsamen Engagement von Bürgerinnen und Bürgern wachsen, ein maßgeblicher Bestandteil sozialen Kapitals und damit Garant wirtschaftlicher Prosperität und Motor der Entwicklungsfähigkeit einer Region sind" (ebd., S.57).

Ein Blick auf die Umfrageergebnisse des letzten Freiwilligensurvey 2004 zeigen, dass „70% der Bevölkerung über 14 Jahren, außerhalb beruflicher und privater Verpflichtungen und Aktivitäten hinaus in Gruppen, Vereinen, Organisationen und öffentlichen Einrichtungen aktiv beteiligt" sind.[44] Ein zweiter Blick offenbart allerdings, dass darin eingeschlossen auch all diejenigen Bürger sind, die lediglich aktiv beteiligt, nicht aber freiwillig engagiert sind. Aktiv beteiligt aber ist bereits der Nutzer einer Jugendfreizeiteinrichtung, eines Bürgercafes, eines kommunalen Kinos usw. Freiwillig engagiert, also dauerhaft eingebunden und bestimmte Aufgaben übernehmend, sind dann nur noch 36%, das sind 2% mehr als 1999. Allerdings wären weitere 12% (1999 = 10%) immerhin mit Sicherheit bereit zum freiwilligen Engagement und noch einmal weitere 20% (1999 = 16%) wären *vielleicht* bereit. Dabei sind Differenzen unter den tatsächlich Engagierten, bezogen auf Altersgruppierungen, zu beachten. So ist das Engagement bei den 14-25jährigen von 1999 bis 2004 um einen Prozentpunkt zurückgegangen, während es bei den 36-45jährigen um zwei Prozentpunkte und bei den 66-75jährigen sogar um fünf Prozentpunkte anstieg. Dabei gibt es einen deutlichen Unterschied zwischen den alten und den neuen Bundesländern, während sich 36% in den alten Ländern engagieren, sind es in den neuen Ländern nur noch 28% der Bevölkerung. Der Genderblick erlaubt gleichermaßen Unterschiede, so sind „zwar [...] die Männer mit 39% noch immer stärker als Frauen freiwillig engagiert, jedoch stieg seit 1999 das freiwillige Engagement bei Frauen stärker als bei Männern. Das Engagement nahm besonders bei erwerbstätigen Frauen zu (2004: 37%, 1999: 32%). Männer engagieren sich zunehmend auch in Bereichen wie ‚Schule und

---

[44] Kurzzusammenfassung des BFSFJ von TNS Infratest, S. 1

Kindergarten' sowie im sozialen Bereich, die mehr vom Engagement der Frauen bestimmt sind" (Gensicke/Picot/Geiss 2006, S.15[45]). Hinsichtlich der arbeitslosen Menschen ist die Engagementquote von 23% im Jahr 1999, auf 27% im Jahr 2004 gestiegen, während sich das Potential sogar von 37% auf 48% erhöhte, dies zeugt davon, dass der Anspruch die eigenen Interessen zu vertreten deutlich angestiegen ist (ebd.).

Jenseits dieser Erhebungen, lässt sich die Bedeutung des Freiwilligen Engagement prinzipiell *ökonomisch* erfassen, wenngleich dies nur sehr ungenaue Schätzungen bleiben. „Wenn die Annahme des Caritasverbandes Deutschland zugrunde gelegt wird und jeder freiwillig Engagierte in diesem Rahmen wöchentlich im Durchschnitt 3,5 Stunden tätig ist, davon ausgegangen wird, dass jeder Freiwillige in seinem Urlaub diese Stunden nicht leistet wird, aber den Rest des Jahres, nämlich 46 Wochen zur Verfügung stünde, so würde jeder ehrenamtlich Tätige 161 Stunden per anno für die Gesellschaft arbeiten. Dies multipliziert mit 23 Millionen Tätigen in diesem Feld, so ergäbe eine Jahresstundenleistung von 3,703 Milliarden Stunden. Würde diese Leistung gemäß TVöD bezahlt werden (lediglich die Eingruppierung 3 für ungelernte Hilfskräfte angenommen und diese Engagierten auch nur in die Stufe 1 für Berufsanfänger eingeordnet), so ergäbe sich ein Jahresbruttogehalt von 26.454,37 € (incl. der ca. 20%-igen Arbeitgeberanteile für die Sozialversicherungen). Dies entspräche Kosten pro Stunde (bei einer Jahresarbeitszeit von 1611 Stunden in 2009) von Euro 16,42, diese Kosten nun mit der Jahresarbeitsleistung aller Freiwilligen multipliziert, ergäbe einen Betrag von knapp 61 Milliarden € im Jahr. Es bleibt zu vermuten, dass der tatsächlich erbrachte Gegenwert erheblich höher ausfällt. Zum einen werden durchschnittlich vermutlich mehr Stunden geleistet, zum anderen ist die hier angenommenen Vergütung nicht angemessen, vor allem nicht in anspruchsvollen Bereichen wie beispielsweise dem Sanitätsdienst, der Gefahrenabwehr oder dem Brandschutz" (Schröder 2009, S.42/43[46]). Nun ließen sich differenziertere Annahmen entwickeln und einzelne Engagementfelder je unterschiedlich erfassen und

---

[45] a.a.O.

[46] Schröder, J.-A.: Human Resource Management mit einem Bezug zur ehrenamtlichen Arbeit in organisatorischen Kontexten. Hausarbeit an der HAW Hamburg, Fakultät Wirtschaft und Soziales, MBA Studiengang 2009

berechnen, so dass sich durchaus ein etwas genaueres Bild ergäbe, es bleibt dennoch eher Schätzung als rechnerische Erfassung.

Jenseits eines ökonomischen Blicks und monetären Kapitals ließe sich der Fokus auch auf die Bildung eines **Sozialen Kapitals** richten, das sich in den Strukturen einer Bürgergesellschaft bildet. „Die Vereine und Verbände sind das Herzstück einer lebendigen Demokratie, denn in ihnen werden ‚Bürgertugenden' eingeübt. Mit dem Begriff des sozialen Kapitals werden vornehmlich drei Dinge beschrieben: Netzwerke bürgerschaftlichen Engagements, Normen generalisierter Gegenseitigkeit und soziales Vertrauen. Mit diesen drei Elementen werden die gesellschaftliche Koordination und die Kooperation zwischen Individuen erleichtert" (Enquete-Kommission 1999, a.a.O., S.34). Ein solches *Soziales Kapital* ist sowohl privates, wie auch öffentliches Gut, es kann von jedem je unterschiedlich genutzt und eingebracht werden und insofern auch in sozialen Netzwerken akkumuliert werden. „Als öffentliches Gut erbringt soziales Kapital externe Effekte, beispielweise allgemeines Vertrauen, das allen Individuen und Gruppen zugänglich ist. Und als öffentliches Gut ist es Teil der Leistungsfähigkeit von Institutionen. Dies bedeutet, dass soziales Kapital auch mit der Qualität von Politik zu tun hat. Politisches Handeln und der Zustand von Institutionen, ihre Offenheit Bürgerinnen und Bürgern gegenüber, ihre Transparenz, ihre Leistungsfähigkeit, hat für die Bildung von Sozialkapital – Vertrauen, Netzwerkbeziehungen, Normen der Gegenseitigkeit – erhebliche Bedeutung" (ebd., S.34).

Freiwilliges Engagement ist **öffentlich**, es gewinnt seine Bedeutung geradezu erst im öffentlichen Raum. Selbst dort, wo es versteckt stattfindet, etwa im Sterbezimmer eines Hospiz oder in der Küche einer der Hilfe bedürftigen Familien, gewinnt es öffentliche Bedeutung durch seine Existenz, durch sein unmittelbares Tun, durch seine öffentliche Präsenz, im Sinne seines Daseins, seiner Existenz. Darüber hinaus wirkt es öffentlich, weil es sich anmeldet, seine Stimme (mahnend) erhebt, weil es sich einmischt, nicht stillhält, sondern weil es aktiv (mit-)gestaltet, Bürgerlichkeit herstellt und diskursiv, im Sinne Habermas[47], gesellschaftliche Prozesse gestaltet. Das von Habermas entworfene Modell deliberativer Öffentlichkeit, meint die Begegnung von Bürgern und Bürgerinnen in zivilgesellschaftlichen Foren, in welchen sie argumentativ Sachfragen erörtern und in denen herrschaftsfrei der Diskurs, das

---

[47] Habermas, J.: Faktizität und Geltung. Beiträge zur Diskurstheorie des Rechts und des demokratischen Rechtsstaats. Frankfurt a.M. 1992

Argument zählt. Oftmals erst stellt bürgerschaftliches Engagement, wie Protestkund-gebungen oder -aktionen, in Gorleben oder anderswo, öffentliche Diskussionen um AKWs oder Studiengebühren u. dergl. m., einen öffentlichen Raum für Themen her, anders als Medien dies können.

2.1 Aufgaben gestern, heute, morgen

Freiwilliges Engagement früher war ehrenamtliche Tätigkeit und Bürgerpflicht. Peri-kles wird der Ausspruch, „wer an den Dingen der Stadt keinen Anteil nimmt. Ist kein stiller, sondern ist ein schlechter Bürger" zugeschrieben (Perikles 500-429 v. Ch.) Die Entstehungslinien dieser Tätigkeit, klammert man die Funktion der Polis im alten Athen sowie das politische Engagement des freien Bürgers in den römischen Städ-ten, um nur zwei wesentliche Felder zu benennen, einmal aus, so entdecken wir die Ursprünge des ehrenamtlichen Wirkens, in der Versorgung der Armen. Bevor die Armenfürsorge säkularisiert und professionalisiert wurde, fand sie ihre Ursprünge vor christlichem Hintergrund, insbesondere in den Klöstern. Stephan Wagner verweist allerdings, in einem Vortrag, auf die Figur der ‚Elisabeth von Thüringen', welche als mildtätige Burgherrin, also jenseits religiöser Institutionen, aber möglicherweise aus christlicher Überzeugung und Nächstenliebe, sich ebenfalls um die Armen kümmerte, indem sie Brot verteilte[48]. Schon lange haben auch weltlich orientierte Menschen und (Familien-)Systeme sich um die Versorgung Armer gekümmert. Ein bedeutendes Beispiel für gelebte Fürsorge war die Augsburger Familie Fugger, welche bereits im 16. Jahrhundert 105 Wohnungen errichten ließ, die als erste Sozialsiedlung in die Geschichte eingingen, noch heute existieren und zu den alten Bedingungen an Be-dürftige vermietet werden.

Am Ende des 18. Jahrhunderts schufen Städte wie Hamburg (1788) oder später auch Elbingen (1853) Systeme der Armenversorgung, die von vielen anderen Städ-ten aufgegriffen und weiterentwickelt wurden. Parallel dazu ragten einige Pastoren besonders heraus, wie beispielsweise Johann Hinrich Wichern (*Johannesstift* Span-dau, *Rauhes Haus* Hamburg, Armenhof in Detmold) oder in London der Pfarrer

---

[48] Wagner, S. F.: Kurze Geschichte der Ehrenamtlichkeit. Historische Entwicklung - frühe Quellen - Vorzeit und Mittelalter. DPWV Berlin 2007 (Vortrag zur Jahreshauptversammlung des Unionhilfswerk am 7. Mai 2007)

Barnett, welche große Systeme und Anstalten für die Versorgung der Armen errichteten. In dieser Zeit entwickelten sich unter anderen die *Innere Mission*, später des *Evangelische Hilfswerk* (die sich nach dem zweiten Weltkrieg zum *Diakonischen Werk* zusammenschlossen) sowie die *Caritas*. Die Versorgung armer Menschen, nach dem Zerfall feudalistischer Herrschafts- und Versorgungssysteme, mit ihrem Prinzip der Leibeigenschaft und der geknechteten Bauernschaft (die versorgt werden mussten), während der zunehmenden Industrialisierung, welche Zuströme vieler Menschen in die aufkommenden Städte zur Folge hatte, der Entwicklung einer Arbeiter- und Kaufmanns- bzw. Bürgerklasse, neben dem Adel und den Kirchenständen, führte zur Bildung von unerträglichen Slums in städtischen Randgebieten und unvorstellbaren Lebensbedingungen (vgl. hierzu beispielhaft den Roman: Die Weber. von Gerhart Hauptmann). Diese Skizzierung soll genügen, um aufzuzeigen, das ehrenamtliche Tätigkeit *zwei* historische Wurzeln kennt, nämlich die an christlichen Motiven orientierte Versorgung Bedürftiger *und* die politisch geforderte Übernahme von Ämtern, wie im alten Athen, Rom, und anderswo. Diese Entwicklungslinie lässt sich über die viel später entstandene *Preußischen Städteverordnung* (verankert im § 191, a.a.O.) bis in unsere Tage nachvollziehen.

Heute hat das Ehrenamt noch immer, im Kontext institutioneller Rahmungen, eine echte Bedeutung. Es ist dort (noch) nicht wegzudenken und wird auch weiterhin Bestand haben, solange sich die Strukturen dieser Organisationen nicht grundlegend verändern. Noch immer werden viele Institutionen mit sozialem, gesundheitlichen oder pädagogischen Hintergrund als *eingetragene Vereine* (e.V.) geführt, damit agieren an der Spitze dieser Unternehmen, mit oftmals mehreren hundert ArbeitnehmerInnen, ehrenamtliche Vorstande in der Funktion des Arbeitgebers und des Lenkers dieser Organisationen. Sie sind ‚*die vergessenen Eliten*‘ der Republik, wie sie neuerdings in einer Studie grundlegend näher untersucht wurden[49]. Daneben lebt der Sektor der Freiwilligenarbeit, wie weiter oben beschrieben, dazu gehören die Rettungsdienste, wie die DLRG, Sanitäter verschiedener Organisationen (Samariter, DRK, u.a.), die 26.500 lokalen Freiwilligen Feuerwehren, mit ihren etwa 1,3 Millionen

---

[49] Beher, K./ Krimmer, H./ Rauschenbach, Th./ Zimmer, A.: Die vergessene Elite. Führungskräfte in gemeinnützigen Organisationen. Weinheim und München 2008

Angehörigen[50], das Technische Hilfswerk, die Bergwacht wie die Deutsche Seenot-rettung u.v.a.m. Sie alle erfüllen tagtäglich wichtige Aufgaben, von denen alle zehren, die von jedem Bürger benötigt und ggf. in Anspruch genommen wird. Freiwilligenar-beit ist nicht wegzudenken und professionalisiert in diesem Umfang nicht zu bezah-len. Sie stiftet Gemeinschaft, Zugehörigkeit, sozialen Frieden, außerdem individuelle Befriedigung, das Gefühl gebraucht zu werden und Nutzen zu stiften, um nur die wesentlichsten Elemente aufzuführen. Sie wird uns auch zukünftig begleiten, womit wir den Blick auch schon auf das Morgen richten.

Neben diesen benannten, auch zukunftsträchtigen Aufgaben, entwickelte sich, wie bereits oben beschrieben, das *bürgerschaftliche Engagement*. Um Redundanzen zu vermeiden soll auf eine Wiederholung der Inhalte des BE verzichtet werden, diese wurden weiter oben schon hinreichend beschrieben, sondern es soll der Blick auf mögliche Entwicklungslinien des BE zur Zivilgesellschaft/ Bürgergesellschaft und zur Weltbürgerschaft gerichtet werden. Die Aufgaben von morgen, in der *zweiten Mo-derne* (Beck) sind nicht nur die bislang benannten, die auch weiterhin Bedeutung behalten, sondern sie entwickeln sich parallel zu etablierten politischen Systemen und werden diese verändern. Mit der Bürgergesellschaft ist ganz wesentlich der Partizipationsgedanke angesprochen, im Sinne außerparlamentarischer Entschei-dungen. Die dazu notwendigen Formen, wie Bürgeranhörungen, -befragungen, Bürgerbeteiligung, Bürgerentscheidungen, Direktwahlen und dergleichen mehr, entwickeln sich und werden weiter zu entwickeln sein. Damit ist die Bürgergesell-schaft zunächst eine kommunale Gesellschaft, die für sich und vor Ort alle wesentli-chen Entscheidungen diskutiert und trifft. Das setzt allerdings eine „Repolitisierung der Kommunalpolitik" voraus, „ja ihre Neufindung und Neubestimmung, in dem Sin-ne, das Programme, Ideen und Menschen mobilisiert werden müssen" (Beck, S. 30[51]). Sie ist aber auch eine parlamentarische Gesellschaft, jenseits nationalstaatli-chen Denkens, die sich über Vertretungen in Kontinentalparlamenten (EU, USA und künftig andere) und Weltinstitutionen (Nichtregierungsorganisationen) einbringt und dort partizipative Strukturen aus dem kommunalen Bereich überträgt, modifiziert und

---

[50] Olk, Th.: Perspektiven der Förderung bürgerschaftlichen Engagements . . . a.a.O., S. 2

[51] Beck, U. (Hrsg.): Kinder der Freiheit. Frankfurt a. M. 1997

etabliert, im Sinne einer Verfestigung dieser Struktur, nicht deren methodischem Handwerkszeug. Ein solcherlei verstandenes Bürgerschaftliches Engagement benötigt den ‚ermöglichenden Staat' bzw. den aktivierenden Staat (Klein, a.a.O., S. 21), aber die Wirkungen sind reziprok, schließlich gilt diese Bedingung auch im Umkehrschluss. Der ermöglichende Staat hat viele Gesichter, er ist auch ein gesetzgebender-, ein exekutiver-, ein Leistung gebender Staat, ein Sozialstaat. Wenn es richtig ist, „dass Sozialpolitik es mit der *Vermittlung von Staat und bürgerlicher Gesellschaft* zu tun hat, oder moderner formuliert: mit der Abarbeitung der Folgeprobleme einer funktionsorientierten Strukturdifferenzierung sich modernisierender Gesellschaften, so kann es nicht genügen, die Dinge *entweder* aus der Sicht des Staates – also juristisch oder politikwissenschaftlich – *oder* aus der Sicht der Marktwirtschaft bzw. einem breiter angesetztem Konzept der Versorgung oder der Wohlfahrtsproduktion – also ökonomisch oder soziologisch – zu betrachten" (Kaufmann, S. 179-180[52]). Kaufmann plädiert für eine „Verschränkung der disziplinären Perspektiven" (ebd.), weil nur so Sozialpolitik *und* Sozialstaat als „hybrides Gebilde" zu fassen sei. Sozialpolitik hat neben einer personalen – immer auch eine systemorientierte Funktion, die zusammengedacht werden müssen. Wenn Sozialpolitik ‚zwischen Staat und bürgerlicher Gesellschaft vermittelt', so tut sie dies nach Kaufmann des ‚kollektiven Nutzens' wegen, nämlich ‚der Humankapitalbildung, der inneren Pazifizierung oder der Verwirklichung akzeptierter Werte wegen' (ebd., S. 180). Dies wird nur gelingen, wenn „Betroffene zu Beteiligten" gemacht werden, „statt ihnen – wie bisher – politische ‚Sachzwänge' im neuen rhetorischen Gewand schmackhaft machen zu wollen" (Klein, A. 2001, a.a.O., S. 23). Oder anders gesagt, die Ermächtigung zur Zivilgesellschaft „läuft auf eine paradoxe Reformpolitik des staatlichen Machtverzichts hinaus. Der Staatsapparat soll so ab- und umgebaut werden, dass gesetzlich geschützte Räume für eine konkurrierende Gestaltungsmacht […] entstehen, die gewaltfrei, selbstorganisiert, selbstreflexiv und in dauernder Spannung miteinander und mit den staatlichen Behörden gesellschaftliche Kreativität und Selbstverantwortung entfalten" (Beck 2000[53]). Dazu schreibt die Bundesregierung 2009 auf ihrer Internetseite: „Die

---

[52] Kaufmann, F.-X.: Sozialpolitisches Denken. Frankfurt a.M. 2003

[53] Beck, U.: Mehr Zivilcourage bitte. Ein Vorschlag an die Adresse Gerhard Schröders: Wir brauchen eine Gesellschaft engagierter Individuen. In: DIE ZEIT, 25.05.2000

Bundesregierung will das bürgerschaftliche Engagement in Deutschland künftig noch attraktiver machen. [...] Ziel ist eine umfassende und zwischen Bund, Ländern und Kommunen abgestimmte Engagementpolitik. Mit der Initiative Zivil-Engagement "Miteinander – Füreinander", die im Sommer 2007 ins Leben gerufen wurde, hat das Bundesfamilienministerium einen wichtigen Schritt zur Stärkung des freiwilligen Engagements getan. [...] Das Bundesfamilienministerium unterstützt daher die Anstrengungen des Nationale Forums für Engagement und Partizipation, das vom Bundesnetzwerk Bürgerschaftliches Engagement (BBE) gegründet wurde. Das Forum begleitet die Abstimmung einer Engagementstrategie der Bundesregierung mit den Bundesländern, den kommunalen Spitzenverbänden, den Mitgliedern des Deutschen Bundestags sowie den Trägern der Zivilgesellschaft, den Kirchen, der Wirtschaft und Wissenschaft" (BMFSFJ[54]). Damit ist die Zukunft des BE zwar offen, niemand wird schließlich heute sagen können, wie dieses in 10, 20 und 30 Jahres aussieht, dennoch wurden Weichen gestellt für eine partizipative Zivilgesellschaft, was in Anbetracht der Tatsache, das Bürger zunehmend mehr ihre Belange selbst in die Hand nehmen auch notwendig wird (Klein, a.a.O.). Die bestehenden Sorgen und Ängste der Verwaltungen, der Behörden und vieler Politiker, insbesondere in den kommunalen Parlamenten, werden mit wachsender Bürgerbeteiligung vermutlich sinken.

2.2 Engagement und Potential in der BRD

Eine verlässliche Antwort auf diese Fragestellung ist kaum möglich, zwar gab es noch nie so viele wissenschaftliche Veröffentlichungen zum Thema, aber gleichzeitig „bestehen zahlreiche Wissenslücken, sind existierende Daten oft nicht ausreichend belastbar oder liegen nicht in der erforderlichen Differenziertheit vor" (WZB: Alscher et al., a.a.O., S.20). Unterschiedliche Studien kommen zu unterschiedlichen Untersuchungsergebnissen, was sowohl an unterschiedlichen Fragestellungen liegt, am jeweilig gewählten Ausschnitt bürgerschaftlichen Engagements, den Forschungskonzepten und deren Operationalisierungen, an Unterschieden in den Stichproben und

---

[54] BMFSFJ: Bürgerschaftliche Engagement. 06.05.2009
(www.bmfsfj.de/bmfsfj/generator/BMFSFJ/Engagementpolitik/buergerschaftlich ... 06.08.2009

den Erhebungsinstrumenten. Insofern differiert die _Engagementquote_ in Deutschland von 52% (Quelle: ‚Eurobarometer' 2006, European Commission 2007) bis hin zu 18% (Quelle: AWA-Institut für Demoskopie Allensbach 2008), der Freiwilligensurvey von 2004, liegt mit 36% aller Bürger (über 14 Jahren) in etwa in der Mitte (ebd., S.21). Allerdings unterscheidet der Freiwilligensurvey in aktive _und_ freiwillig engagierte Bürger, addiert man diese beiden Erhebungen, so kommt der Survey auf gar 66% aktive _und_ freiwillig engagierte Bürger (sic!). Aber Vorsicht ist geboten, denn aktiv ist bereits der Freizeitsportler in einem Verein, der sich außer für sich selber, nämlich aktiv Sport treibend, sonst nicht weiter engagiert. Ein anderes Beispiel verweist auf die Engagementquote der über 50-jährigen, die laut Freiwilligensurvey 2004, bei 32,9% liegt. Der ‚Survey of Health, Ageing and Retirement in Europe' (SHARE) ergab für die gleiche Altersgruppe lediglich 12,9% Engagierte. Bei dieser Erhebung wurde nach der Ausübung einer ehrenamtlichen Tätigkeit in Verbindung mit einer Aktivität im Verein, im kirchlichen Bereich oder einer politischen Organisation bzw. Bürgerinitiative gefragt (ebd., a.a.O., S.22). Je enger also die Fragestellung hinsichtlich des Engagements wird, desto geringer wird zwangsläufig auch die Beteiligung am selben in der Bevölkerung.

Bezogen auf das **Individuum** lässt sich im Freiwilligensurvey ein Engagementranking ablesen, so sind beispielsweise 19,8% aller Aktiven im Sportbereich engagiert, 13% in Schulen und Kindergärten, 10,4% in religiösen bereichen und Kirchen, 10% im Sozialen Bereich, aber nur noch 5% in politischen Interessenvertretungen, 1,6% im Gesundheitsbereich und noch 0,8% befassen sich mit Justiz und Kriminalität (WZB, S.29). _Bezogen auf_ **Organisationsformen** stehen die Vereine ganz oben an, hier sind laut Freiwilligensurvey 2004 43,4% aller Engagierten aktiv, gefolgt von jeweils 14,9% in Kirchen und religiösen Vereinigungen sowie Selbsthilfegruppen/Initiativen/Projekte/Sonstiges und immerhin engagieren sich noch 12% in staatlichen bzw. kommunalen Einrichtungen (ebd.). Ausgeklammert wurden bisher die **informellen** _Bereiche_ des Engagements. „Laut Freizeit-Monitor 2007 gaben 58% der Befragten in Deutschland an, handwerklich im Freundeskreis tätig zu sein, darunter 19% täglich bis einmal pro Monat. Nach der gleichen Quelle leisten 81% Nachbarschaftshilfe, darunter 34% von täglich bis einmal pro Monat (vgl. BAT-Stiftung für Zukunftsfragen 2008)" (WZB, S.32). Die längerfristige _Entwicklung des Engagements_ zeigt gemäß den Daten des Sozio-oekonomischen-Panels (SOEP) eine Steigerung von 22,6% im Jahre 1985 auf 30,4% im Jahre 2007, betrachtet man die Zahlen der sich regelmäßig (mind. 1x mtl.) Engagierten, so stiegen die von knapp 14% 1985 auf 17,2% 2007 und immerhin engagieren sich wöchentlich 9,1% im Jahre 2007. Ein wichtiger und vielleicht überraschender Befund der SOEP Längsschnittanalysen ist die **Dynamik** in diesem Feld, also die relativen kurzfristigen Ein- und Austritte in den Engagementbereichen. „Bei 55% der Engagierten gab es in den genannten Zeiträumen sogar drei und mehr Engagementepisoden, […]. Da die Frage zum Engagement nicht jährlich erhoben wurde, ist die Anzahl der Aus- und Wiedereintritte noch höher anzusetzen (WZB, S.35).

Die Engagementquote ist hinsichtlich ihrer Zuordnung auf das **Lebensumfeld** recht unterschiedlich, so liegt die Quote in der dörflichen Bevölkerung bei 38,8%, in den Landstädten bei 42,3%, in Kleinstädten bei 37,8% in Mittelstädten bei 30,5%, in Großstädten bei 30,1% (Freiwilligensurvey 2004). Bürgerliches Engagement hat auch ein **Geschlecht**, dies zeigt sich sowohl in der Quote als auch in der Bereichs- zuordnung des Engagements und zu guter Letzt in der Geschlechterverteilung auf Leitungsebenen. Die Gesamtquote liegt im Jahre 2008 bei den Frauen bei 31,6%, bei den Männern sind es 37,9% (vgl. Prognos/Generali 2009[55]). Dabei zeigt sich, dass Frauen in den Bereichen aktiv sind, die „eine Nähe zum Sozialen bzw. zur Familie aufweisen. Damit reproduzieren sich die traditionellen Rollenmuster im En- gagement (horizontale Segregierung)" (WZB, S.37). In Bezug auf Leitungspositionen sind im Jahre 2004 nur 25,7% der engagierten Frauen dort eingebunden, aber im- merhin 42,1% der Männer. Dies wird besonders auffällig im Sozialen Bereich, der ja von den Frauen dominiert ist, dort sind aber nur 19,1% der Frauen in Leitungsfunkti- onen, aber dafür 43,4% der Männer (WZB, S.38). Betrachtet man die *Engagement- quote nach **Alter***, so ergibt sich im Jahre 2004 (Freiwilligensurvey) folgendes Bild: bei den 14-29-jährigen ist die Quote mit 35% angegeben (35% anno 1999), bei den 30-59-jährigen beträgt die Quote 39% (37% anno 1999), bei den 60-69-jährigen liegt sie bei 37% (31% anno 1999), bei den 70-75-jährigen ist sie angegeben mit 28% (24% anno 1999), bei den 76-79-jährigen beträt sie 14% (10% anno 1999) und bei den 80-jährigen und älteren Bürgern liegt sie bei 14% (10% anno 1999), gesamt bei 36% (34% anno 1999).

---

[55] In: WZB, a.a.O., S.37

Will man das **Potential** für bürgerschaftliches Engagement in der Bevölkerung betrachten, so ergibt sich kein eindeutiges Bild. Der Freiwilligensurvey beschreibt ein deutlich gestiegenes Bereitschaftspotential in der Bevölkerung. So sind unter den 14-24-jährigen 36% aktiv (37% anno 1999) und weitere 43% sind grundsätzlich an einem Engagement interessiert (40% anno 1999), ähnlich verhält es sich auch in den anderen Altersgruppierungen, „dies zeigt sicherlich auch, dass noch viel Engagementpotential sozusagen ‚brachliegt'" (Survey 2004, a.a.O., S.213). Betrachtet man das Bereitschaftspotential bei den *nicht* Engagierten, so sind von diesen, bei den 14-24-jährigen, 31% <u>sicher</u> bereit sich zu engagieren und weitere 42% sind <u>vielleicht</u> bereit, 27% wollen sich absolut nicht engagieren, bei den 25-59-jährigen sind 22% sicher bereit, 39% vielleicht bereit und bei den 60-jährigen und Älteren sind immerhin noch 9% bereit und weitere 19% vielleicht bereit Engagement zu übernehmen. Bei den bereits *jetzt schon Engagierten* sind unter den 14-24-jährigen 67% bereit sich sicher noch <u>mehr</u> zu engagieren und 28% sagen das eine Ausweitung ihre Engagement nicht möglich ist, 5% wissen es derzeit nicht zu sagen, bei den 25-59-jährigen wollen 38% ihr Engagement ausweiten, 55% sehen sich dazu nicht in der Lage und 7% wissen es nicht, bei den 60-jährigen und Älteren könnten sich 30% offensichtlich noch mehr engagieren, 63% können das nicht und 7% wissen es derzeit nicht. Diese Ergebnisse verweist zunächst auf mögliche, noch brachliegende Potentiale. Hirschmann verweist darauf, dass Aufschwungphasen des Engagements zusammenhingen mit einem anhaltenden individuellen wirtschaftlichen Aufschwung[56]. Unabhängig von der aktuellen Finanz- und Wirtschaftskrise, stellt sich in diesem Zusammenhang die Frage, bei nämlich anhaltender neoliberaler Wirtschaftpolitik und einer weiteren Abnahme der Mittelschicht, woher sich künftig bürgerschaftliches Engagement rekrutiert? Das Schrumpfen der Mittelschicht hält schon seit geraumer Zeit an, betrug der Bevölkerungsanteil 1985 noch 63%, so waren es im Jahre 2007 nur noch 55% die vom Median des Einkommens um 70% bis 150% abwichen, die armutsgefährdete Schicht blieb konstant bei etwa 18%, während die Einkommensstarken von 19% im Jahre 1985 auf etwa 27% im Jahre 2007 angewachsen ist (Abweichung vom Median um +150% und mehr) (WZB, a.a.O.; S.56-57). Außerdem müsste selbst bei gleichbleibendem Engagement (in absoluten Zahlen) und dem Schwinden der Bevölkerung

---

[56] Hirschmann, A. O.: Engagement und Enttäuschung. Über das Schwanken der Bürger zwischen Privatwohl und Gemeinwohl. Frankfurt a.M. 1984

(demografischer Faktor) ein hoher relativer Engagementzuwachs erfolgen, soll das derzeitige Niveau erhalten bleiben. In diesem Zusammenhang macht zum einen das WZB auf das Potential der älteren Menschen aufmerksam, die zum einen eine immer höhere Lebenserwartung haben und immer länger gesund und fit bleiben, zum anderen verweisen Mai/Swiaczny[57] darauf, dass der demografische Wandel auch einen Wandel in den Engagementbereichen nach sich zieht, so gehen beide davon aus, dass ein Zuwachs nur noch im *Sozialen Bereich* erfolgen wird, in allen anderen Engagementfeldern wird es deutliche Verluste geben, besonders groß werden diese in den Kindergärten, Schulen, Unfall- und Rettungsdiensten sowie den Freiwilligen Feuerwehren ausfallen. Ein weiteres Gefälle wird zwischen Land- und Stadtbevölkerung sowie Ost und West, also den neuen- und den alten Bundesländern erwartet (vgl. Neu 2009[58]).

3. Aufgaben der Organisationen in Bezug auf Freiwilliges Engagement

Bereits die Überschreibung dieses Kapitels verweist auf zwei Einschränkungen, erstens auf einen organisatorischen Hintergrund freiwilligen Engagements, zweitens auf die, mit dieser Perspektive verbundene Begrenzung desselbigen. Mit der Betrachtung der Unterpunkte wird auch die Einordnung der *Freiwilligen* als quasi *Mitarbeiter* einer Organisation deutlich. Während oben, einleitend, das breite Spektrum *‚Freiwilligen Engagements'* skizziert wurde, geht es im Folgenden um die Spezifika von Freiwilligen, welche gewissermaßen ihren freiwilligen ‚Dienst' am Nächsten innerhalb von (Nonprofit-)Organisationen leisten. Wie lassen sich Freiwillige finden und gewinnen, wie können diese an die Organisation gebunden werden, wie lassen sie sich dort aufgabenbezogen einbinden, wie lenken und führen, ohne organisatorisch notwendige Abläufe zu behindern, wie können sie derart entwickelt werden, dass sie der Organisation nützen und darüber Nutzen für sich selber empfinden?

---

[57] Mai, R,/ Swiaczny, F.: Demografische Entwicklung. Potentiale für Bürgerschaftliches Engagement. Materialien zur Bevölkerungswissenschaft 126. Wiesbaden 2008 Bundesinstitut für Bevölkerungsforschung

[58] Neu, C.: Demografischer Wandel in entlegenen ländlichen Räumen – Herausforderung für die Zivilgesellschaft. In: BMFSFJ (Hrsg.): Zukunft gestalten – sozialen Zusammenhalt sichern. Nachhaltige Entwicklung durch bürgerschaftliches Engagement. BMFSFJ Internetdownload, S.125 ff.

Diesen Fragen soll im Folgenden mit Hilfe von Literatur und Berichten nachgegangen werden. Im Kapitel C werden diese Fragestellungen in Bezug auf den professionellen Kontext, also tatsächlich bezahlter und vertraglich eingebundener Mitarbeiter/innen, beleuchtet. Als praktisches Beispiel dienen hier die Frühen Hilfen (Kapitel B), welche dort skizziert werden. Auf der Basis dort gemachter praktischer Erfahrungen, vor dem Hintergrund der Betrachtungen im Kapitel A und den Erkenntnissen des professionellen Kontextes (Kapitel C), sollen im Kapitel D alle drei Perspektiven zusammengeführt werden und in Empfehlungen für die Praxis münden.

3.1 Akquise

Freiwillige gewinnt man nicht über (Stellen-)Ausschreibungen, es gibt ja auch nichts zu besetzen (im Sinne einer ‚Stelle'). Wer sich freiwillig engagiert, wer Zeit, Kenntnisse, Arbeitseinsatz und anderes mehr spendet, der tut dies für ein Projekt, für eine spezifische Aufgabe und oft für eine bestimmte Organisation, von der er annimmt, dass sie seinen Wertvorstellungen möglichst nahe kommt, der tut dies weil er vielleicht dazu gehören möchte, weil er helfen will, lernfreudig ist, sich moralisch verantwortlich fühlt, neu am Ort ist und Menschen kennen lernen möchte, weil er ein Macher-Typ ist oder gar ein Spezialist, der sich mit seinem Wissen und Können einbringen will, vielleicht ist das auch seine Art zu entspannen, sich einfach wohl zu fühlen. Heckhausen unterscheidet situative und personale Motive, differenziert zwischen extrinsischer und intrinsischer Motivation[59]. Eine von außen gesetzte Motivation wäre demnach die Mitwirkung an einem Projekt der sozialen Kontakte wegen. Systemisch betrachtet wäre in diesem Beispiel der Wunsch nach sozialen Kontakten ebenfalls ein im System liegender Aspekt, damit ein intrinsischer und die Gruppe ein außen liegendes Ereignis, welches in das System integriert werden kann oder eben nicht. Hier läge Motivation stets im System.

Wer werben will muss nicht nur sein eigenes Portfolio entwickelt haben, seine eigenen Stärken und Schwächen kennen, er muss vor allem auch wissen, was der umworbene Mensch will, warum er möglicherweise kommen (sollte), was seine Motive

---

[59] Heckhausen, H.: Motivation und Handeln. Berlin 1989

für ein gewünschtes Engagement sein könnten *und* es muss sich eine Passung herstellen lassen. Will eine Organisation Freiwillige werben, so wird sie sich präsentieren müssen, sie muss sagen *wer* sie ist, *was* sie will, *wofür* sie steht. Bestimmte Organisationen (NABU; BUND, Amnesty, WFF, Caritas, Malteser, Diakonie u. a.) haben es da leichter, da sie über Jahrzehnte hinweg ein in der Öffentlichkeit bekanntes Profil entwickeln konnten. Trotzdem muss jede Organisation ihre Tätigkeitsfelder für die Freiwilligen präzise beschreiben sowie den gesellschaftlichen Stellenwert und Nutzen darstellen. Dann wird sie den Nutzen *für* den Freiwilligen herausarbeiten müssen, sie muss deutlich machen, was der Freiwillige von seiner Mitarbeit hat. Um dies zu leisten sind einmalig und dauerhaft angelegte Verfahren notwendig. Einmalige Aktionen können die Teilnahme an einem Freiwilligentag im Land sein, mit einem eigenen Workshop, mit ausliegendem Werbematerial, mit einem guten Referat und dergleichen mehr oder auch die Aktion im Ort, die Präsentation eines Projektes in der örtlichen Presse. Dauerhafte Akquise gelingt durch Freiwilligenagenturen, durch Internetpräsenz, also einer ansprechenden Homepage, durch dauerhaft ausliegendes Werbematerial an festen und möglichst günstigen Orten und alles bedarf der regelmäßigen Pflege und Aktualisierung.

Die Institution, die erfolgreich werben will, muss allerdings mehr tun und wissen, als das bisher Beschriebene aufzeigt, sie muss sich mit dem demografischen Wandel auseinandersetzen, sie muss erfahren woher jetzt und künftig die Freiwilligen kommen, sie sollte sich mit der Frage auseinandersetzen, wie soziales Engagement überhaupt entsteht.

Eine repräsentative Befragung in Deutschland, aus dem Jahr 1996 ergab folgendes Motivationsranking: 65% sagten: ,Es macht mir wirklich Spaß'; 50% gaben an ,Ich treffe Menschen und gewinne Freunde'; 30% benannten: ,Es hilft mir aktiv und gesund zu bleiben'; weitere 30% meinten: ,Es entspricht meinen moralischen Prinzipien'; jeweils 27% benannten: ,Es ist die Befriedigung, Ergebnisse zu sehen' *und* ,Es erweitert meine Lebenserfahrung'; zu guter Letzt sagten 20%: ,Es gibt mir Gelegenheit, neue Fertigkeiten zu erlernen' (Gaskin, Smith, Paulwitz[60]). Die Freiwilligensurveys 1999 und 2004 verweisen darauf, dass freiwilliges Engagement mehr eine

---

[60] Gaskin, K./ Smith, J./ Paulwitz, I.: Ein neues bürgerliches Europa. Freiburg 1996

kultur- als eine strukturbestimmte Angelegenheit ist. „Hohes Bildungsniveau, hohes Einkommen und gute persönliche wirtschaftliche Lage, hohe Kirchenbindung, ein großer Freundes- und Bekanntenkreis, erhöhte Haushaltsgröße gehen in Einzelanalysen mit erhöhtem freiwilligen Engagement einher, […] (BMFSFJ, S.88[61]). Die signifikantesten Faktoren sind in folgender Rangfolge: ‚Größe des Freundes- und Bekanntenkreises‘, ‚Kirchenbindung‘, ‚Kreativitäts- und Engagementwerte[62]‘ (ebd. vgl. Tabelle auf S. 90). Insgesamt dominieren Werte und Bildung, weniger materielle Bedingungen, so das Fazit. Auffallend ist, dass die Eingangsmotive sich offensichtlich eher nicht verschieben, sondern in ihrer Bedeutung, mit der Länge freiwilliger Tätigkeit, steigen. „Eine mögliche Interpretation besagt, dass ehrenamtliche Helfer durch ihre Erfahrung im Sinne eines Prozesses der Selbstwahrnehmung zu einer stärkeren Beachtung und Betonung bestimmter Motive für ihre Tätigkeit kommen, die ihnen anfangs in ihrer Bedeutung nicht zugänglich waren, weil die konkrete Erfahrung fehlte" (Bierhoff, S. 27[63]).

Woher kommen die Freiwilligen künftig? 35% der jungen Menschen (14-25 Jahre) sind freiwillig engagiert, weitere 34% der 26-35-jährigen sind dies gleichermaßen. Wollen wir davon ausgehen, dass sich diese Prozentsätze stabil halten, so wird bei der derzeitigen demografischen Entwicklung und deren Vorausberechnungen der ‚Kuchen‘ (aller jungen Menschen) kleiner, anders gesagt, stehen uns im Jahre 2040, absolut betrachtet, erheblich weniger junge Menschen zur Verfügung als heute, nämlich nur noch 77% der heutigen Population, bei den 30-39-jährigen fällt der Rückgang noch dramatischer aus, es werden dann nur noch 65% der derzeitigen Population existieren. „Nimmt man alle Altersgruppen zusammen, reduziert sich die Zahl der Freiwilligen in den Jahren bis 2040 in Deutschland um ca. 24%. Jeder Vierte, der bislang zu den Aktiven oder dem Potential gerechnet wird, wir künftig entfal-

---

[61] BMFSFJ (Hrsg.) Geiss, S./Gensicke, Th./Picot, S.: Freiwilliges Engagement in Deutschland 1999-2004. (II. Freiwilligensurvey, durchgeführt im Auftrag des BFSFJ, vorgelegt von TNS Infratest Sozialforschung) BFSFJ. München 2005

[62] Dies ist eine Sammelvariable, gebildet aus der Wichtigkeit von Kreativität, Toleranz, sozialer Hilfebereitschaft und politischem Engagement.

[63] Bierhoff, H.-W.: Wie entsteht soziales Engagement und wie wird es aufrechterhalten? In: Rosenkranz, D./ Weber, A.: Freiwilligenarbeit. Einführung in das Management von Ehrenamtlichen in der Sozialen Arbeit. Weinheim und München 2002

len" (Rosenkranz/ Görtler 2002, S. 36[64]). Die Autoren gehen parallel von einer gesteigerten Bedeutung freiwilligen Engagements aus, denn die Sicherung des bestehenden Engagements, bei Abnahme der tatsächlich Engagierten, wird ein herausforderndes Thema werden, der künftige Ausbau, insbesondere in den bereichen Sozialer Arbeit und Pflege, steht der Thematik oben in nichts nach, außerdem vermutet das Autorenduo, dass künftig mehr Freiwillige zur Entlastung professioneller Kräfte benötigt werden, da diese mehr Aufgaben zu bewältigen haben werden als heute (was einer Fortsetzung des bestehenden Trend entspräche).

Das bedeutet für die Organisationen des Dritten Sektors sich mit strategischen Planungen dieses Bereiches auseinandersetzten zu müssen. Dazu gehört die Aufnahme der Thematik „Freiwilliges Engagement" in die Lehrpläne (Modulpläne) der Studiengänge und Ausbildungen in den Bereichen Gesundheit, Pflege, Soziales, Pädagogik und ggf. Psychologie, also in den Feldern, die später mit hoher Wahrscheinlichkeit mit Freiwilligen in beruflichen Kontexten zu tun haben werden. Der Wandel der Fertiliät zwingt dazu sich mit der Substitution von jungen Freiwilligen durch alte Freiwillige zu beschäftigen. Immerhin lässt sich von 1999 auf 2004 eine Steigerung des Engagement der 66-75-jährigen um 5%, auf nunmehr 31% dieser Alterskohorte feststellen, bei den 76+-jährigen beträgt diese Quote 2% und macht absolut 18% der Altersgruppe aus (Survey 1999-2004, a.a.O.). Da medizinische und gesundheitliche Entwicklungen die Alterspyramide zunächst eher verfestigen werden, liegt es auf der Hand, in dieser Alterskohorte gezielt Engagierte zu akquirieren.

Weiterhin werden sich die Organisationen mit der sehr bewussten, gezielten Rekrutierung Freiwilliger beschäftigen müssen, da die ‚Vererbung von Ehrenämtern', wie sie früher und zum Teil noch heute der Fall war bzw. ist, künftig zunehmend mehr entfallen wird. Dies erfordert eine gezielte Suche und Ansprache in jeweils (je nach Zweck und Aufgabenstellung) bestimmten Gruppen der Bevölkerung. Dazu müssen einerseits neue Formen der Akquise entwickelt werden *und* es bedarf zweitens einer genauen regionalen Kenntnis der Bevölkerungsstruktur, also differenzierter regionaler Daten, die die derzeitigen Freiwilligensurveys nicht hergeben. Diese Surveys sind

---

[64] Rosenkranz, D./ Görtler, E.: Woher kommen in Zukunft die Freiwillige? In: Rosenkranz, D./ Weber, A.: Freiwilligenarbeit. Einführung in das Management von Ehrenamtlichen in der Sozialen Arbeit. Weinheim und München 2002

eine wichtige und wertvolle Orientierungshilfe auf Bundesebene, daneben aber braucht es regionale Erhebungen.

Einerseits engagieren sich zwar 35% aller 14-25-jährigen freiwillig, dennoch haben andererseits 80% der Jugendlichen noch nie was von Informationsstellen zum Ehrenamt gehört (Picot 2000[65]). Insofern muss die Frage nach erhöhter Erreichbarkeit Jugendlicher und insbesondere die Erreichbarkeit ausländischer Jugendlicher gestellt und bearbeitet werden. Dies findet einerseits seine Bedeutung, hinsichtlich der Steigerung von Handlungskompetenzen dieser Alterskohorte sowie andererseits seine Bedeutung um gelungene Integration Jugendlicher, insbesondere mit Migrationshintergrund.

Das Zusammenwirken sozialer Organisationen mit Wirtschaftsorganisationen der (sozialen) Marktwirtschaft, also dem Corporate Volunteering oder dem Corporate Citizenship gilt es künftig mehr Bedeutung beizumessen. Hier liegt ein noch nicht gut genutztes Potenzial (sieh hierzu Schöning/ Kraus & Büchler & Wild[66]). Wenn es gelingt, Berufstätigen die Möglichkeit und Chance zu eröffnen, über ihren Tellerrand hinwegzuklettern, sich in soziale Bereiche einzuklinken und dort nicht nur ihren Horizont zu erweitern, sondern tatsächlich wertvolle Hilfe in (gut vorbereiteten) Projekten zu leisten, haben sowohl diese Projekte einen Nutzen davon, als auch die beteiligten Menschen ganz unmittelbar, aber auch die Firmen, da ihren Mitarbeitern soziale Kompetenzerweiterung vermittelt wird und das öffentliche Bild einer derart engagierten Firma, als eben auch sozial engagiertes Unternehmen sich verankert.

„Angesichts der insgesamt geringeren Beteiligung von Frauen am ehrenamtlichen Engagement und der Geschlechterverteilung in den höheren Altersgruppen sind auch Frauen als Potential für eine Umstrukturierung der Freiwilligenarbeit zu sehen. Verstärkt z.B. als Teil der Frauenförderung, als Teil einer schrittweisen Integration in den Beruf etwa nach der Elternzeit" Rosenkranz/ Görtler 2002, a.a.O., S.41). Tatsächlich engagierten sich 2004 32% aller Frauen und 39% der Männer. „Die Anteile

---

[65] Picot, S.: Jugend und freiwilliges Engagement. In: Rosenbladt, von B.: Freiwilligensurvey 1999. Stuttgart 2000

[66] Schöning, B./ Kraus, G.: Corporate Volunteering. Wenn Soziale Arbeit und Wirtschaft voneinander profitieren. In: Rosenkranz, D./ Weber, A.: Freiwilligenarbeit. Einführung in das Management von Ehrenamtlichen in der Sozialen Arbeit. Weinheim und München 2002 **&** Büchler, Ch.: Das Beispiel HENKEL. In: derselbe (s.o.) **&** Wild, A.: Das Beispiel Siemens Unternehmensberatung: In: derselbe (s.o.)

an freiwillig Engagierten in den weiblichen Altersgruppen unterschieden sich 1999 stärker als bei den männlichen Altersgruppen. Das ist auch 2004 so geblieben. Nur 21% sind in der Altersgruppe der Seniorinnen engagiert, aber 41% der Frauen im Alter von 35 bis 44 Jahren, eine Differenz von 20 Prozentpunkten" (Freiwilligensurvey, a.a.O., S.264). In diesem Bereich scheint tatsächlich Potential vorhanden, wenngleich der Blick auf die Lebenssituation von Frauen gerichtet werden muss, denn was genau ist die Ursache für eine geringere Beteiligung der Frauen, wie verhält es sich mit der Wechselwirkung von Rollenbildern, Familienbindungen, (parallelen) beruflichen Werdegängen und freiwilligem Engagement? Aber auch bei den über 65-jährigen engagierten sich im Jahre 2004 nur 21% der Frauen, aber 34% der Männer. Nun ist die absolute Zahl der Frauen in diesen Jahrgängen höher als bei den Männern, so dass auch die absoluten Zahlen von Frauen und Männern sich möglicherweise mit zunehmendem Alter angleichen, dennoch bleibt der relative Unterschied beträchtlich. Insofern schlummert an dieser Stelle durchaus ein Potential, welches strategisch mitbedacht werden muss.

3.2 Personalentwicklung (i.S.v. Freiwilligenentwicklung)

In diesem Abschnitt geht es um die Entwicklung Freiwilliger in Organisationskontexten, analog zu (PE) Personalentwicklungen (‚echter Mitarbeiter') gedacht. Schließlich sind auch die ‚gebundenen' Freiwilligen (das sind nicht die einmaligen Volunteers aus den marktwirtschaftlichen Bereichen i.S. eines corporate citizenship oder die projektorientiert Engagierten) quasi Mitarbeiter einer Organisation, leisten verbindliche und bedeutende Arbeit, zeigen Stärken und Schwächen, bringen unterschiedliche Kompetenzen mit, müssen für ihre Aufgabe(n) fit gemacht werden, sollen an die Organisation möglichst langfristig gebunden bleiben und damit zur wertvollen Ressource derselben werden. Wie und mit welchen Instrumenten gelingt Freiwilligenentwicklung? So wird beispielsweise in England ein schriftlich fixiertes *Volunteer Agreement* vereinbart, das ist kein Vertrag, sondern eine gegenseitige Verpflichtung. „Verabredet wird, dass die Organisation dem Freiwilligen eine angemessene Anleitung, Aus- und Fortbildung, Begleitung, Unterstützung und Partizipation garantiert sowie seine Fähigkeiten und Kenntnisse achtet. Im Gegenzug stimmt der Freiwillige zu, im Sinne des Leitbildes der Organisation zu arbeiten, die Schweigepflicht zu wahren und vereinbarte Zeitvorgaben einzuhalten" (Bliedermann 2002, S.84[67]).

Personalentwicklung, wie auch die Entwicklung *Freiwilliger* geschieht idealtypisch systematisch und zielgerichtet, es geht um Weiterbildung (Qualifikation) von *(quasi)* Mitarbeitern. Daneben bilden sich Menschen, intrinsisch motiviert, losgelöst von ihrer Organisation weiter, um ihre Fähigkeiten und Kenntnisse zu vertiefen – diese Form ist hier nicht gemeint. Anlass zur Personal- bzw. Freiwilligenentwicklung einer (sozialen) Organisation kann in veränderten Marktbedingungen (Wettbewerb) liegen, in neuen Produktionsformen (beispielsweise pflegerischen – oder sozialpädagogischen Angeboten), einem notwendigen Change Management (dem radikalen Wechsel eines spezifischen Angebotes zu einem ganz Neuen) , einer neuen strategischen Orientierung u.a.m, immer geht es aber um Übereinstimmung (Passung bzw. matching) von vorhandenen Anlagen und Fähigkeiten der Mitarbeiter/innen bzw. der Freiwilligen und den Anforderungen der Arbeitsplätze oder Tätigkeitsfelder und Einsatzgebiete. Es geht also um betriebliche Bildung zur Erhöhung der Wettbewerbsfähigkeit, der Flexibilität, der Erhöhung der Motivation und Integration, der Sicherung eines qualifizierten Mitarbeiter- bzw. Freiwilligenstammes unter Berücksichtigung der individuellen und bildungspolitischen Ansprüche des jeweiligen Unternehmens (vgl. Staehle, S. 874[68]). Dabei handelt es sich in allen Unternehmen um drei verschiedene Ebenen der PE, nämlich um berufsvorbereitende -, um berufsbegleitende - und um berufsverändernde Maßnahmen der Qualifizierung, dabei sind stets unternehmensbezogene Ziele mit mitarbeiterbezogenen Zielen und den persönlichen Zielen der betroffenen Menschen zu koordinieren. Bezogen auf Freiwilligenentwicklung handelt es sich gleichermaßen um Tätigkeitsfeldvorbereitende, -begleitende und – verändernde Qualifizierungsmaßnahmen, insofern lassen sich diese Strukturen des professionellen Managements auf die Zusammenarbeit mit Freiwilligen durchaus übertragen. Freiwillige, insbesondere jüngere Menschen, kommen u.a. um ihre Fähigkeiten und Fertigkeiten zu erweitern, sie wollen was lernen, sich bilden, Kenntnis-

---

[67] Bliedermann, C.: Die Zusammenarbeit mit Freiwilligen organisieren. In: Rosenkranz, D./ Weber, A.: Freiwilligenarbeit. Einführung in das Management von Ehrenamtlichen in der Sozialen Arbeit. Weinheim und München 2002

[68] Staehel, W. H.: Management. München 1999

se und Erfahrungen hinzugewinnen. Auf einer Skala von 5-1 (sehr wichtig bis vollkommen unwichtig) lag der Wert für: ‚Das man seine eigenen Kenntnisse und Erfahrungen erweitern kann', bei 4 (Mädchen wie Jungen, 14-24 Jahre) (vgl. Picot, S. 245[69]).

Es lässt sich wohl festhalten, dass im Feld der Freiwilligenarbeit die qualifizierte und wertschätzende Einführung in das jeweilige Tätigkeitsgebiet, sowie die dauerhafte Begleitung (fachliche Beratung und ggf. Supervision), aber auch das Angebot laufender (freiwilliger) Schulungen zur Erweiterung der Kenntnisse von großer Bedeutung für die Freiwilligen und damit für die Organisationen sind. Schon während der Akquirierung dürfte die Existenz eines Qualifizierungsprofils für Freiwillige, die planmäßige Einbettung der Qualifizierung, ein ausschlaggebendes Kriterium für Interessierte sein. Dies wäre *ein* wesentlicher Baustein für Organisationen, die mit Freiwilligen dauerhaft arbeiten, um Freiwillige dauerhaft zu binden.

3.3 Motivation und Commitment

Pott und Wittenius verweisen auf die Notwendigkeit *Bürgerschaftliches Engagement* als Ganzes (also nicht nur bestimmte Teilbereiche, wie Freiwilligenentwicklung, s.o.) in ein Qualitäts-Managementsystem (QM) einer Organisation einzubauen (diese Forderung verweist einmal mehr auf begriffliche Unschärfen, findet BE doch auch außerhalb von Organisationen statt, *JAS*)[70]. Sollen freiwillig tätige Menschen an Organisationen gebunden werden, so werden sich diese selbst nur binden (lassen), wenn es dafür eine Geschäftsgrundlage gibt. Nun ist das mit der Qualität so eine Sache, es ließe sich, gemäß einer DIN-ISO Norm, eine Schwimmweste aus Beton herstellen, die schwimmt zwar nicht, aber der überwachte Herstellungsprozess hielte möglicherweise allen Kriterien stand und diese Weste würde ein DIN-ISO Zertifikat erhalten. Es reicht offensichtlich nicht, wenn die Prozessqualität stimmt. Klammern wir auch die Strukturqualität aus, weil im sozialen Sektor diese, ähnlich wie die Pro-

---

[69] Picot, S.: Freiwilliges Engagement Jugendlicher im Zeitvergleich 1999-2004. In: Freiwilligensurvey a.a.O.

[70] Pott, L./ Wittenius, U.: Qualitätsmanagement in der Zusammenarbeit mit Freiwilligen. In: Rosenkranz, D./ Weber, A.: Freiwilligenarbeit. Einführung in das Management von Ehrenamtlichen in der Sozialen Arbeit. Weinheim und München 2002

zessbeschreibungen, hinreichend bearbeitet wurde und sich stets gut darstellen lässt. Wie aber sieht es mit den Ergebnissen aus? Das Qualitätssiegel ‚Made in Germany' war ursprünglich ein Produkt aus Großbritannien, mit dem dort, im vorletzten Jahrhundert vor deutschen Produkten gewarnt wurde. Der alte Managementzirkel, der später auf den Qm-Bereich übertragen wurde (Planen – Handeln – Messen - Lenken/ Steuern), ist ja auch ein Prozessinstrument, wenngleich am Ergebnis orientiert. Wie aber messe ich ein Beratungsergebnis in seiner auch nur mittelfristigen Wirkung, wie das Erziehungsergebnis eines zweijährigen Heimaufenthaltes, wie die längerfristige Auswirkung einer freiwilligen Hilfe in einer Familie? Eine Antwort bleibt ausgespart. Dennoch und jenseits der kritischen Anmerkungen, scheint das Instrument QM, welches die Bedingungen für Freiwilligenarbeit in den Organisationsalltag integriert und damit auch festschreibt, also Verbindlichkeit herstellt, schon deswegen ein Instrument für Commitment und Motivation zu sein.

Ein Qm-System alleine wird es aber wohl nicht sein, es ist nur eine verbindliche Grundlage für alle Beteiligten. Ich würde mich beispielsweise sicherlich nicht freiwillig in einer *Kameradschaft* engagieren, die über ein gutes Qm-System verfügt, in welches sie das freiwillige Engagement wunderbar hineingewoben hat, so dass für beide Seiten Verbindlichkeiten entstehen, ein entsprechendes *Volunteer Agreement*, welches sich hieraus ergibt, würde ich wohl kaum unterzeichnen, wenn diese Organisation nicht meinen Werthaltungen entspricht. Damit aber haben wir ein *Zweites*, was hinzukommen muss, damit nicht nur Akquise gelingt, sondern Bindung und Motivation entsteht. Der Freiwillige muss sich emotional *und* normativ identifizieren können, er muss sich eingebettet fühlen, er muss mit der Organisation und ihren Werten, ihrem Leitbild mitschwingen können, beide müssen die gleiche Melodie erklingen lassen. Insofern haben es alte, große und bekannte Organisationen leichter, Spenden und/oder Menschen an sich zu binden. Bei dem Projekt ‚Brot für die Welt', weiß jeder sofort um den Inhalt und die Anbindung an die Organisation, dahinter stehen Werte und Botschaften, welche nicht mehr kommuniziert werden müssten. Für kleine Organisationen bedeutet dies, dass sie um ihre Projekte und Aktivitäten deutlich lauter und intensiver werben müssen und dies immer im Zusammenhang mit der Organisation tun müssen, da beide, Projekt *und* Organisation schließlich unbekannt sind.

Commitment spricht also diese beiden Ebenen an, nämlich die *affektive* Ebene (emotionale Verbindung zu einer Organisation) und die *normative* Ebene (Akzeptanz der Organisationswerte). Aber es kommt noch ein *dritter Aspekt* hinzu und zwar der Bereich der Beständigkeit. Sogenannte Wechselkosten bei Verlass der Organisation sind nicht gerade erwünscht. Verluste aber gelten schließlich für beide Seiten, die Organisation verliert einen quasi Mitarbeiter, den sie geworben, ausgebildet und begleitet hat, der bei schwieriger Trennung obendrein negative Werbung macht und weitere Zuströme erschwert (hier gilt das Prinzip der ‚Stillen Post') und die Mitarbeiterin verliert Bindungen, möglicherweise Bekanntschaften, das Eingebundensein in bestimmte gewohnte und vielleicht vertraute Strukturen, verliert ihre Aufgabe, wes wegen sie sich schließlich genau hier engagierte, fällt gewissermaßen in ein, wie auch immer geartetes Loch, welches erst einmal wieder gefüllt werden muss – auch dies kostet Energie und Anstrengung. Organisationen sollten, das lässt sich wohl zusammenfassend nun sagen, ein zwingendes Interesse an Beständigkeit haben, Commitment fördern, also gemeinsame Werte hochhalten, Mitarbeitern Chancen zur Partizipation ermöglichen, sie wertschätzen und einbinden, die Aufgaben gut abstimmen (eine Passung/ ein matching herstellen), für Einarbeitung, Fortbildung und Begleitung sorgen, dafür einen festen (möglichst hauptberuflichen) Ansprechpartner zur Verfügung stellen und für ein allgemeines gutes (Betriebs-)Klima Sorge tragen.

3.4 Führung

Auf den ersten Blick erscheint dieser Punkt brisant, denn Führung spricht immer den Bezug zu Geführten an und findet seinen Ursprung im militärischen Bereich. Lassen sich Freiwillige führen? Und wer sollte sie wohin und mit welchen Mitteln führen? Mitarbeiterführung – ja, aber Freiwilligenführung – lieber nicht? Schon die Verbindung von Bürgerschaftlichem Engagement und Führungsstrukturen erscheint absurd, ist dieses Engagement im zivilgesellschaftlichem Kontext doch ur-demokratisch und eher an einen herrschaftsfreien Diskurs gebunden, als an einen Führungsgedanken.

Nun geht es an dieser Stelle aber nicht um Freiwilliges Engagement im Sinne Bürgerschaftlichen Engagements, sondern um Freiwilligenarbeit und Ehrenamtlichkeit in organisatorischen Kontexten, um das Zusammenwirken von Ehrenamtlichen bzw. Freiwilligen, ggf. mit hauptberuflich Tätigen. Dabei handelt es sich sowohl um eine

Koordinierungsaufgabe als auch um die Gestaltung von Prozessen, also um deren Planung, Durchführung, Kontrolle und Lenkung. In diesen Prozessen sind entweder nur Hauptamtliche eingebunden, die als Mitarbeiter durch die Organisation geführt werden oder es sind hauptamtliche und Freiwillige gleichermaßen beteiligt, schließlich werden in einigen Prozessen auch ausschließlich Freiwillige engagiert sein. In allen Fällen geht es um Prozessorganisation und Prozessgestaltung, d.h. diese Tätigkeit ist mit dem oben genannten Managementzirkel verbunden. Es muss jemanden geben, der den prozessualen Ablauf initiiert, überwacht, alle relevanten Informationen erhält, ggf. lenkt und damit führt. Insofern werden wohl auch Freiwillige mehr oder weniger geführt. Nur wie führt man diese Menschen derart, dass Führung akzeptiert angenommen und Motivation erhalten bleibt bzw. gefördert wird?

Zunächst gelingt dies vermutlich (relativ) konfliktfrei in Organisationen, die durchweg von Freiwilligen, i. S. ehrenamtlicher Tätigkeit gemanagt werden, die eine quasi ‚natürliche' *(manchmal paramilitärische)* Hierarchie entwickelt haben, die allerdings praktisch jedem Freiwilligen offensteht. Solche Organisationen werden bereits beim Eintritt der Mitglieder in ihren Grundwerten und Strukturen anerkannt, hier gibt es trotz deutlicher Führung (Befehl und Gehorsam, insbesondere in Übungen und Einsätzen) kaum Konflikte, jedenfalls nicht um die Führungsstruktur, sondern eher im zwischenmenschlichen Bereichen – allerdings ist es auch völlig unproblematisch dort wieder auszuscheiden oder längerfristig zu pausieren (passive Mitgliedschaft). Solche Organisationen sind beispielsweise die *Freiwilligen Feuerwehren* (26.500 FF in Deutschland, mit 1,3 Millionen Mitgliedern) oder das *Technische Hilfswerk*, einige *Sanitätsdienste* (z.B. bei den Malteser oder dem DRK), auch die Heilsarmee.

Weniger konfliktarm dürfte es in denjenigen Organisationen zugehen, die zwar auch (irgendwie) führen müssen, die aber über oben beschriebene Strukturen (nämlich ‚Freiwillige führen Freiwillige') nicht verfügen. An dieser Stelle gibt es zwei unterschiedliche Konfliktfelder, denn zum einen können Freiwillige von Hauptamtlichen geführt werden (so werden z.B. die Jugendverbände im Malteserorden von hauptamtlichen Referenten geführt) *oder* Ehrenamtliche führen hauptberuflich Tätige (so in Vereinsstrukturen, mit durch die Mitglieder gewählten Vorständen), daneben gibt es Mischformen. So werden Kirchengemeinden beispielsweise durch den Kirchenvorstand (in Arbeitgeberfunktion) geführt, diesen Kirchenvorständen stehen die hauptamtlichen Pastoren per se vor und sie werden durch gewählte Mitglieder der Gemeinde ergänzt, die ihre Funktion dort ehrenamtlich ausführen.

Nun ließen sich ja quasi ,Parallelgesellschaften' in Organisationen denken, also an den jeweiligen Mitgliedsstatus angelehnte unterschiedliche Verfahren, die Hauptamtlichen werden nach allen Regeln der Kunst geführt, die Freiwilligen werden lediglich koordiniert. Ab einer bestimmten Größenordnung der jeweiligen Gruppe *oder* mit spezifischer und komplexer werdender Aufgabenstruktur, welche eine Prozessüberwachung nötig macht, wird das Koordinieren nicht mehr genügen. Was nun? Hierzu soll zunächst eine (Führungs-)Definition vorgeschlagen werden. Im Anschluss daran folgt ein kurzer Überblick über das was an Erkenntnis von Führungskräften in diesem Feld vorliegt. Die Betrachtung von Führungskonzepten, die für die Arbeit mit Freiwilligen geeignet scheinen, erfolgt im Kapitel D, nachdem diese Konzepte im Kapitel B vorgestellt wurden.

Neuberger betrachtet Führung prozessual. Führung ist demnach nichts Endgültiges, nichts Objektives sondern durchaus widersprüchlich, vielgestaltig und mehrdeutig. Führung ist nichts Dingliches, kein beschreibbarer Gegenstand, sondern muss stets aufs Neue sprachlich inhaltlich konstruiert werden, damit alle Beteiligte in etwa ein gleiches Verständnis davon haben *und* Führung sollte als Notwendigkeit umrissen sein, damit sie sich legitimiert (Neuberger 2002, S 3-6[71]). Hier soll „eine synthetische handlungstheoretische Führungsdefinition" vorgeschlagen werden, die in sich ausgewogen und schlüssig ist und hier in ihrer Kurzform, von mir um den zeitkritischen Faktor ergänzt wurde, der sich (eigentümlicherweise) nur in einer langen Version Neubergers wiederfindet: *,Personelle Führung ist legitimes Konditionieren bestimmten Handelns von Geführten in schlecht strukturierten und zeitkritischen Situationen mit Hilfe von Differenz zu anderen Einflüssen'* (ebd. a.a.O. S. 47). Hier geht es also „um ,personelle Führung', damit um Führung von Personal, also Führung im beruflichen Kontext (und nicht um andere Führungskontexte, bspw. während einer Bergklettertour). Führung, so wird behauptet, ist vor diesem Hintergrund ,legitimes und bestimmtes Handeln'. Es ist ,legitim', weil es kontextgebunden ist und alle Seiten darum wissen und sich per Vertrag damit einverstanden erklärt haben, es ist ,be-

---

[71] Neuberger, O.: Führen und führen lassen. Stuttgart 2002

stimmtes Handeln' und nicht irgendwelches Handeln, d. h. es verfolgt eine bestimmte Absicht, es ist methodisch orientiert, es ist transparent in seiner Absicht (anders als bei Manipulationen). Außerdem ist es nur relevant in ‚schlecht strukturierten Situationen, die auch noch zeitkritisch' sind, denn in allen anderen Situationen ist Führung überflüssiger Luxus, hier reichen Regeln, Vereinbarungen (Ziele usw.), also Führungssubstitute. Erst wenn diese Substitute (als Führungsersatz) nicht mehr reichen, wenn etwas „aus dem Ruder läuft", wenn der Zeitfaktor zu Buche schlägt und damit eine Rolle spielt, also in (hoch-)komplexen, unübersichtlichen Situationen, bedarf es personaler Führung. Und diese Führung handelt nun in Differenz zu anderen Einflüssen, also in *expliziter* Führungsabsicht, methodisch begründet hinterlegt, durch die Organisationsstruktur und vertragliche Gestaltung legalisiert, mit dem Ziel, die Komplexität der Situation durchschaubar zu machen, scheinbares Chaos in Strukturen umzuwandeln und vereinbarte Ziele zu erreichen. Damit ist für diesen Text erklärt, was unter (professioneller) Führung verstanden wird, aber auch beschrieben, dass Führung auch anders verstanden werden kann, also ein Prozess des Aushandelns bleibt" (Schröder, S. 22-23[72]). Führung derart verstanden ermöglicht Spielräume des freiwilligen, wie professionellen Handelns, ggf. auch Formen der Selbstverwaltung, sie wird durch Substitute wie: Verhaltensanleitungen, Regelwerke, Handlungskreisläufe, Verfahrensabläufe, Zielvereinbarungen, QM-Systeme u.a.m. ersetzt. Diese Formen von Führung minimieren zwischenmenschliche Reibungen, verhindern unnötige Diskussionsforen, sparen Zeit, erhöhen damit die Effizienz des Handelns, mischen sich legitim nur ein, wenn es zu deutlichen Abweichungen im Verhalten, den gesetzten oder ausgehandelten Regeln, den Handlungskreisläufen, den Verfahren, den Zielen usw. kommt. Dass solch verstandene Führung allerdings Abweichungen bemerken, setzt Beobachtungen, also Kontrollverfahren bzw. Messungen voraus. Darüber muss im Vorfeld Einverständnis hergestellt worden sein, gerade auch im Hinblick auf freiwillige Tätigkeit, in der keine arbeitsvertraglichen Vereinbarungen gegenständlich werden. Hier hilft eine Verschriftlichung in Form eines *Volunteer Agreements*, wie bereits weiter oben benannt.

---

[72] Schröder, J.-A.: Human Resource Management mit einem Bezug zur Ehrenamtlichen Arbeit (Freiwilligenarbeit) in organisatorischen Kontexten. Hausarbeit HAW HH, Fakultät Wirtschaft und Soziales, Studiengang MBA, Hamburg 2009)

Führungskonzepte lassen sich unter verschiedenen theoretischen Blickwinkeln betrachten. Dazu gehören insbesondere die Eigenschaftstheorie, so genannte Verhaltensgitter, situative Interaktionsansätze, Rollenkonzepte, kybernetische Betrachtungen (vgl. Kapitel B). Später werden die dort dargestellten Ansätze auf ihre Tauglichkeit für das Freiwillige Engagement geprüft (Kapitel D). Explizite Texte zur Führungsthematik in diesem Feld der freiwilligen Arbeit lassen sich kaum finden[73]. Das *Führungspersonal* gemeinnütziger Organisationen stellt ein noch weitgehend unerforschtes Klientel dar (Beher et al. 2008, a.a.O. S. 214). Andererseits ist auch die *,Art und Weise'* der Führung sowie deren *Wirkung* im Feld des Freiwilligen Engagements kaum untersucht. Insofern wird deswegen der Rückgriff auf Führungsliteratur in professionellen Kontexten notwendig (Kapitel B) und der Blick auf berichtetes praktisches Tun, beides soll dann miteinander diskursiv verschränkt werden (Kapitel D).

Wer führt in Bereichen des Freiwilligen Engagements? Es führen Männer wie Frauen, allerdings sind Männer überrepräsentiert. Im Verbandsbereich des Sports sind es 91% Männer, die dort führen. Der Anteil ehrenamtlich tätiger Frauen in Sportvereinen Deutschlands (differenziert in West und Ost) beträgt bei den 1. Vorsitzenden 5% (West) bzw. 7% (Ost), bei den stellvertretenden Vorsitzenden 10% (West) und 11% (Ost), bei den Schriftführern aber immerhin 36% (West) und 46% (Ost). Dies wird bereichsspezifisch erklärt, dass Frauen sich zu anderen Sportarten hingezogen fühlen, weniger den klassischen Sportverein und dafür mehr die Fitnesscenter und Sportstudios besuchen, hier gibt es einen hohen Anteil reiner Frauensportcenter (12%), während geschlechtsspezifische Frauensportvereine nur einen Anteil von 1,2% (West) und 2,4% (Ost) ausmachen. Frauen bevorzugen andere Sportarten als Männer, „kennzeichnend für Frauen ist ein instrumentelles Sportverständnis, das sich darin äußert, etwas >für sich selbst<, die Figur, das körperliche Wohlbefinden, die Gesundheit zu tun. Sie sind deshalb vermutlich weniger für ein ehrenamtliches

---

[73] Eine Ausnahme stellen die Texte von Beher/ Krimmer/ Rauschenbach/ Zimmer: ‚Die vergessenen Eliten' dar (a.a.O.); auch Beher/ Liebig/ Rauschenbach: ‚Strukturwandel des Ehrenamts' (a.a.O.). Vergleiche hierzu auch die detaillierte Bibliografie zum Ehrenamt der Akademie für Ehrenamtlichkeit in Deutschland sowie die Literaturhinweise der Bundesarbeitsgemeinschaft der Freiwilligenagenturen, die Publikationsverweise des BBE. Außerdem wurde ein relativ neues Führungskräftenetzwerk gegründet, dazu folgende Pressemitteilung vom BBE: „Um den dritten Sektor in Europa professioneller und innovativer zu gestalten haben mehr als 120 Gründungsmitglieder aus 25 Ländern ein neues Netzwerk gegründet: »euclid«. Das »europäische Netzwerk für Führungskräfte des Dritten Sektors« wird seinen Sitz zunächst in London haben. Um die selbst gesteckten Ziele zu erreichen, sollen »hochwertige Lernangebote« und »Führungskräfte-Entwicklungs-Workshops« angeboten werden. Hauptpartner des Netzwerkes ist die italienische Bankgruppe »Intesa Sanpaolo«" (16.03.2007).

Engagement >für andere< zu gewinnen" (vgl. Dietrich/ Heinemann/ Schubert 1990; Endrikat 1995; Heinemann/ Schubert 1994, S. 176[74]). Jenseits des Sports steht es nicht so gut um Informationen zur Führung im Ehrenamt. Der Freiwilligensurvey 1999-2004 verweist darauf, dass der Anteil der Frauen in Leitungs- und Vorstandsfunktion 2004, im Vergleich zu 1999, zurückgegangen ist und zwar in der ersten freiwilligen Tätigkeit von 32% (1999) auf 28% (2004), in der zweiten Tätigkeit von ehemals 30% auf nunmehr 25%, während der Anteil der Männer stieg (a.a.O. S.280). Geht man dem Verweis auf eine erste und zweite Tätigkeit nach, so stellt sich heraus, dass 70% der Mandatsträger (im Sportbereich) parallel auch noch in anderen Bereichen (Soziales und Karitatives) tätig waren, allerdings war der politische Bereich (Stadt- und Gemeinderäte) besonders ausgeprägt (Beher/ Liebig/ Rauschenbach, a.a.O. S. 163; vgl. auch Freiwilligensurvey, a.a.O. S. 269-272).

Es führen weiterhin überwiegend Menschen im mittleren Lebensabschnitt, die sich in unbezahlter freiwilliger Tätigkeit den Wertetypen der ‚aktiven Realisten' und der ‚ordnungsliebenden Konventionalisten' zuordnen lassen, stets gepaart mit einer „guten Portion Idealismus" (Beher et al., a.a.O. S.218[75]). Alle Führungskräfte weisen einen vergleichsweise hohen Bildungsstatus auf, dies gilt auch für die ehrenamtlich Tätigen, wenngleich in einem etwas geringerem Maße als die bezahlten Kräfte im Dritten Sektor. Hinsichtlich der sozialen Herkunft gaben die meisten Befragten eine Mittelschichtzugehörigkeit an, in der sie selbst auch verblieben, ein sozialer Aufstieg war vermehrt bei den Frauen zu verzeichnen, gleichzeitig war die Chance aus der Arbeiterschicht in Führungspositionen zu gelangen für Männer offensichtlich leichter als für Frauen (ebd., S. 219). Ein wichtiges Kriterium schien der Sozialisationsaspekt ehrenamtlicher Tätigkeit und damit der Vertrautheit eines solchen Handelns, im

---

[74] Dietrich, K./ Heinemann, K./ Schubert, M.: Kommerzielle Sportanbieter. Eine empirische Studie zu Nachfrage, Angebot und Beschäftigungschancen im privaten Sportmarkt. 1990;   Endrikat, K.: Die >weibliche< Moral im Sport. Wertvorstellungen jugendlicher Sportlerinnen und Sportler. Geschlechterunterschiede in der Einstellung zu Fairnesswerten im Sport. In: Fair-Play-Initiative des deutschen Sports unter Federführung der Deutschen Olympischen Gesellschaft (Hrsg.): Fair-Play für Mädchen und Frauen im Sport? Frankfurt a.M. 1995; Heinemann, K./ Schubert, M.: Der Sportverein. Ergebnisse einer repräsentativen Untersuchung (Bundesinstitut für Sportwissenschaft, Bd. 80) Schondorf 1994 In: Beher, K./ Liebig, R./ Rauschenbach, Th..: Strukturwandel des Ehrenamtes. Weinheim und München 2000

[75] Beher, K./ Krimmer, H./ Rauschenbach, Th./ Zimmer, A.: Die vergessene Elite. Führungskräfte in gemeinnützigen Organisationen. Weinheim und München 2008

Elternhaus zu sein. Auf die Fragestellung, wie denn die Zusammenarbeit zwischen den Hauptberuflichen und den Ehrenamtlichen bewertet wird, zeigte sich auf beiden Seiten eine äußerst positive Bewertung. Allerdings gilt einschränkend Folgendes: „Als mögliche Quelle von Problemen bei der Kooperation identifizieren beide Statusgruppen an erster Stelle die unterschiedliche Beurteilung von Sachfragen. Daneben beschreiben die Befragten Defizite im Bereich der Koordination und Kommunikation sowie Informationsrückstände auf Seiten der Geschäftsführung bzw. des Vorstandes", diesen Punkt bewerteten die Hauptberuflichen allerdings stärker als die Ehrenamtlichen (ebd., a.a.O. S. 223).

4. Rèsümè

(1) Die *Begriffsvielfalt* des Sektors ist verwirrend und irreführend und bedarf dringend einer Verständigung der beteiligte Akteure, wie bspw. dem BBE, der BAGFA, der Wohlfahrtsverbände und des BMFJF. Dabei handelt es sich bei der Entwicklung solcher Termini nicht um eine intellektuelle Spielwiese, sondern gewinnt im Kontext besserer Verständigung aller Beteiligten, auch in wissenschaftlichen Diskursen, seine Bedeutung und Berechtigung.

(2) Die Klärung, wo Freiwilliges Engagement anfängt und wo es aufhört und welche Engagementbereiche nicht mehr dazu gehören bzw. wann eine Tätigkeit, die a) freiwillig geschieht und b) engagiert ist, noch in die definierten Bereiche fällt oder wann eben nicht, erscheint im Zusammenhang einer terminologischen Diskussion und Verständigung ebenso klärungsnotwendig.

(3) Die gesellschaftliche Bedeutung Freiwilligen Engagements, also der ehrenamtlichen Arbeit (bspw. der Ämterübernahme), der Freiwilligenarbeit, des bürgerschaftlichen Engagements im zivilgesellschaftlichem Hintergrund, der Bildung neuer bürgernaher Entscheidungsformen (Direktwahlen, Bürgerbeteiligungen usw.), die Entwicklung herrschaftsfreier diskursiver Plattformen zwischen Bürgern und Politikfeldern im Sinne einer neuen außerparlamentarischen Opposition, sowie differenzierter Protestaktionen als Foren bürgerlicher Willenskundgebung und dergl. mehr, werden noch lange nicht öffentlich hinreichend genug gewürdigt. Der >aktivierende und ermöglichende Staat< muss dringend den tatsächlichen gesellschaftlichen Entwick-

lungen folgen. Die beiden Freiwilligensurveys sind zum einen zeitlich überholt, da etwa sechs Jahre alt, zum anderen sind sie in ihrem Erfassungsspektrum zu eng gefasst[76]. Künftige Erhebungen sollten den Focus weiter fassen und neben den Tätigkeiten in organisationsgebundenen Formen (Sport, Kindergärten/Schulen, Kirchen/Religionen u.a.m.), den Versuch machen und das *Bürgerschaftliche Engagement* in seinen Erscheinungsformen zu beschreiben. Dies kann nicht in ganzer Breite gelingen, denn dazu gehören Organisationen, die eigentlich keine sind, wie bspw. ATTAC, Anti-AKW Gruppen, wie die NI**X**-Gruppe um Gorleben, aber auch NGO wie GREENPEACE, Amnesty International, BUND, WWF u.a.m., es sollte dennoch, Schritt für Schritt, die Bewegung und Entwicklung dieser Erscheinungsformen nachgezeichnet, dokumentiert und in seiner Wirkung beschrieben werden. Es handelt sich hierbei schließlich um nicht weniger, als eine Zukunftsaufgabe demokratischer Entwicklung und Erhalt demokratischer Strukturen im Wandel eines gesellschaftlichen Verständnisses bestehender Formen.

(4) Gemeinnützige Organisationen, die mit Freiwilligen arbeiten, haben neben ihren originären Aufgaben, nämlich ihrer eigentlichen Funktion, auch noch sekundäre Aufgaben hinsichtlich ihrer freiwilligen Mitarbeiter bzw. Helfer zu erledigen. Eine funktionierende Akquise, die Entwicklung der Freiwilligen, mit dem Ziel einer notwendigen Qualifikation und der Herstellung von Commitment sowie der Motivationssteigerung bzw. Motivationserhaltung und die Konstruktion gelingender Führung, sind Aufgaben, für die nicht nur ein jeweils spezifisches Profil entwickelt werden muss, sondern, die auch nicht irgendwie und nebenbei gemacht werden können, dies zeigen die Ausführungen weiter oben sehr deutlich. Ohne einen hauptamtlichen Ansprechpartner, der über die notwendigen Kenntnisse und Qualifikationen verfügt, für innerbetrieblich Kontinuität sorgt, den Freiwilligen die notwendigen Ressourcen zur Verfügung stellt und selber für die Freiwilligen Ressource ist, werden solche Aufgaben künftig wohl nicht mehr gelingen – Freiwilliges Engagement ist nicht kostenneutral zu haben. ‚Freiwilligen Management' ist offensichtlich professionelles Management, nur unter anderen Vorzeichen, also mit spezifischen Kenntnissen dieses Sek-

---

[76] Ein dritter Freiwilligensurvey wird in diesem Jahr (2009) erhoben, mit der Veröffentlichung ist Ende 2010 zu rechnen; inwieweit dieser neue Survey inhaltlich weiter gefasst ist, ist augenblicklich noch nicht zu sagen.

tors. Daran schließt sich die Frage an, wie kleinere Organisationen, die nicht über entsprechende monetäre Mittel verfügen, diesen Spagat künftig hinbekommen?

Dieses Kapitel konnte hinsichtlich der Fragestellungen dieser Arbeit zunächst verdeutlichen, was Freiwilliges Engagement in der BRD ist, welche Dimensionen und Bedeutung es hat und welch breites Spektrum es erfasst. Es konnte gezeigt werden, dass es zunehmend mehr (teil-)professionalisiert wird, wobei Professionalisierung mindestens zwei Ebenen anspricht. Zum einen handeln bestimmte Organisationen, welche überwiegend oder ausschließlich mit Freiwilligen arbeiten, nach professionellen Standards (beispielsweise die Freiwilligen Feuerwehren, das Technische Hilfswerk oder Sanitäter Dienste u.a.m.), zum anderen werden viele Freiwilligenprogramme durch Professionelle geführt (so etwa Jugendorganisationen der Malteser, der Kirchen u. a. Verbände, ebenso wie Opstapje, Hippy, FiS u.v.a.m.). Neben diesen organisationsgebundenen Engagement existieren viele weitere Formen, die jenseits formaler Organisationen Bestand haben und zum Teil sich seit vielen Jahren aktiv engagieren (Attac, Bürgerinitiativen jeglicher Art usw.). Damit wurde gewissermaßen in die Thematik eingeführt, bereits ein Blitzlicht auf HRM Elemente, nämlich Akquise, PE, Motivation und Führung geworfen. Diese Elemente werden im folgenden Kapitel expliziter beleuchtet und mit Theorien verknüpft, außerdem wird erweiternd zunächst erklärt, was unter dem Begriff des HRM zu verstehen ist.

B Frühe Hilfen

5. Arbeitsfeld Frühe Hilfen

Von einer ‚Geschichte' *Früher Hilfen* lässt sich ebenso wenig reden, wie von terminologischer Sicherheit, Einheit oder einem je gleichen Verständnis der Inhalte. Will Mensch sich mit seinesgleichen über *Frühe Hilfen* verständigen, wird er sich zunächst über einen gemeinsamen Definitionsversuch und Verständigung von Inhalten annähen müssen. Während *Frühe Hilfen* im Sinne von *Frühberatung* und *Frühförderung* im Bereich *behinderter* Kinder schon seit geraumer Zeit begrifflich bewegt werden und verankert waren, hat dieser Begriff nun einen *Bedeutungswandel* vollzogen und sich zur *Frühförderung* und *Frühberatung* deutlich abgegrenzt. *Frühe Hilfen* meinen heute Kinderschutz, Verhinderung von Kindeswohlgefährdungen, Vermittlung aller relevanten Informationen rund um Vorsorge, Geburt, den Säugling und das kleine Kind für Eltern und Angehörige, bedarfsgerechte Unterstützung der Eltern, Förderung des Kindes in den Bereichen Gesundheit, Entwicklung und Bildung. Damit sind *Frühe Hilfen* eine Querschnittsaufgabe des Gesundheitswesens und der Jugendhilfe (i.S. des SGB VIII).

Diese erste Skizzierung *Früher Hilfen* konnotieren den Begriff noch positiv, schließlich geht es um Information, Unterstützung, Förderung und Bildung sowie gesundheitliche Vorsorge, allerdings wird damit der wahre Sinn verschleiert, denn *Frühe Hilfen* sind verbunden mit dem Begriff der *sozialen Frühwarnsysteme*, wie sie im Koalitionsvertrag vom November 2005 bestimmt wurden. Seinerzeit wurde parallel die Idee der *Frühen Hilfen* geboren und im gleichen Vertrag festgeschrieben. Diese sollten in einem bundesweiten Aktionsprogramm entwickelt, wissenschaftlich begleitet, beraten und evaluiert sowie auf Fachtagungen vorgestellt, verglichen und diskutiert werden (vgl. Sann et al. 2007[77]). Um für die seinerzeit geplanten bundesweiten Modellprojekte eine koordinierende Plattform zur Verfügung stellen zu können, wurde

---

[77] Sann, A./ Schäfer, R./ Stötzel, M.: Zum Stand der Frühen Hilfen in Deutschland – ein Werkstattbericht. Interdisziplinäre Fachzeitschrift der DGgKV Jahrgang 10, Heft 2, 2007, S.4

gleichzeitig der Beschluss geformt ein *Nationales Zentrum Früher Hilfen*[78] (NZFH) zu erschaffen. Die Kommunen[79] und Kreise der BRD sind vielfach darum bemüht, mit der Idee der *Frühen Hilfen* möglichst flächendeckend *alle* BürgerInnen (und Kinder) zu erreichen, nichts desto trotz will man aber von öffentlicher Seite mit diesen Initiativen *Frühwarnsysteme*[80] konstruieren, um Vernachlässigungs- bzw. Todesfälle wie Jessica aus Hamburg, Kevin aus Bremen (um nur zwei spektakuläre Tragiken beispielhaft herauszugreifen) zukünftig möglichst zu verhindern. Damit sind *Frühe Hilfen* ein behördlich verlängerter Arm, um das *grundgesetzliche Wächteramt* der staatlichen Gemeinschaft[81], auszuüben und zwar in einem bisher nicht gekannten Ausmaß. Ein Problem dabei ist die intendierte flächendeckende Kontrolle, die zunächst einmal *alle* BürgerInnen unter den Generalverdacht möglicher Kindeswohlgefährdung stellt. Ein flächendeckendes Screening (beispielweise über den Gesundheitsbereich, wie medizinische Dienste, Hebammen, Krankenhäuser/Geburtskliniken u.a.m.) ist notwendig, sollen alle (Hoch-) Risikofamilien entdeckt werden[82]. Damit werden *Frühe Hilfen* zu einem Kontrollinstrument staatlicher Aufsicht und alle Familien zur potentiellen Gefahrenquelle für Kinder stilisiert. „Umfang und Genauigkeit von Screenings müssen an ihrer Praxistauglichkeit und ihrer Legitimierbarkeit in Bezug auf den Eingriff in Persönlichkeitsrechte gemessen werden. Ausschlaggebend ist in jedem Fall die Validität in Bezug auf die sichere Identifizierung von Familien mit psychosozialen Risiken, die eine Gefährdung des Kindeswohls bedeuten könnten"

---

[78] NZFH (www.fruehehilfen.de) c/o Bundeszentrale für gesundheitliche Aufklärung, Ostmerheimerstraße 220, 51109 Köln Dieses NZFH arbeitet in engster Kooperation mit dem DJI München zusammen. Es wurde 2007 eingerichtet.

[79] Geradezu berühmt geworden ist das Konzept der Stadt Dormagen, Beispiel und Muster vieler anderer Orte in der BRD (s. Internetseite der Stadt).

[80] Ein Frühwarnsystem ist eine Einrichtung, die als Warnsystem aufkommende Gefahren frühzeitig erkennt und Gefährdete möglichst schnell darüber informiert. Es soll durch rechtzeitige und umfassende Reaktion helfen, Gefahren abzuwenden oder Folgeerscheinungen zu mildern. Dies betrifft traditionelle den militärischen Bereich, heute auch Unwettervorhersagen, insbesondere aber Vorhersagen von Erd- bzw. Seebeben usw.

[81] GG Artikel 6: „(1) Ehe und Familie stehen unter dem besonderen Schutz der staatlichen Ordnung. (2) Pflege und Erziehung der Kinder sind das natürliche Recht der Eltern und die zuvörderst ihnen obliegende Pflicht. Über ihre Betätigung wacht die staatliche Gemeinschaft. ...".

[82] vgl. hierzu Helming et al. a.a.O. S.38ff; auch Kindler, H.: Wie könnte ein Risikoinventar für frühe Hilfen aussehen? Kurzfassung einer Expertise. In Frühe Hilfen interdisziplinär gestalten. Tagungsmaterialien. Deutsches Institut für Urbanistik Berlin 2008

warnte das DJI in seiner Kurzevaluation[83] (2007). Eine solche Generalverdachtsaussage wird selbstredend *kein* Politiker und in Ausführung auch kein Behördenmensch tätigen, was allerdings an der Logik der Konstruktionen *Früher Hilfen* nichts ändert. Wer Kinderschutz will, soll das Kind beim Namen nennen, wenn damit die guten gemeinschaftlichen Absichten von Informationsgestaltung im Sinne von Aufklärung sowie Unterstützung, Förderung und Bildung, aber auch gesundheitliche Vorsorge verbunden sind, wird dies (vermutlich) auf breites Verständnis und (relativ) wenig Widerstand stoßen - *Freiwilligkeit* vorausgesetzt.

5.1 Definition

Das NZFH hat 2008 eine *Arbeits*definition entwickelt und veröffentlicht, dem nach sind *Frühe Hilfen* „präventiv ausgerichtete Unterstützungs- Hilfeangebote für Eltern ab Beginn einer Schwangerschaft bis etwa zum Ende des dritten Lebensjahres eines Kindes. Sie richten sich vorwiegend an Familien in belasteten Lebenslagen mit geringen Bewältigungsressourcen. Die aus diesen Bedingungen resultierenden (statistischen) Risiken für ein gesundes Aufwachsen der Kinder sollen frühzeitig erkannt werden. Außerdem gilt es, die Eltern zur Inanspruchnahme passender Angebote zur Stärkung ihrer Erziehungskompetenz zu motivieren. Auf diese Weise soll der präventive Schutz der Kinder vor einer möglichen Vernachlässigung und/oder Misshandlung erhöht werden. Frühe Hilfen sind im Idealfall Bestandteil eines integrierten Kinderschutzkonzeptes, das sowohl präventive Angebote als auch Interventionen zum Schutz des Kindeswohls umfasst" (Arbeitsdefinition des NZFH, 2008[84]).

Frühe Hilfen bilden lokale und regionale Unterstützungssysteme mit koordinierten Hilfsangeboten für Eltern und Kinder ab Beginn der Schwangerschaft und in den ersten Lebensjahren mit einem Schwerpunkt auf der Altersgruppe der 0- bis 3-Jährigen. Sie zielen darauf ab, Entwicklungsmöglichkeiten von Kindern und Eltern in Familie und Gesellschaft frühzeitig und nachhaltig zu verbessern. Neben alltagspraktischer Unterstützung wollen *Frühe Hilfen* insbesondere einen Beitrag zur Förderung

---

[83] Helming, E./ Sandmeir, G./ Sann, A./ Walter, M.: Kurzevaluation von Programmen zu Frühen Hilfen für Eltern und Kinder und sozialen Frühwarnsystemen in den Bundesländern. Abschlussbericht. München 2007

[84] NZFH: Frühe Hilfen. Modellprojekte in den Ländern. Köln 2008, S.9

der Beziehungs- und Erziehungskompetenz von (werdenden) Müttern und Vätern leisten. Damit tragen sie maßgeblich zum gesunden Aufwachsen von Kindern bei und sichern deren Rechte auf Schutz, Förderung und Teilhabe.

„*Frühe Hilfen* umfassen vielfältige sowohl allgemeine als auch spezifische, aufeinander bezogene und einander ergänzende Angebote und Maßnahmen. Grundlegend sind Angebote, die sich an *alle* (sic! d. Verf./ werdenden) Eltern mit ihren Kindern im Sinne der Gesundheitsförderung richten (universelle/primäre Prävention). Darüber hinaus wenden sich *Frühe Hilfen* insbesondere an Familien in Problemlagen (selektive/sekundäre Prävention). *Frühe Hilfen* tragen in der Arbeit mit den Familien dazu bei, dass Risiken für das Wohl und die Entwicklung des Kindes frühzeitig wahrgenommen und reduziert werden. Wenn die Hilfen nicht ausreichen, eine Gefährdung des Kindeswohls abzuwenden, sorgen *Frühe Hilfen* dafür, dass weitere Maßnahmen zum Schutz des Kindes ergriffen werden.

Frühe Hilfen basieren vor allem auf multiprofessioneller Kooperation, beziehen aber auch bürgerschaftliches Engagement und die Stärkung sozialer Netzwerke von Familien mit ein. Zentral für die praktische Umsetzung *Früher Hilfen* ist deshalb eine enge Vernetzung und Kooperation von Institutionen und Angeboten aus den Bereichen der Schwangerschaftsberatung, des Gesundheitswesens, der interdisziplinären Frühförderung, der Kinder- und Jugendhilfe und weiterer sozialer Dienste. *Frühe Hilfen* haben dabei sowohl das Ziel, die flächendeckende Versorgung von Familien mit bedarfsgerechten Unterstützungsangeboten voranzutreiben, als auch die Qualität der Versorgung zu verbessern" (Walper[85] et al. 2009).

5.2 Begründungen für Frühe Hilfen

„Die verstärkte Diskussion der vergangenen Jahre um gravierende Fälle von Kindesvernachlässigung und Kindstötung hat die Verantwortung der staatlichen Gemein-

---

[85] Die Begriffsbestimmung wurde auf der 4. Sitzung vom Wissenschaftlichen Beirat des NZFH verabschiedet. Sie wurde von ihm gemeinsam mit dem NZFH erarbeitet und mit dem Fachbeirat des NZFH besprochen. Die Begriffsbestimmung spiegelt den derzeitigen Stand der Diskussion über Frühe Hilfen wider. (Mitglieder der Arbeitsgruppe ''Begriffsbestimmung Frühe Hilfen'' im Wissenschaftlichen Beirat des NZFH: Prof. Dr. Sabine Walper, Prof. Dr. Peter Franzkowiak, Dr. Thomas Meysen, Prof. Dr. Mechthild Papoušek) Aus: http://www.fruehehilfen.de/4010.0.html

schaft, Kinder besser als bisher zu schützen, in das öffentliche Bewusstsein gerückt. Im Koalitionsvertrag haben die Koalitionsfraktionen der Bundesregierung vereinbart, Projekte zur frühen Förderung gefährdeter Kinder und soziale Frühwarnsysteme weiterzuentwickeln. Dafür sollen Leistungen des Gesundheitswesens, der Kinder- und Jugendhilfe sowie zivilgesellschaftliches Engagement besser miteinander verzahnt werden. Im Fokus stehen Kinder aus sozial benachteiligten Familien, die besonders häufig von Vernachlässigung und Misshandlung betroffen sind. Die Schwerpunkte der Vorhaben liegen dabei zum einen auf der Stärkung der Erziehungskompetenz von Eltern und zum anderen auf dem frühzeitigen Erkennen von familiären Risikosituationen durch Fachkräfte unterschiedlichster Arbeitsfelder, die Kontakt zu Familien haben" (NZFH[86] 2009). Diese politische (nicht fachliche) Begründung basiert auf dem Koalitionsvertrag vom November 2005 und wird vom NZFH zitierend aktuell ins Feld geführt.

Die Datenlage gibt folgende Informationen her: Im Rahmen von HzE (Hilfe zur Erziehung) wurden deutschlandweit 40.000 Familien ‚familienunterstützende Maßnahmen' gewährt (§§ 30 bzw. 31 SGB VIII); jährlich wird 2.200 Eltern das Sorgerecht entzogen, dies seit 2004 mit steigender Tendenz; jährlich werden mehr Kinder in Obhut genommen, alleine bei den Kindern bis zum sechsten Lebensjahr steig diese Zahl in den Jahren 2005 bis 2007 um 30%, auf absolut 4.443 Kinder; wurde 1990 noch 600 Fälle von Kindesmisshandlung angezeigt, stieg diese Anzahl auf 1.707 Fälle im Jahr 2007; bis zu 20 Kinder kommen alljährlich durch Misshandlungen zu Tode und die Schätzungen einer Dunkelfeldstudie[87] gehen davon aus, dass 5% bis 10% aller Kinder vernachlässigt werden, das entspräche heute bis zu 400.000 Kindern (vgl. NZFH/DJI 2008 a.a.O. S.8-9).

Frühe Hilfen sollen *präventive* Hilfen sein, mit der Intention Vernachlässigung und Misshandlung (weitgehend) zu verhindern. Dazu wäre der Blick auf unterschiedliche Ebenen familiären Alltags notwendig, wie etwa die Versorgungslage der Familien (monetär, Lebensmittel, Heizung, Kleidung u. dergl. m.), die Wohnsituation (Woh-

---

[86] http://www.dji.de/cgi-bin/projekte/output.php?projekt=644&Jump1=LINKS&Jump2=30

[87] Esser,G./ Weinel, H.: Vernachlässigende und ablehnende Mütter in Interaktion mit ihren Kindern. In: Martinus, J./ Frank, R.: Vernachlässigung, Missbrauch und Misshandlung von Kindern. Erkennen, Bewusstmachen, Helfen. Bern 1990

nung, Umfeld, Infrastruktur usw.), Gewalt im familiären System, Erziehungskompetenzen, Bildung und anderes mehr. Auch eine Unterversorgung mit lebensnotwenigen Mitteln (s.o.) ist bereits eine Form von Vernachlässigung (nicht nur der, der Familien, sondern auch der des staatlichen Schutzauftrages, wie es etwa die Definition des Regelsatzes im ALG II für Kinder verdeutlicht[88]). „In der Umsetzung *Früher Hilfen* spielt jedoch eine allgemeine Kompetenzförderung bei den Eltern eine zentrale Rolle, da das Erziehungsverhalten der Eltern als vermittelnde Größe zwischen Risiko und tatsächlich eintretender Gefährdung angesehen wird" (Sann et al. 2008, S.8). *Ja*, möchte man zurufen, sicher, *aber* frei nach Brecht ‚kommt doch erst das Fressen und dann die Moral'. Frühe Hilfen *müssen* sich zunächst um die Grundbedarfe kümmern (und die gehen über die gesetzliche ‚Grundsicherung' hinaus), erst wenn diese sichergestellt sind, lassen sich Sinne für Bildung erschließen. Kompetenzerweiterungen tragen den Bildungsgedanken in sich, Mütter die häusliche Gewalt erleben, die in permanenter Angst existieren, die traumatisiert werden (und deren Kinder gleich mit) verfügen nicht über Bildungsressourcen (vgl. hierzu Kindler[89] 2007). Als empirisch belegte Risikofaktoren für Vernachlässigung und Misshandlung werden benannt, „belastete Biografien der Eltern (Gewalterfahrung, eigene Vernachlässigung, Beziehungsabbrüche), Partnerschaftsgewalt; psychische Probleme der Eltern (Sucht, Depression), fehlendes Erziehungswissen, unrealistische Erwartungen an das Kind, Merkmale des Kindes: Behinderung, schwieriges Temperament, Isolation, Gefühle von Überlastung, Merkmale der familialen Lebenswelt: Armut, Alleinerziehen, kinderreiche Familie" (John 2007[90]). All diesen Risikofaktoren sollen *Frühe Hilfen* entgegenwirken, sie sollen Teil einer *Präventionskette*[91] sein, die von Hilfen im Vorfeld der

---

[88] Es wurde *keine* Bedarfsanalyse erstellt, sondern lediglich der Regelsatz eines Erwachsenen angenommen und prozentual (60%) gekürzt, insofern gibt es in diesem Satz keine Position für Bildung, Schule, Spielzeug usw. Ein Staatswesen, welches einerseits *Frühe Hilfen* propagiert und entwickelt, andererseits Kinderarmut nicht zu verhindern weiß, handelt selbst (grob) fahrlässig. An dieser Stelle die Ursachenfrage zu individualisieren und dafür individuelle Unterstützungsprogramme zu konstruieren lenkt von der eigentlichen Problematik ab. Es ist wohl keine Unterstellung, dass dies politisch intendiert ist.

[89] Kindler, H.: Partnergewalt und Beeinträchtigungen kindlicher Entwicklung: Ein Forschungsüberblick. In: Kavemann, B./ Kreyssig, U.: Handbuch Kinder und häusliche Gewalt. Wiesbaden 2007, S.36-53

[90] John, S.: Editorial. In: Frühe Hilfen interdisziplinär gestalten. Zum Stand des Aufbaus Früher Hilfen in Deutschland. Deutsches Institut für Urbanistik, Tagungsmaterialien November 2008

[91] Dabei ist der Begriff einer **Präventionskette** mehr als nur unglücklich gewählt, schnell werden damit Assoziationen wachgerufen, wie Unfreiheit, Überwachung, angebunden sein, schließlich wird man (symbolisch) ‚andie-Kette-gelegt' und welcher Elternteil möchte solche Notwendigkeit für sich reklamieren?

Hilfen zur Erziehung (gem. §§ 27ff. SGB VIII) bis hin zu anspruchsvollen Einzelfallhilfen reicht (vgl. Sann et al. a.a.O. S.8). Zusammenfassend lässt sich wohl sagen, Frühe Hilfen sollen entwickelt und eingerichtet werden, um Kindern in prekären Lebenssituationen bessere Chancen des Aufwachsens zu ermöglichen, dazu gehört die Teilhabe an Gesundheitsprävention, Sicherung der Grundbedürfnisse eines Kindes sowie angemessene Förderung und Bildung. Dahinter steht die (nicht öffentlich formulierte[92]) Annahme, dass diese Kinder dem teuren einzelfallbezogenen Jugendhilfesystem (§§ 27ff. SGB VIII) nicht mehr anheimfallen, stattdessen gesellschaftstauglich werden und der Gesellschaft Nutzen bringen.

5.3 Formen Früher Hilfen

In diesem Zusammenhang sind Hilfen angesprochen, die das Aktionsprogramm der Bundesregierung meint und für die das NZFH eingerichtet wurde, also nicht etwa *Frühberatung* oder *Frühförderung* für Kinder mit Behinderung oder solche die von Behinderung bedroht sind (gem. § 35a SGB VIII). In diesem Zusammenhang gilt es zwischen den *zehn* geförderten Bundesprojekten und den vielfältigen Formen ‚zwischen' diesen Projekten zu unterscheiden. *Frühe Hilfen* wurden bzw. werden zwischenzeitlich an vielen Standorten in Deutschland entwickelt. Die meisten regionalen Entwicklungen werden nicht publiziert, manche werden auf regionalen Fachtagen den örtlichen Fachleuten vorgestellt, oftmals aber kaum oder nicht zur Kenntnis genommen. Die Bundesmodelle sind gleichermaßen regionale Modelle, welche allerdings wissenschaftlich gut beraten und begleitet wurden bzw. noch werden und in ihren Ergebnissen der allgemeinen Öffentlichkeit präsentiert werden. Dies ist intendiert, sollen diese Modelle doch Lern- und Erfahrungsplattformen sein, an denen andere Kommunen, Kreise und Länder sich orientieren können, die Signalwirkungen ausstrahlen, um in anderen Regionen so oder auch anders weiter entwickelt zu werden, schließlich hat jede Kommune und jeder Kreis andere gewachsene Strukturen in der Gesundheits- und Jugendhilfe, muss also vorhandene Modell pragmatisch an diese Bedingungen anpassen. Letztendlich, so das Fazit der Kurzevaluation des

---

[92] Eine solche Aussage lässt sich nirgendwo schriftlich fixiert finden, wird aber in jedem Jugendamt/ASD, auf einschlägigen Foren und in Diskussionsrunden jederzeit benannt.

DJI, geht es nicht um die Schaffung neuer Angebote, sondern um eine Bestandaufnahme vorhandener Möglichkeiten, der Vernetzung dieser Optionen und Angebote, einer Veröffentlichung und Weiterentwicklung bestehender Infrastrukturen. „Nicht einzelne Modelle für sich können eine gute Versorgung von Familien mit Unterstützungsangeboten (besser: Unterstützungsbedarfen, d. Verf.) gewährleisten und den Schutz von Kindern verbessern, dies gelingt nur in einem umfassenden und differenzierten Netzwerk „Frühe Hilfen" (Helming et al. a.a.O. S.79). Diese Aussage verdeutlicht, dass es *kein* Referenzmodell gibt, keines, welches das Beste und einzig Wahre wäre. Es kommt darauf an, alle Angebotsstrukturen zu vernetzen, an einen Tisch zu bringen, miteinander zu reden, sich auszutauschen, dadurch voneinander zu wissen, sich kennenzulernen, um auf einander verweisen zu können, erst auf diese Art und Weise gelingt ein potenzierter Nutzen für den Bürger (ohne, dass dies wesentlich mehr kostet). Zum Nulltarif ist das dennoch nicht zu haben, es wird schon eine hauptamtliche Stelle geben müssen, die diese Zusammenkünfte terminiert, organisiert, moderiert, protokolliert und stets aufs neue diesen Austausch gestaltet, außerdem für die Öffentlichkeitsarbeit da sein muss, Pressesprecherin ist, an die Schulen, in die Kindergärten, zu den Ärzten usw. geht, um Eltern jeglicher Couleur zu erreichen, die dann vielleicht auch diejenigen Eltern erreichen, die andere nicht wahrnehmen. Die professionell Beteiligten stellen arbeitszeitliche Ressourcen zur Verfügung und ehrenamtlich Tätige müssen koordiniert und angeleitet werden etc., auch das kostet alles in allem Geld.

In folgender Tabelle werden die einzelnen *Bundesprojekte* namentlich benannt, ebenso die betroffenen Bundesländer und die Förderungszeiträume der wissenschaftlichen Begleitung und im Anschluss in aller Kürze skizziert:

1. Guter Start ins Kinderleben	Baden-Würtemberg/ Rheinland-Pfalz/ Bayern/ Thüringen	11/06 bis 04/10
2. Wie Elternschaft gelingt (Wiege-Steep™ = Steps toward effective, enjoyable parenting)	Brandenburg	07/07 bis 06/10
3. Wie Elternschaft gelingt (Wiege-Steep™)	Hamburg	10/07 bis 09/10
4. Evaluation Früher Hilfen und sozialer Frühwarnsysteme in	NRW und Schleswig-Holstein	10/07 bis 03/09
5. FrühStart: Familienhebammen im Land	Sachsen-Anhalt	10/07 bis 05/09
6. Familienhebammen. Frühe Unterstützung – frühe Stärkung?	Niedersachsen	11/07 bis 10/10
7. Frühe Interventionen für Familien (= PFIFF)	Hessen/ Saarland	01/08 bis 12/10
8. Evaluation und Coaching zum Sozialen Frühwarnsystem	Berlin-Mitte	02/08 bis 12/09
9. Chancen für Kinder psychisch kranker und/oder suchtbelasteter Eltern	Mecklenburg-Vorpommern	08/08 bis 12/09
10. Pro Kind	Niedersachsen/ Bremen/ Sachsen	01/06 bis 12/11

Abb.: 1 aus: Frühe Hilfen. Modellprojekte in den Ländern. NZFH 2008, S.14

Zu 1. Das Projekt >*Guter Start ins Kinderleben*< dient zur frühen Förderung elterlicher Erziehungs- und Beziehungskompetenzen in prekären Lebenslagen und Risikosituationen. Insbesondere ist es ausgerichtet auf die Prävention von Vernachlässigung und Kindeswohlgefährdung im frühen Lebensalter. Es soll in erster Linie belastete Eltern, wie beispielsweise sehr junge und/oder alleinerziehende Mütter, möglichst früh unterstützen. Dabei wird auf bestehende Regelstrukturen zurückgegriffen, diese sollen mit interdisziplinären Kooperationsformen und Vernetzungsstrukturen, welche zu entwickeln sind, verknüpft werden.

Zu 2. und 3. Das Projekt >*WIEGE Brandenburg*< richtet sich an (werdende) Mütter bzw. Paare, deren Lebensbedingungen durch eine Kumulation verschiedener Risikofaktoren gekennzeichnet sind. Zu diesem Zweck wird auf ein in den USA seit Jahren erfolgreich erprobtes Programm namens STEEP™ (Steps towards effective and enjoyable parenting) zurückgegriffen. STEEP™ zielt auf die *Vorbereitung* hoch belasteter Familien auf das Zusammensein mit ihrem Kind. Mithilfe von Videoaufnahmen von Eltern-Kind-Interaktionen soll versucht werden einfühlsames Verhalten zu vermittelt und zu festigen. Seit 2004 wird STEEP™ in einem hochschulübergreifenden Verbund der HAW Hamburg zusammen mit der FH Potsdam in Praxiseinrichtungen eingeführt und in einer aufwendigen Begleitforschung bewertet.

Zu 4. Die >*Sozialen Frühwarnsysteme in NRW*< sowie die >*Schutzengel für Schleswig Holstein*< bestehen bereits aus einer Vielzahl von bereits vorhandenen Angeboten in den Bereichen Gesundheit und Jugendhilfe. Das gemeinsame Ziel beider Projekte ist es, Kindern und deren Familien durch eine wirksame und verbindliche *Vernetzung* von Hilfesystemen des Gesundheitswesens und der Kinder- und Jugendhilfe frühzeitig passende und flexible Hilfen anzubieten und diese Kinder so besser vor Gefährdungen zu schützen.

Zu 5. Anfang 2006 wurde im Rahmen des Landesbündnisses für Familien Sachsen-Anhalt vom Ministerium für Gesundheit und Soziales des Landes und dem Landeshebammenverband Sachsen-Anhalt e.V. dieses Projekt: >*Familienhebammen* im Land Sachsen-Anhalt: Aufsuchende Familienhilfe durch qualifizierte Hebammen mit erweitertem Tätigkeitsfeld< initiiert und aufgebaut. Übergreifendes Ziel ist zum einen die Förderung der gesundheitsbezogenen Chancengleichheit von stark belasteten Familien und zum anderen die Mobilisierung und Stärkung von individuellen und sozialen Ressourcen. Zu diesem Zweck soll ein niederschwelliges Hilfeangebot entwickelt werden, welches Kontinuität in der Betreuung sicher stellt, außerdem soll ein interdisziplinäres Netzwerk entwickelt werden.

Zu 6. *Familienhebammen* bieten insofern eine sehr gute Unterstützung für hoch belastete Familien, weil sie einer stark ausgeprägten Bereitschaft von Müttern bzw.

Eltern und Kindern begegnen, diese Hilfen anzunehmen. Dank dieser hohen Akzeptanz können positive Impulse mit nachhaltigen Wirkungen stabilisiert und weiterentwickelt werden. Das trägt zur Risikosenkung für Säuglinge und Kleinkinder bei, durch die eigenen Eltern geschädigt zu werden. Weiterhin soll das Projekt dazu beitragen, den Kreislauf der sogenannten *vererbten* Armut und ihrer Symptome aufzubrechen.

Zu 7. >*Keiner fällt durchs Netz (KFDN)*< richtet sich an *werdende* Mütter und Väter aber auch an Eltern von Neugeborenen. Auch hier liegt der spezielle Fokus auf Familien mit besonderen Belastungen. Auf den Geburtshilfe-Stationen in den acht Projektlandkreisen werden Eltern mithilfe einer Risikocheckliste (Screening) für zwei Interventionsformen ausgewählt, entweder für eine Elternschule (diese steht aber allen offen) und/oder für eine Begleitung durch eine Familienhebamme (für stark belastete Familien). In allen Landkreisen werden Koordinationsstellen und ein *Netzwerk für Eltern* eingerichtet, an diesen Orten kommen die VertreterInnen der Frühen Hilfesysteme zusammenarbeiten.

Zu 8. Das Berliner Gesamtkonzept >*Netzwerk Kinderschutz Berlin*< zielt auf den Schutz von Kindern vor Verwahrlosung, Misshandlung und Gewalt. Dazu wurde ein integriertes Konzept zur Prävention, Beratung, Früherkennung, Krisenintervention und rechtzeitigen Hilfegewährung entwickelt. Das hier vorliegende *Teil*projekt >*Coaching des Sozialen Frühwarnsystems in Berlin Mitte*< will das stadtteilbezogene Zusammenwirken von Institutionen und Einrichtungen zur Prävention und Früherkennung erwirken, mit dem Ziel, Kindern und ihren Familien in Belastungssituationen adäquate Lösungsmöglichkeiten und rechtzeitige Hilfeangebote zur Verfügung zu stellen.

Zu 9. Ziel des Modellprojekts ist die Etablierung eines möglichst niederschwelligen Angebots für die Zielgruppe *psychisch kranker Eltern* mit Säuglingen bzw. Kleinkindern. Der Blick geht dabei auf eine frühe Förderung elterlicher Erziehungs- und Beziehungskompetenzen und damit auf die Prävention von daraus resultierender Vernachlässigung und Gefährdung des Kindes. Parallel soll ein Koordinierungskreises >*Kindeswohl*< entwickelt werden.

Zu 10. Dieses Projekt >*Pro Kind*< dient einerseits der *frühen Prävention,* andererseits der ganzheitlichen Förderung von erstgebärenden schwangeren Frauen *und* ihren Familien in schwierigen Lebenslagen. Die Teilnehmerinnen werden im Rahmen eines Hausbesuchsprogramms von so genannten *Familienbegleiterinnen* (das sind Hebammen *und* Sozialpädagoginnen) von der Schwangerschaft bis zum 2. Geburtstag des Kindes kontinuierlich begleitet. Das in den USA seit etwa 30 Jahren erfolgreich etablierten und evidenzbasierten Hausbesuchsprogramms >*Nurse Family Partnership*< ist gewissermaßen die Mutter des Modells (vgl. NZFH 2008 a.a.O. S.18-37).

Parallel zu diesen Bundesmodellen gibt es, neben den oben benannten Entwicklungen in den Kommunen und Kreisen, weitere Modelle oder Programme, welche bereits mehr oder weniger etabliert sind. Diese kommen zum Teil aus dem amerikanischen Raum oder auch aus Großbritannien, manches Mal über die Niederlande, nach Deutschland. Hierzu gehören beispielsweise die Modell >*Opstapje*< bzw. >*Schritt für Schritt*< (ein Familien aufsuchendes und begleitendes Programm für 0- bis 3-jährige Kinder), welches sich an Mütter (Väter) richtet, die bei der Entwicklung ihres Kindes im ersten Lebensjahr begleitet werden wollen (sollen). Ein weiteres Programm ist >*Swimmy*< aus Bremen, ein Beratungsprojekt für junge Eltern (vgl. Maetze/Petermann[93]). Die Seestadt Bremerhaven entwickelt derzeit ein eigenes Modell *Früher Hilfen*, welches alle bestehenden Programme, Konzepte, Angebote der Stadt erfasst und um einige wenige neue Dinge ergänzen wird. Die Erarbeitung geschieht aktuell durch eine dafür eingerichtete koordinierende Stelle. *Ein* Baustein dieser Hilfen ist das Programm >*Familie im Stadtteil*< (FiS), welches im Folgenden vorgestellt werden soll.

---

[93] Maetze, M./ Petermann, F.: 'Swimmy' – frühe Elternberatung. In: Spielräume Heft 36/37 03/2007, S.48-50

6. Das Programm[94] *Familie im Stadtteil*
(FiS ein Modell aus Bremerhaven)

6.1 Darstellung des Programms

FiS wurde an der FH-Frankfurt von Gehrmann/Müller[95] Ende der 90-iger Jahre in Anlehnung an FAM und FiM[96] entwickelt, im Gegensatz zu diesen, als allerdings sehr niederschwelliges Programm. Es wurde erstmalig im Jahre 2000 veröffentlicht[97], im Jahre 2008 erschien das Handbuch[98] dazu. FiS beruft sich auf Programme wie *HSP* (Großbritannien) und *Emma* (Schweden), dazu unten gleich mehr. Dieses Programm konnte anno 2005, mit Hilfe der EU und des *Daphne II* Programms, in Bremerhaven installiert werden. Für die (von der EU) geforderte Nachhaltigkeit garantierte die Seestadt, führte dieses Modell über den Förderzeitraum (ein Jahr) hinaus bis heute fort (vgl. Schröder[99]).

Selten entstehen Hilfeprogramme ohne Praxisbezug sowie ohne ‚Mütter und Väter', so hat auch FiS (mindestens zwei explizit benannte) verschiedene Wurzeln. Die Idee des Ansatzes stammt aus Großbritannien und dem dort bewährten ‚Home-Start-Program' (HSP). Dieses Programm wurde 1973 begonnen. Zwischenzeitlich gibt es dort über 200 Home-Start Agenturen. Jede Agentur verfügt über mindestens eine/n hauptamtlichen Mitarbeiter/in (Fachkraft und Koordinator/in), die/der die Verantwortung und für das Funktionieren Sorge trägt. Diese Person rekrutiert die Freiwilligen,

---

[94] „Wir sprechen vom ‚Programm FiS', wenn wir konzeptuell das Modell meinen. Mit dem Begriff ‚Projekt FiS' bezeichnen wir die praktische Umsetzung des Programms in der Stadt Bremerhaven" (Gehrmann, G./ Müller, K. D./ Säuberlich, U.: Familie im Stadtteil. Methodenhandbuch. Prävention familiärer Gewalt gegenüber Kindern. Regensburg 2008, S.213).

[95] Müller.K. D. und Gehrmann, G. sind Professoren an der FH, heute HAW, in Frankfurt, sie lehren am Fachbereich Soziale Arbeit und Gesundheit, Studiengang Sozialpädagogik. Gehrmann ist seit 2008 emeritiert.

[96] FAM = Familien-Aktivierungs-Management/ FiM = Familie im Mittelpunkt (beide Programme wurden ursprünglich von Müller und Gehrmann entwickelt, die Recht für FAM sicherte sich allerdings die Institution St. Wendel.

[97] Müller, K. D./ Gehrmann, G.: Familie im Stadtteil. In: Sozialmagazin, Heft 9/2000

[98] Gehrmann, G./ Müller, K. D./ Säuberlich, U.: Familie im Stadtteil. Methodenhandbuch. Prävention familiärer Gewalt gegenüber Kindern. Regensburg 2008

[99] Schröder, J.-A.: FiS – Familie im Stadtteil. In: Spielräume Heft 36/37 03/2007, S.53-55

schult und begleitet diese Menschen in ihrer Aufgabe. Die Freiwilligen sind diejenigen, die unmittelbar in den Familien arbeiten und helfen. Diese Arbeit ist auch für die Familien, welche Unterstützung erhalten absolut freiwillig, sie muss von den Familien angefordert werden und ist für die Familien kostenlos. Die Familien müssen bestimmte Bedingungen aufweisen, um anspruchsberechtigt zu sein. Dazu gehört, dass sie mindestens ein kleines Kind unter fünf Jahren versorgen müssen. HSP hilft isolierten, evtl. neu in das Stadtviertel hinzugezogenen Familien, es hilft bei Zwillings- oder Mehrfachgeburten, es hilft Familien mit gesundheitlichen Einschränkungen oder Behinderungen, Müttern mit postnataler Depression, Alleinerziehenden mit verschiedenen Belastungen. Wie hilft nun HSP genau? Die freiwilligen Helfer/innen kommen nach Aufforderung durch die jeweilige Familie in der Regel einmal wöchentlich für einige Stunden in die Wohnung und bieten ihre freundliche Unterstützung an. Die konkrete Hilfeform wird gemeinsam besprochen, die Familien melden ihre Bedürfnisse an. Das Gute an diesem Projekt ist die nachbarschaftliche Orientierung, keine Behörde überwacht und greift ein. Informationen werden nicht weiter getragen, es sein denn, und das ist die Ausnahme, dass Kinder unmittelbar in Gefahr sind. Für die freiwilligen Familienhelfer/innen ist diese Form der Arbeit, oftmals nach einer Phase der Kindererziehung, eine gute Einstiegsmöglichkeit in Beschäftigung und Arbeit. Die Gefahren liegen auch auf der Hand, denn ohne qualifizierte Schulung und Begleitung verkommt ein solches Programm zu einem ‚Billigangebot' für Familien und überfordert die Helfer/innen sehr schnell. Die Belastung für die Helfer/innen ist nicht zu unterschätzen, eine gute Beratung (Supervision) ist unabdingbar, sonst ist die Gefahr eines relativ hohen Verschleißes der Helfer/innen sehr groß. Außerdem ist durch die Beraterinnen der Familienhelfer/innen sicherzustellen, dass eigene ‚Mittelstandsnormen' nicht auf die Familien übertragen werden oder dass die Familien zur Bewältigung eigener psychischer Dispositionen/Problematiken missbraucht werden.

Als nächstes notwendigerweise Anmerkungen zu ‚Emma', da Müller & Gehrmann den wesentlichen Ursprung von FiS aus HSP *und* Emma herleiten (vgl. Sozialmagazin a.a.O.). ‚Emma' wurde Anfang der achtziger Jahre in Stockholm entwickelt, zeitgleich zur Abschaffung geschlossener psychiatrischer Einrichtungen. Alternativ wurden die Menschen der ehemaligen Anstalten in Wohnungen untergebracht und ambulant betreut. Man setzte in Schweden nicht nur auf die Akzeptanz der Bevölkerung, die durch entsprechende Kampagnen gewährleistet sein sollte, sondern wollte parallel eine Begleitung dieser Menschen sicherstellen, so entstand die Entwicklung des Modells ‚Emma'. ‚Emma' ist ein so genanntes ‚day care centre', gewissermaßen ein Haus als Stadtteilbüro, als Anlaufstelle und als Beschäftigungsinstitution konzipiert. Die Kunden des Hauses, die außerhalb keine für sie geeignete Arbeit finden, können innerhalb des Hauses wichtigen Aufgaben nachgehen. Das ist auch notwendig, weil alle Bereiche des Hauses, Freizeit, Küche, Cafeteria usw. von ehemaligen Patienten abgedeckt werden. In diesem Haus gibt es fest eingestellte, professionelle Sozialarbeiter/innen, die die Kunden in ihrem Tun unterstützen. Zusätzlich gibt es viele Freiwillige aus der Nachbarschaft, die ebenfalls konkrete Unterstützungsarbeit leisten. Diese Freiwilligen, oft Nachbarn der ehemaligen Patienten, erhalten eine Art Ausbildung für ihre Tätigkeit und werden im Anschluss in ihrer Arbeit beratend begleitet, außerdem erhalten sie für ihre Arbeit ein kleines Entgelt. Eine wichtige Aufgabe dieser Helfer/innen ist die Mediation im Wohnumfeld sicherzustellen, da es doch immer wieder Probleme im gemeinsamen Umgang zwischen den ehemaligen Patienten und den übrigen Mitbewohnern der Wohnblöcke gibt. Soweit in aller Kürze einige Hinweise auf Home Start und ‚Emma', wir wollen uns nun aber FiS zuwenden, so wie es entwickelt und im Modelljahr umgesetzt wurde.

Zur Organisation von FiS: Dieses gewaltpräventive Projekt ist ein stadtteilorientiertes Konzept nachbarschaftlicher Hilfe für junge Familien[100]. In Bremerhaven gab es bis zum Ende der Projektphase *drei* hauptberufliche Sozialpädagoginnen, die verteilt auf drei Stadtteilbüros ihre Arbeit leisten. In den folgenden zwei Jahren der Nachhaltigkeitszusicherung, wurde diese Kapazität zunächst auf 1,5 Stelle reduziert, um sie im Anschluss und bis heute wieder auf das ursprüngliche Volumen auszuweiten. Die Büros sind im Stadtgebiet (Nord, Mitte, Süd) gleichmäßig verteilt, so dass eine relativ gute Erreichbarkeit der BürgerInnen gewährleistet erscheint. Die drei Stellen wurden auf fünf SozialpädagogInnen verteilt, um eine besserer Vertretungssituation zu gewährleisten. Die koordinierende Kollegin arbeitet mit voller Stelle. Diese hauptamtlichen Kräfte (FiS-Teamerinnen genannt, sie verantworten die Helferteams) haben die Funktion, FiS im Stadtgebiet bei allen, für junge Familien, relevanten Stellen bekannt zu machen (= Öffentlichkeitsarbeit), weiterhin akquirieren sie die ehrenamtlichen Helferinnen (FiS-Assistentinnen leisten freiwilliges bürgerschaftliches Engagement),

---

[100] Vgl. hierzu: Schröder, J.-A.: Gewalt und Gewaltprävention. In: Spielräume Heft 36/37 03/2007, S.51f.

bilden diese gemäß eines dafür entwickelten Ausbildungsprogramms aus, setzen sie in den Familien ein und überwachen deren Arbeit, begleiten und beraten diese, weiterhin sorgen sie für die Erhebung der relevanten Daten für die Evaluation, welche bis heute von der HAW Frankfurt (Gehrmann) geleistet wird. Die FiS-Assistentinnen leisten die praktische Arbeit in den Familien mit bis zu vier Wochenstunden je Familie, sie erhalten dafür eine Aufwandsentschädigung in Höhe von Euro 50 je Monat und Familie. Jede Assistentin begleitet in der Regel zwischen einer und maximal drei Familien. Die Familien müssen bestimmte Bedingungen erfüllen: sie können diese Hilfe nur selber in einem FiS-Büro beantragen, sie müssen ihren Bedarf selbst bestimmen und damit einen Auftrag erteilen, dieser Auftrag muss realistisch zu erfüllen sein, mindestens eines ihrer Kinder muss jünger als 10 Jahre sein. Die Hilfe kann durch die Familie jederzeit beendigt werden.

6.2 Leit- und Menschenbild

Das Programm und Projekt erfordert eine Orientierung am Ethik-Code der Sozialen Arbeit und es fordert „eine durchgängig wertschätzende Grundhaltung gegenüber den Familien und den FiS-Assistentinnen" (Müller/Gehrmann 2008 a.a.O. S.48). Die Werte, die FiS verkörpert, sind weitgehend mit denen von ‚Families first', ‚Home Start', ‚Video Home Training' u. a., die von der ‚Internationalen Initiative' (Scheveningen 1991) gefördert werden identisch, es sind dies: ☑ das positive Menschenbild der humanistischen Psychologie (i.S. Rogers); ☑ die Sicht der Klienten als Partner; ☑ die Orientierung an den Resilienzen; ☑ Respekt vor den Lebensstilen und Lebensentwürfen der Familie; daraus ergibt sich die Akzeptanz der Klienten; ☑ sowie die Achtung der Lebenswelt und der Privatsphäre; ☑ die Notwendigkeit nur dann zu Handeln, wenn ein Auftrag des Klienten vorliegt; ☑ die Berücksichtigung des eigenen Gaststatus in fremder Wohnung; ein Bewusstsein entwickeln über die Polaritäten: Hilfe und Repression sowie Nutzen und Schaden der Intervention; ☑ die Vorrangigkeit der Sicherheit der Kinder und anderer Familienmitglieder (vgl. Müller/Gehrmann 2000)[101].

---

[101] Sozialmagazin 9/2000, a.a.O.

6.3 Zum Verlauf des Projektes

Das Programm konnte erstmalig, gefördert durch die EU (über das Programm *Daphne II*), 2005 als Projekt in Bremerhaven installiert werden. Bereits 2001 begann der Auftakt hierzu mit einer Fachtagung für die *Sozialen Dienste*, gemeinsam mit dem Helene-Kaisen-Haus (einem Wirtschaftsbetrieb des Magistrates) und dem Amt für Jugend und Familie (heute: und Frauen). Bereits im Dezember des gleichen Jahres fand die erste AnleiterInnenausbildung durch die Professoren Müller und Gehrmann in Bremerhaven statt (vgl. Vorwort des damaligen Amtsleiters Bremers[102]). Nach der Beendigung der EU-Förderung wurde es durch Magistratsbeschluss der Seestadt nachhaltig gesichert und existiert in inhaltlich leicht veränderter Form bis heute (Stand: Oktober 2010).

Entwicklung des Personalstandes: Mit Beginn des Jahres 2009 wurde der Personalstand der Hauptamtlichen um 100%, auf nunmehr 3 Vollzeitstellen angehoben. Im letzten Evaluationsbericht 2007/2008 wurden 35 Assistentinnen benannt, nach aktuellem Stand sind 58 Assistentinnen ausgebildet und davon sind zurzeit 38 im Feld tätig. Die parallel laufenden Schulungen wurden gemäß des Berichtes im Durchschnitte von etwa 80% der Assistentinnen besucht.

Entwicklung der Familien: Im Evaluationszeitraum wurden 96 Familien betreut, davon wurden 68 Familien neu in das Projekt aufgenommen, bei 49 Familien konnte die Hilfe abgeschlossen werden. „Das entspricht einem erheblichen Zuwachs gegenüber dem Vorjahresbericht. Von 72 (im Berichtszeitraum 2006/2007) Familien ist die Inanspruchnahme von FiS (2007/2008) auf 96 gestiegen, was eine Zunahme von 33% bedeutet" (Gehrmann 2009[103] S.6). In den beiden Jahren 2006 und 2007 konnten 168 Familien mit etwa 400 Kindern begleitet werden. Über die Betreuungsdauer der Familien informiert folgende Tabelle:

---

[102] Bremer, K.: FiS – eine wahre Erfolgsgeschichte. In: Gehrmann et al. a.a.O. S.11f.

[103] Gehrmann, G.: Evaluationsbericht 09/2007 bis 09/2008. Manuskript. Frankfurt und Bremerhaven 2009

Betreuungsdauer	abgeschlossene Hilfen	
	absolut	in Prozent
bis 3 Monate	11 Fam.	22,4%
bis 6 Monate	27 Fam.	55,1%
bis 9 Monate	11 Fam.	22,4%
Σ	49 Fam.	100%

Abb.: 2 Evaluationsbericht Gehrmann S.7

Die Unterstützung der Familien war programmgemäß wenig intensiv (in der Regel 1-
2 Kontakte pro Woche) und erstreckte sich auf mehrere Monate. Gemäß der Vereinbarung mit der Stadt ist eine Begleitung der Familien bis zu einem halben Jahr vorgesehen. „In fast drei von fünf Fällen ist sie auch entsprechend eingetreten. In einigen Fällen (etwa ein Fünftel) war eine Hilfe nur ganz kurz erforderlich, wenige Wochen oder nur ein bis dreimal. Bei einem weiteren Fünftel äußerten Familien den
Wunsch nach längerer Betreuung" (Gehrmann 2009 a.a.O. S.7). Von den 96 Famili-
en des Berichtszeitraumes hatten 50 Familien mehr als drei Kinder, 46 Familien
hatten ein bis zwei Kinder, insgesamt verfügten die betreuten Familien über 240
Kinder. Über die ethnische Herkunft der Familien gibt folgende Tabelle Auskunft:

ethnische Herkunft	2007/2008		2006/2007	
türkisch	38	40%	27	37%
deutsch	31	32%	31	43%
osteuropäisch	17	18%	9	12%
bi-national	7	7%	0	0%
afrikanisch oder asiatisch	3	3%	0	0%
westeuropäisch	0	0%	5	7%

Abb.: 3 Gehrmann 2009 S.6

Wie Fis die Familien unterstützte, lässt sich an der nachfolgenden Tabelle ablesen,
dabei ist darauf zu verweisen, dass die Unterstützungsbedarfe von den Familien
selbst benannt werden.

Geleistete Hilfen	2007/2008	2006/2007
Hilfe beim Transport von Kindern zur Kita oder Schule	5	14
Entlastung	13	0
Kinderbetreuung	20	10
Mit Kindern spielen	9	4
Unterstützung durch Hausaufgabenbetreuung	11	9
Hilfe bei der Erziehung	4	10
Hilfe und/oder Begleitung bei Behördenangelegenheiten	4	10
Hilfe und Begleitung beim Umgang mit Kita bzw. Schule	7	1
Rat und Tat im Alltag	10	5
Freizeitaktivitäten	4	10
andere Eltern treffen	9	8

Abb.: 4 Gehrmann 2009 S.9

Der Schwerpunkt geleisteter Hilfen liegt bei der *Entlastung* junger Eltern (13), insbesondere Alleinerziehender, gefolgt von der *zeitweiligen Kinderbetreuung*: Aufsicht, mit Kindern spielen, während die Mütter anderes tun können. Hier hat sich die Anzahl der Hilfen (29) gegenüber dem Vorjahr verdoppelt. Auch *'Rat und Tat im Alltag'* wurde doppelt so oft geleistet. Eine deutliche Erhöhung hat es bei der *Unterstützung im Umgang mit Kita und Schule* gegeben. *Hausaufgabenbetreuung* ist gegenüber dem Vorjahr gleich geblieben. Bedeutsam ist die Abnahme bei Hilfen bei der Kindererziehung.

Die *Kundenzufriedenheit* mit dem Projekt war groß, denn von den 49 abgeschlossenen Hilfen fühlten sich 43 Familien durch die Assistentinnen respektiert, 33 dieser Familien haben noch ausführliche Kommentare geschrieben. Aus unterschiedlichen Gründen haben alle das Projekt als für sie hilfreich eingeschätzt. Besonders deutlich wurde die Funktion von FiS bei der Bildung von informellen Netzwerken hervorgehoben. Eine Mutter wünschte sich eine andere Assistentin, dem wurde entsprochen.

Aus dem *Erleben der Assistentinnen*: In ihrer Arbeit treffen die Assistentinnen häufiger auf mehrfach belastete Familien. Dies führt dazu, dass die Assistentinnen ihre Arbeit manches Mal als 'Tropfen auf den heißen Stein' erleben und das Gefühl von Überwältigung eigentlich notwendiger Arbeit erfahren. „Die Ehrenamtlichen können auch diesen Familien Alltagswissen und Kompetenzen auf den unterschiedlichen Ebenen vermittelt und können Mut zusprechen, um Gefühlen der Hilflosigkeit zu begegnen Für die Teamleiterinnen entstehen daraus besondere Coachingbedarfe: eine kontinuierliche Begleitung der Assistentin, um ihnen den Sinn ihres Tun zu verdeutlichen und am Auftrag zu bleiben (Gehrmann 2009 S.11).

Bezüglich der *Vernetzung* wurden im Berichtszeitraum die Kontakte zu den Schulen aufgebaut. Dies wurde notwendig, da die Zugangsvoraussetzungen für die Familien vorher bei einer Altershöchstgrenze ihrer Kinder von 6 Jahren lagen und diese Grenze 2007 auf 10-jährige Kinder erweitert wurde. Die Schulen fassten FiS als Option für Hilfen bei schulschwierigen Kindern auf. Allerdings ist dies weder der originäre FiS-Auftrag, noch wäre dies eine niederschwellige Hilfe, sondern es bedarf diese Aufgabe ganz anderer Professionen. Diese Abgrenzung musste zunächst erklärt und damit vermittelt werden. Die Kontakte zu den Familienzentren, den Frühförderprogrammen, wie Opstapje (in Bhv. für bis zu 1-jährigen Kinder), ‚Schritt für Schritt' (in Bhv. für 1- bis 3-jährige Kinder), Hippy wurden ausgebaut und regelmäßig gepflegt (das Büro-Süd teilt sich die Räumlichkeiten mit den benannten anderen Hilfsangeboten – insofern sind diese unter einem Dach). Weiterhin arbeiten die TeamerInnen im ‚Arbeitskreis gegen Kinderarmut' aktiv und regelmäßig mit. Es besteht darüber hinaus ein Austausch mit den Sozialen Diensten, dabei geht es darum gegenseitig bekannt zu sein, es werden selbstredend keinerlei Daten oder Namen der Familien ausgetauscht. Zu guter Letzt besteht ein regelmäßiger Kontakt zu den Familienhebammen sowie dem ‚Cafe Mosaik', einem alternativen Treffpunkt für Menschen mit Migrationshintergrund in Altlehe (vgl. Gehrmann 2009 S.12f.).

Hinsichtlich *informeller Netzwerkarbeit* verhält es sich so, dass etwa „ein Fünftel aller Mütter/Familien durch und über FiS ihre privaten Netzwerke erweitern können. In den meisten Fällen wurde der Kontakt zu Gesprächskreisen hergestellt, die im Stadtteil bereits bestanden oder die durch Aktivitäten von FiS gegründet wurden. In einigen Fällen haben die Mütter mit den auf nachbarschaftlicher Ebene arbeitenden Assistentinnen persönliche Freundschaften geschlossen. Dies ist im Programm als eine mögliche positive Folge vorgesehen und ein wesentlicher Vorteil der Arbeit mit halbprofessionellen Laien. Für professionelle Sozialarbeiter, insbesondere in der Kinder- und Jugendhilfe, sind solche Freundschaften mit Klienten nicht erlaubt. Fast die

Hälfte, nämlich 17 von 36 Familien, die dazu Angaben gemacht haben, gaben an, sie hätten das Programm auch genutzt, weil sie neue Bekannte kennen lernen wollte. Davon haben 16 Familien über FiS neue Bekannte oder Freunde gewonnen. 22 Familien gaben an, dass sie durch FiS keine neuen Freundschaften geschlossen haben. Bei 15 Familien bestehen die Freundschaften auch weiterhin" (Gehrmann 2009 S.13). Es konnten Feiern und Feste sowie Treffen der Familien begleitet oder initiiert werden. Ein Kreis alleinerziehender Frauen konnte sich etablierten sowie ein Kreis türkischer Frauen, die insbesondere um sprachliche Integration bemüht waren, wurde ins Leben gerufen.

Ergänzend ist noch anzumerken, dass im Berichtszeitraum vier Assistentinnen den Sprung über FiS in das reguläre Berufsleben schaffen konnten. Für diese Frauen war die Arbeit im Programm eine Form des Wiedereinstiegs in das Berufsleben und das qualifizierte Zeugnis von FiS hat die Vermittlung in bezahlte Arbeit deutlich unterstützt.

6.4 Bestandsaufnahme: Einschätzung der Assistentinnen

6.4.1 Fragestellung der empirischen Untersuchung

Befragt wurden in dieser Einzelfallstudie[104] die Assistentinnen 1. in Hinblick auf ihre Einbindung in die Trägerstruktur des Projektes; 2. bezüglich der Bedeutung ihrer Tätigkeit für sie; 3. sollte Zufriedenheiten bzw. Unzufriedenheiten erkundet werden. Im Hintergrund steht die Annahme, dass diese *freiwillig engagierten BürgerInnen* nur dann längerfristig an das Programm und Projekt gebunden werden können, wenn sie beim Träger gut eingebunden sind, ihren Platz finden, nicht das Gefühl entwickeln ‚fünftes Rad am Wagen' zu sein, außerdem Ihre Tätigkeit als wichtig bzw. bedeutend erleben, sich mit ihrem Tun identifizieren können, nicht überfordert werden, sich nicht allein gelassen wahrnehmen und mit dem was sie leisten zufrieden sind, motiviert ihrer Tätigkeit nachgehen, Lust auf Neues sowie Spaß am Lernen haben und über

---

[104] Stigler,H./ Reicher, H.: Praxisbuch empirische Sozialforschung in den Erziehungs- und Bildungswissenschaften. Innsbruck 2005 Die Autoren bezeichnen eine Einzelfallstudie als Untersuchungsform, die in einer Analyse einzelner Untersuchungseinheiten besteht (Individuen, Gruppen, Institutionen), vgl. S.93f.

möglichst wenige Unzufriedenheiten verfügen. Dabei ist zu berücksichtigen, dass allein die Ausbildung dieser Menschen etwa ein halbes Jahr benötigt, sofern 14-tägige Ausbildungstreffen organisiert sind, und damit nicht nur zeitliche Ressourcen der Assistentinnen bindet, sondern auch die der TeamerInnen bzw. AusbilderInnen und insofern Fachpersonal, mit seinen tariflichen Kosten bindet. Die hierzu gehörigen hypothetischen Aussagen sind folgende: 1. Wenn Freiwillige (Ehrenamtliche) in die Strukturen einer Organisation nicht gut eingebunden sind, werden sie dieser Organisation nicht auf Dauer angehören. 2. Freiwillige (Ehrenamtliche) lassen sich auf Dauer nur dann auf ihre Aufgaben ein, wenn sie diese als bedeutend bzw. wichtig wahrnehmen. 3. Nicht zufriedene Freiwillige (Ehrenamtliche) werden weder Motivation noch Commitment entwickeln und ihr Engagement einstellen.

6.4.2 Design

Diese Querschnittserhebung richte sich an alle im Feld *tätigen* Assistentinnen. Insgesamt stehen aktuell 58 Assistentinnen zur Verfügung, von denen sind allerdings nur 38 in dem Feld der familiären Hilfen freiwillig (ehrenamtlich) tätig. Bei dieser kleinen Population entfällt eine Stichprobe. Die Grundgesamtheit der zu befragenden Assistentinnen beträgt somit 38 Personen (N = 38). Als Forschungsmethode kam die Befragung der betroffenen Personen in den Fokus. Dazu wurde ein teilstandardisierter Fragebogen (s. Anlage) entwickelt. Die Rücklaufquote des Fragebogens betrug ca. 82% (81,57%), in absoluten Zahlen sind das 31 Bögen. Die Bögen wurden über die TeamerInnen ausgegeben, diese haben den Assistentinnen die Inhalte und den Sinn der Erhebung individuell kurz erläutert und diese um Bearbeitung gebeten. Die Assistentinnen hatten die Möglichkeit ihren Bogen anonym im Briefumschlag den TeamerInnen zurückzugeben oder diesen per Post in die Geschäftsstelle zu senden, auch eine persönliche Abgabe in der Geschäftsstelle des Trägers wäre eine Option gewesen. Nur eine Assistentin hat von diesen Angeboten Gebrauch gemacht, alle anderen Bögen wurden unverschlossen den TeamerInnen zurückgegeben, diese brachten die Bögen in die Geschäftsstelle.

6.4.3 Empirische Methoden

Die erwünschten Daten wurden durch einen teilstandardisierten Fragebogen erhoben, dieser ist in drei Abschnitte untergliedert (A-B-C) und fragt nach der Einbindung in die Trägerstruktur (A), nach der erlebten Bedeutung der Tätigkeit (B) und nach Zufriedenheit bzw. Unzufriedenheiten (C). Da dieses Projekt (FiS) während der EU geförderten Zeit (1 Jahr) in Träger*kooperation* durch das Helene-Kaisen-Haus (HKH, Magistratsbetrieb) *und* der Initiative Jugendhilfe e.V. (IJB) gemeinsam vorangetrieben wurde, dies in vielen Köpfen der Menschen verankert war, wird nach dem heutigen Träger des Projektes (IJB) gefragt, dies ist nicht nur ein Indiz für Informationspolitik des Trägers, sondern auch ein Zeichen qualitativer Einbindung in den Träger. Da es im Stadtgebiet drei Stadtteilbüros gibt, wird nach deren Kenntnis gefragt, es wäre denkbar, dass FiS-Assistentinnen nur ihr Büro kennen und von der Existenz der anderen nichts wissen (das wäre auch ein Zeichen nicht geglückter Trägerintegration). Im Anschluss wird danach gefragt, mit welchem Träger sie ihren privatrechtlichen Vertrag haben, dies sichert die erste Frage nach der Einbindung in Trägerkooperationen noch einmal ab. Interessant wird es im Folgenden, wenn nach dem Leistungsspektrum des FiS-Trägers gefragt wird, weil dies die Kenntnis über den Träger verdeutlicht, dazu gehört ergänzend die Frage nach den Kontakten bzw. den Kontakt oder Informationswünschen zu anderen Bereichen. Hinsichtlich der *Bedeutung des Handelns* für die Assistentinnen (B) wird zunächst geklärt, wie sie auf FiS aufmerksam wurden. Im Anschluss erfolgt die Abfrage nach den Bedeutungen von FiS für die Assistentinnen, abschließend wird nach der Dauer ihrer Teilnahme im Projekt gefragt. Im Abschnitt C (Zufriedenheiten/Unzufriedenheiten) haben die Teilnehmer die Möglichkeit zu konkreten Fragestellungen, wie etwa der Tätigkeit in den Familien, der Begleitung und Beratung, der Schulungen usw. Schulnoten zu vergeben. Dieser Bogen eröffnete im Bereich der Zufriedenheits- bzw. Unzufriedenheitsabfragen auch die Möglichkeit persönlicher Anmerkungen. Diese Option wurde von 14 Assistentinnen (37%) genutzt. Die Anmerkungen wurden gesammelt und nebeneinander gestellt, dabei wurde eine Kategorienbildung versucht. Da die Datenmenge verhältnismäßig überschaubar war, erfolgte die Auswertung der Bögen manuell durch Auszählung und Anfertigen von Listen und Tabellen[105].

---

[105] Das hierzu erworbene *SPSS 15.0 Famiiy* kam nicht zum tragen.

6.4.4 Ergebnisse

Zunächst zur *Einbindung in die Trägerstruktur(en)* (A). 29 von 31 Teilnehmern (93,5%) wissen, das die IJB Träger des Projektes ist, allerdings waren 4 (12,9%) der Ansicht, dass auch das HKH noch Träger sei und weitere 3 Teilnehmer (9,7%) glaubten, dass noch andere Träger beteiligt seien. Bezüglich der drei Stadtteilbüros kannten 26 Teilnehmer das Büro NORD, 27 das Büro MITTE und 28 das Büro SÜD. Nicht allen Teilnehmern ist deutlich, dass es neben ihrem Büro auch noch andere Dependancen gibt. Allen war deutlich, mit welchem Träger sie ihre privatrechtliche Vereinbarung getroffen hatten. 17 Teilnehmer (54,8%) gaben an, die IJB *nur* als Träger von FiS zu kennen, allerdings kreuzten einige, genau dieser Teilnehmer auch an, andere Arbeitsfelder des Trägers zu kennen. Offensichtlich wurde die Fragestellung nicht eindeutig erkannt bzw. verstanden. Den Bekanntheitsgrad der Teilnehmer, hinsichtlich anderer Arbeitsfelder des Trägers lässt sich folgender Tabelle entnehmen:

Arbeitsfelder	absolut	Prozent
Familienhilfen	7	22,58
Tagesgruppen	6	19,35
Kindergarten und Krippe	14	45,16
Heimerziehung	1	3,22
Betreutes Jugendwohnen	7	22.58
Projektarbeit (Erlebnispädagogik im Ausland)	0	0
Beratungsangebote	3	9,67
Mädchentelefon	11	35,48
Jungentelefon	9	29,03
Kinder- und Jugendnotdienst	10	32.25
Andere	0	0

Abb.: 5 Bekanntheitsgrad anderer Arbeitsfelder des Trägers von FiS

Von den TeilnehmerInnen, die andere Arbeitsfelder des Trägers kannten, hatte 12 Kontakt zu mindestens einem dieser Felder, 4 hatten *keinen* Kontakt, 6 wünschten sich diesen Kontakt (benötigten dazu aber offensichtlich Unterstützung) und 5 wünschten sich *keinen* Kontakt, aber mehr *Informationen* darüber, 1 Person hätte gerne mehr Informationen *und* zusätzlich auch den Kontakt.

Im Rahmen der *Bedeutung ihrer Tätigkeit* (B) in diesem Feld, wurde zuerst danach gefragt, wie die Teilnehmer auf das Projekt aufmerksam wurden. Interessanterweise, anders als wir das vermutet hätten, spielten Ärzte, insbesondere Kinderärzte (0 Nennungen) und Hebammen (1 Nennung) keine Rolle, dabei wurde FiS in diesen medizinischen Bereichen vorgestellt und Flyer wurden dort ausgelegt. 10 der 31 Teilnehmenden, das sind gut 32 Prozent, wurden über den Kindergarten auf FiS aufmerksam, 21 Teilnehmer nannten unter ‚Sonstige' andere Quellen. Folgende Nennungen gingen ein: *„Tochter/ Frau Uske (Teamerin)/ FiS-Assistentin/ meine Bekannte, eine FiS-Assistentin/ durch eine andere FiS-Assistentin/ andere Assistentin/ durch Jugend- und Familienarbeit/ meine Freundin/ Gabi Spangenberg/ Bekannte/ AWO/ Frauenhaus/ durch die Frauengruppe/ Zeitungsanzeige/ Fa. Borkowski/."* Durch andere Assistentinnen wurden 4 Personen (12,9%) aufmerksam, eine weitere Person erfuhr durch eine Teamerin vom Projekt, durch Bekannte oder Freundinnen wurden 3 Personen aufmerksam und durch andere Institutionen (*AWO/ Frauenhaus/ Frauengruppe*) weiter 3 Personen.

Im Anschluss wurde unmittelbar nach Bedeutungsinhalten von FiS für die Assistentinnen gefragt, dabei gab es am Ende die Option freier ergänzender Antworten, diese Möglichkeit wurde nur einmal genutzt dabei betrachtete eine Teilnehmerin das Projekt als *Orientierungsphase* zur eventuellen beruflichen Veränderung (*„Orientierung beruflich sich evtl. zu verändern."*(4)). Die folgende Tabelle veranschaulicht, in der Rangfolge der Nennungen, die verschiedenen Bedeutungen (Mehrfachnennungen waren möglich).

Rang	Bedeutungen	absolute Nennungen	prozentuale Werte
1	Etwas Sinnvolles tun können.	25	80,64%
1	Kontakt zu anderen Menschen haben.	25	80,64%
2	Anderen helfen können.	23	74,19%
3	Schulungen erfahren, sich weiterbilden.	21	67,74%

4	Beratung/Begleitung in der Tätigkeit/Arbeit erfahren.	20	64,51%
5	Einbindung in Teamstrukturen.	16	51,61%
5	Das Leit- und Menschenbild von FiS.	16	51,61%
6	FiS als Wiedereinstieg in quasi berufliches Handeln.	11	35,48%
7	Die Aufwandsentschädigung.	10	32,25%
0	Sonstiges: „Orientierung beruflich sich evtl. zu verändern."(4)		

Abb.: 6 Bewertungen und Nennungen der Bedeutung des ehrenamtlichen Handelns im Projekt FiS

Die Frage nach der *Dauer der Zugehörigkeit* zum Projekt erweckt gleich ein doppeltes Interesse, denn zum einen werden die Beurteilungen glaubwürdiger, sofern die Beurteiler längere Zeit im Projekt sind und dies insofern stabiler bewerten können, zum zweiten lebt *Freiwilliges Bürgerengagement* davon, dass die Freiwilligen sich möglichst lange an ihr Tätigkeitsfeld und damit an die Organisation binden, zumal die Akquiseanstrengungen und vor allem die Ausbildungsinvestitionen in einem semiprofessionellen Handlungsfeld einen bedeutenden Stellenwert ausmachen. FiS arbeitet als eigenständiges Projekt in der derzeitigen Trägerstruktur seit dem Sommer 2006, also seit nunmehr gut drei Jahren (38 Monaten/ 10/2009). Es wurde hinsichtlich der Dauer nach Zeiträumen gefragt, wie sie nachfolgender Tabelle zu entnehmen sind:

Seit wann sind Sie im Projekt FiS?		
Dauer	absolut	Prozentwerte
3 bis 6 Monate	5	16,12%
6 bis 12 Monate	5	16,12%
12 bis 18 Monate	5	16,12%
Bis 24 Monate	8	25,80%
Mehr als 24 Monate	6	19,35%
2 x erfolgte keine Angabe. Σ	29	93,54%

Abb.: 7 Projektzugehörigkeit in Monaten

Die Bemühung um ein *arithmetisches* Mittel sind bei diesen weiten Zeitspannen problematisch, zumal die Kategorie 24(+) nach oben hin (bis zu möglichen 38 Monaten) offen ist. Damit eine durchschnittliche Zugehörigkeitsdauer dennoch in etwa möglich wird, wurden zu den jeweiligen Zeitspannen die Mittelwerte ermittelt (also 5; 9; 15; 21; 31 Monate) und mit den Nennungen multipliziert, so ergaben sich 499 Monate der Zugehörigkeit, was einer durchschnittlichen Zugehörigkeit von etwa 17

Monaten entspricht, wohl wissend, wie ungenau diese Annahme ist. Für die mediale Ermittlung wurden die beiden äußeren Werte ignoriert, die drei mittleren zeitlichen Durchschnittswerte addiert und durch die zugehörigen Nennungen dividiert, so dass sich ein *medialer* Wert von 16 Monaten ermitteln lässt.

Im letzten Abschnitt (C) des Fragebogens wurden acht Fragen vorgelegt, die analog zu Schulnoten bewertet wurden. Diese Fragen erlaubten eine *erste Annährung* an bestimmte Zufriedenheiten. Anschließend gab es zur Vertiefung die Möglichkeit eigene Anmerkungen für Zufriedenheiten, Unzufriedenheiten und ggf. Lösungen zu formulieren, weiterhin wurde konkret nach der Aufwandentschädigung gefragt sowie nach erfahrener Anerkennung ihres Handelns. Zunächst aber nun zu den vorgegebenen Frage.

(1) Zuerst wurde nach der Zufriedenheit mit der *Tätigkeit* der Assistentinnen in den Familien gefragt.

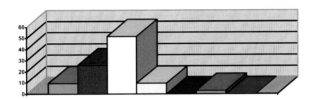

Abb.: 8 Grafik 1[106]

Aus der Grafik wird erkennbar, dass mehr als 50% der Befragten ihre Tätigkeit in den Familien mit *gut* bewerten und weitere knapp 26% sogar mit *sehr gut,* insgesamt bewerten über 76% ihre Tätigkeit dort mit *gut* und *besser*, immerhin sind weitere knappen 10% der Assistentinnen zufrieden, so dass es eine Zufriedenheitsquote mit der Tätigkeit von etwa 86% gibt. Es erfolgten 3 x keine Nennungen und 1x wurde eine *Fünf* vergeben. [Prozentwerte der Grafik: 0 = 9,67%/ 1 = 25,80/ 2 = 51,61/ 3 = 9,67/ 4 = 0/ 5 = 3,22/ 6 = 0 ∑ 100%]

(2) Als nächstes wurde nach der *Zufriedenheit mit dem Tun, d.h. mit der ‚Art und Weise' des Handelns*, dem methodischen ‚Handwerkszeug' (z.B. nach den Gesprächsführungsmöglichkeiten usw.) gefragt.

---

[106] Der erste (lila) Balken zeigt stets die Anzahl *nicht abgegebener* Stimmen an, die folgenden Balken zeigen in der Reihenfolge die möglichen Bewertungen von 1 (= sehr gut) bis 6 (= ungenügend/ entsprechend der jedermann bekannten Schulnoten) an.

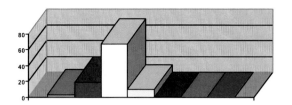

Abb.: 9 Grafik 2

Mit ihrem Handeln, das heißt mit den zur Verfügung stehenden Möglichkeiten, sind beinahe 97% mindestens zufrieden, 19% gaben an *sehr gut* handeln zu können, knapp 68% beurteilten ihr Können mit *gut* und immerhin noch 9,7% sind *zufrieden*, schlechtere Beurteilungen existieren nicht. Einmal erfolgte keine Nennung. Die Assistentinnen scheinen ausgesprochen selbstbewusst ins Feld zu gehen, wobei hieraus nicht erkennbar wird, woher diese Sicherheit kommt. [Prozentwerte der Grafik: 0 = 3,22/ 1 = 19,35/ 2 = 67,74/ 3 = 9,67/ 4 = 0/ 5 = 0/ 6 = 0 $\sum$ 100%]

(3) Nun wird nach der Zufriedenheit mit der *Auswirkung des Handelns* der Assistentinnen gefragt, also quasi nach der Ergebnisbewertung ihrer Arbeit in den Familien.

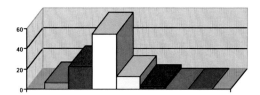

Abb.: 10 Grafik 3

Ganz offensichtlich gibt es eine ausgesprochen hohe *Ergebniszufriedenheit*, denn 90,3% beurteilen dies mit zufriedenstellend und besser (mit *gut* 54,83% und mit *sehr gut* noch immerhin 22,58%). Eine Person beurteilte ihr Ergebnis mit ausreichend und 2 enthielten sich ihrer Stimme. Werden alle drei Fragen gemeinsam betrachtet, nämlich die Zufriedenheit mit der Tätigkeit in den Familien, dem handwerklichem Tun im Feld sowie die resultierenden Ergebnisse, so lässt sich eine ausgesprochen hohe Zufriedenheit in allen drei Bereichen feststellen. Da diese Zufriedenheit quer durch alle Büros und somit Stadtteile geht, muss es dementsprechende Rückmeldungen aus den Familien und ggf. auch durch die FiS-Teamerinnen geben, zumal der Austausch zwischen den Büros von den Assistentinnen teilweise bemängelt wird (dazu später mehr). [Prozentwerte der Grafik: 0 = 6,45/ 1 = 22,58/ 2 = 54,83/ 3 = 12,90/ 4 = 3,22/ 5 = 0/ 6 = 0 $\sum$ 100%]

(4) Als nächstes wurde nach der *Einbindung in Teamstrukturen* gefragt, wobei sich diese Frage auf die jeweilige Gruppe der Assistentinnen im jeweiligen Stadtteilbüro bezieht, denn nur diese treffen sich untereinander zur Schulung und zum Erfahrungsaustausch.

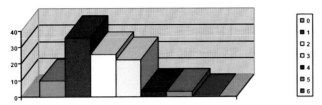

Abb.: 11 Grafik 4

Knapp 84% aller Assistentinnen beurteilt ihre Einbindung in die Gruppe der anderen Teilnehmer mit zufriedenstellend und besser, dabei fällt der hohe Anteil der sehr zufriedenen (ca. 35%) auf, dennoch gibt es zwei Teilnehmerinnen, die ihre Situation mit *vier* bzw. mit *fünf* beurteilt und somit ausgesprochen unzufrieden scheinen. Dies wäre durch genaueres Nachfragen zu erschließen. [Prozentwerte der Grafik: 0 = 9,67/ 1 = 35,48/ 2 = 25,80/ 3 = 22,58/ 4 = 3,22/ 5 = 3,22/ 6 = 0 ∑ 100%].

(5) Alle Assistentinnen werden während ihres Arbeitens in den Familien fachlich begleitet und beraten. Es wird im Folgenden danach gefragt, wie zufrieden sie mit dieser Begleitung und Beratung sind.

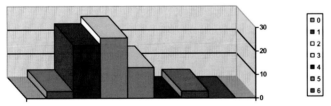

Abb.: 12 Grafik 5

Während eine Teilnehmerin die Unterstützung durch die Teamerin mit *mangelhaft* (*fünf*) beurteilt, bewerten gut 80% diese Begleitung mit *gut* und besser und noch immerhin knapp 13% vergeben ein *Befriedigend* (einmal wurde keine Nennung vergeben). [Prozentwerte der Grafik: 0 = 3,22/ 1 = 54,83/ 2 = 25,80/ 3 = 12,90/ 4 = 0/ 5 = 3,22/ 6 = 0 ∑ 100%]

(6) In Ergänzung dazu wird folgend nach der subjektiv empfundenen Qualität der Schulungsmodule in Bezug auf deren Inhalte für die Praxis gefragt. Die Schulungen

werden ebenfalls von den Teamerinnen (also den Profis im Feld) geleistet, es sind die gleichen Personen, welche auch begleiten und beraten.

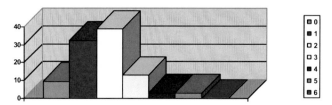

Während jeweils eine Person die Inhalte mit *vier* und *fünf* bewertet, scheint die über-wiegende Mehrheit, nämlich knapp 84% die Inhalte praxistauglich zu finden, sie bewerten dies mit *zufriedenstellend* und besser, immerhin sagen beinahe 61% die Inhalte sind *gut* oder besser für die praktische Arbeit in den Familien zu gebrauchen [Prozentwerte der Grafik: 0 = 9,67/ 1 = 32,25/ 2 = 38,70/ 3 = 12,90/ 4 = 3,22/ 5 = 3,22/ 6 = 0 $\sum$ 100%]. Dies Ergebnis korreliert vermutlich mit den ersten drei Fragestellungen, in denen nach der Zufriedenheit mit dem Tun und Handeln sowie den Ergebnissen im Feld gefragt wurde.

(7) Im *Folgenden* wird nach der Zufriedenheit mit der *Dauer der Ausbildung* gefragt, welche sich schließlich über 12 Module (à 4 Stunden) hinzieht und je nach Situation 14-tägig oder monatlich stattfindet und insofern entweder ½ Jahr oder gar ein ganzes Jahr an Zeit benötigt.

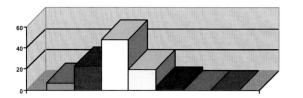

Etwa 70% der Assistentinnen finden die Ausbildungsdauer *gut* oder *sehr gut*, weitere 19% sind damit zufrieden. Zwei Teilnehmerinnen gaben kein Statement dazu ab und eine Teilnehmerin beurteilte die Dauer mit *mangelhaft*. [Prozentwerte der Grafik: 0 = 6,44/ 1 = 22,58/ 2 = 48,38/ 3 = 19,35/ 4 = 3,22/ 5 = 0/ 6 = 0 $\sum$ 100%]

(8) Zu guter Letzt wurde nach dem äußeren Rahmen der Schulungen gefragt, also nach den Räumlichkeiten, den Materialien, der Vorbereitung und dergleichen mehr.

Das Ergebnis fiel *zufriedenstellend* aus, aber nicht wirklich gut, folgende Grafik veranschaulicht dies:

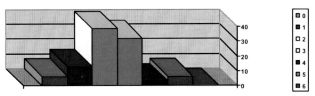

Abb.: 15 Grafik 8

[Prozentwerte der Grafik: 0 = 6,44/ 1 = 12,9/ 2 = 38,7/ 3 = 32,25/ 4 = 3,22/ 5 = 6,44/ 6 = 0 ∑ 100%]

Nach den ‚Benotungen' dieser Fragestellung gab es eine offene Möglichkeit für Kommentare bzw. Anmerkungen, diese wurde kaum genutzt bzw. nicht wirklich themenbezogen genutzt, so dass keine weiteren Erkenntnisse daraus gezogen werden konnten.

In einem nachfolgendem Schritt wurde nach der *Aufwandsentschädigung* gefragt, zunächst nach der Richtigkeit einer solchen Entschädigung oder ggf. nach der Möglichkeit des Wegfalls dieses Instrumentes. Offensichtlich aber hat diese Entschädigung (in Höhe von € 50 je Monat und Familie) eine erhebliche Bedeutung für die Assistentinnen, denn immerhin waren *alle* 31 Befragten der Ansicht, dass dieses Instrument notwendig sei. 22 der Befragten empfanden die Höhe der Entschädigungsleistung angemessen, weiter 9 Teilnehmer sagten aus, diese sei zu niedrig.

Im Anschluss sollte der Bogen in Erfahrung bringen, durch wen die Assistentinnen *Rückmeldung und Anerkennung* erfahren. 25 Assistentinnen gaben an, dies durch ihre Anleiterinnen (Teamerinnen) zu bekommen sowie durch die Familien, in denen sie tätig sind (28 Nennungen). Es bestand die Option andere Nennungen zu formulieren, dies erfolgte sechsmal, mit den folgenden (wörtlichen) Aussagen: *„(4) Aufwandentschädigung; (9) Familie (eigene) und Freunde, Lehrer in meiner Ausbildung; (11) Freundeskreis, Familie; (14) meine Familie, meine Kollegen in der Schule (Schulassistentin); (21) Teamkolleginnen; (24) eigene Familie und Freunde"* (die Zahlen in den Klammern verweisen auf die jeweiligen Bögen, welche nummeriert wurden).

Abschließend wurde offen nach solchen *Zufriedenheiten* gefragt, nach denen im Fragebogen *nicht* gefragt wurde, diese Möglichkeit wurde viermal genutzt, hierzu gab es folgende Nennungen: *„(4) Die Schulungen finden in einem gemütlichen Rahmen statt; (5) Die gute Bewirtung bei den Schulungen (Getränke, Gebäck).; (6) Ich bin zufrieden mit FiS.; (7) Möglichkeit zur beruflichen Eingliederung."*

Zu guter Letzt wurde explizit nach *Unzufriedenheiten* gefragt, dabei wurden 15 Anmerkungen formuliert (stets wörtliche Wiedergabe): *„(1) Ich verstehe alles nicht; (2) Ich verstehe alles gut; (2) [Ausbildungssituation]; (3) Ich verstehe nicht alles; (4) Größere Reflektion meiner Person. Wie kann ich etwas besser machen? (4) Meine fachliche Weiterentwicklung; (5) der festgesetzten Stundenzahl pro Woche.; (6) Ich bin zufrieden; (7) Entfernung zum Büro; (7) Problem Besuch der Austauschgruppen.; (7) Vertragslaufzeit; (8) den Endgesprächen nach Beendigung der Familienzeit.; (10) der Aufwandsentschädigung; (10) dem Austausch mit anderen FiS-Assistentinnen; (11) Da unsereins mit der Aufwandsentschädigung genau rechnet, wäre es schön, wenn diese auch rechtzeitig ausgezahlt wird!"*

Und es wurde nach *Lösungsideen* gefragt, dabei wurden folgende Anmerkungen formuliert (wörtliche Wiedergabe): *„(1) Ich wünsche mit Übersetzungshilfe; (2) Ich wünsche mir alles verstehen und möchte ich alle Menschen helfen; (2) Ich wünsche 2 Gruppen; (3) Übersetzungshilfe; (4) Mehr Fachwissen zu lernen; (4) Durch Sprachverständnis evtl. weiterhin getrennte Gruppentreffen bei ‚FiS-Treffen' Schulung; (5) Wenn unbedingt erforderlich, eine Erweiterung um 1-2 Stunden pro Woche; (6) Ich möchte noch mehr Familien helfen; (7) Stadtteilbüro Geestemünde Süd; (7) Austauschgruppe Legoland und Umgebung; (7) Verlängerung auf 1 Jahr, Nachfrage nach 1 Jahr; (8) Ein gutes Gespräch – ob man gut oder schlecht war – was kann geändert werden; (10) Bei Betreuung in Familien mit mehreren Kindern, gestaffelte Aufwandsentschädigung, z.B. ein Kind 50 Euro, zweites Kind 20 Euro usw., (10) Alle halbe Jahre ein Treffen mit den FiS-Assistentinnen aus allen Stadtteilen zwecks Austausch von Erfahrung in den Familien; (12) Ich möchte mehr Beschäftigung haben."*

Diese Aussagen wurden nach ‚Überschriften' geclustert, dies zeigt folgende Tabelle:

Unzufriedenheiten	Lösungsvorschläge
Thema Geld/ Aufwandsentschädigung	
(10) pro Kind 50 Euro, nicht pro Familie (14) Die Höhe der Entschädigung sollte nach Leistung gezahlt werden, es gibt ja unterschiedliche Forderungen in den Familien. Auch spielt eine Rolle ob man 1 oder mehrere Kinder betreut und wie groß das Engagement ist. (10) der Aufwandsentschädigung (11) Da unsereins mit der Aufwandsentschädigung genau rechnet, wäre es schön, wenn diese auch rechtzeitig ausgezahlt wird!	(10) Bei Betreuung in Familien mit mehreren Kindern, gestaffelte Aufwandsentschädigung, z.B. ein Kind 50 Euro, zweites Kind 20 Euro usw.
Sprache	
(1) Ich verstehe alles nicht (2) Ich verstehe alles gut (3) Ich verstehe nicht alles	(1) Ich wünsche mit Übersetzungshilfe (2) Ich wünsche 2 Gruppen (3) Übersetzungshilfe
Reflexion des Handelns	
(4) Größere Reflektion meiner Person. Wie kann ich etwas besser machen? (7) Problem Besuch der Austauschgruppen (8) den Endgesprächen nach Beendigung der Familienzeit (10) dem Austausch mit anderen FiS-Assistentinnen	(8) Ein gutes Gespräch – ob man gut oder schlecht war – was kann geändert werden. (10) Alle halbe Jahre ein Treffen mit den FiS-Assistentinnen aus allen Stadtteilen zwecks Austausch von Erfahrung in den Familien.
Schulungen/ Ausbildung	
(2) [Ausbildungssituation] (4) Mehr Fachwissen zu lernen (4) Meine fachliche Weiterentwicklung	(1) Ich wünsche mit Übersetzungshilfe (4) Mehr Fachwissen zu lernen

Umfang der Tätigkeit	
(5) der festgesetzten Stundenzahl pro Woche (7) Verlängerung auf 1 Jahr, Nachfrage nach 1 Jahr	(5) Wenn unbedingt erforderlich, eine Erweiterung um 1-2 Stunden pro Woche (6) Ich möchte noch mehr Familien helfen. (7) Verlängerung auf 1 Jahr, Nachfrage nach 1 Jahr (12) Ich möchte mehr Beschäftigung haben.
Lage der Büros/ Erreichbarkeit	
(7) Entfernung zum Büro (7) Stadtteilbüro Geestemünde Süd	(7) Austauschgruppe Legoland und Umgebung

Abb. 16 genannte Unzufriedenheiten und Lösungsideen

7. Resümee: Herausforderungen für das HRM im Bremerhavener Modell (FiS)

a) Das Programm *Familie im Stadtteil* ist durch *doppelte* Freiwilligkeit gekennzeichnet. Zum einen kommen die Nutzer des Projektes, also die Familien, die ihren Hilfebedarf anmelden, direkt, unmittelbar, ohne Fremdeinwirkung, eben freiwillig. Sie können insofern die erwünschte Hilfe auch jederzeit beenden, ohne dass dies irgendwelche Folgen hätte. Zum anderen kommen die Menschen, die sich freiwillig engagieren möchten, die ein für sie passendes Tätigkeitsfeld suchen, freiwillig. Sie geben ihre Zeit, ihr Können und Wissen, stellen sich in ihrer Person, in ihrem Sosein für andere zur Verfügung. Die Anderen sind die Familien, der Träger des Projektes mit seinen Menschen, die Stadt, welche diese Hilfe will. Dies ist *Freiwilliges Engagement*, zwar nicht im Sinne eines *klassischen Ehrenamtes*, in welches ‚Mensch' hinein gewählt wird und das längere Zeit an ihm haftet, dafür aber in einer sich selbst verpflichtenden Form, welche jederzeit wieder beendbar ist. Genau das ist ein Problem der Träger, die unterschiedliche Ressourcen in die Akquise, Ausbildung und Begleitung investieren und von daher ein hohes Interesse entwickeln, die Freiwilligen zu binden. Dieses Interesse ist eine *erste* Schnittstelle zum HRM.

b) Die Anbindung dieses Projektes an einen Träger der Kinder- und Jugendhilfe erschwert für die freiwilligen Helfer, die sich bürgerschaftlich engagieren möchten, die Anbindung an die Organisation, weil sie diese in aller Regel nicht kennen und weil eine Identifikation, mit ihnen unbekannten Werten, zunächst nicht gelingen kann. Diese sind nicht nur nicht bekannt, sie lassen sich, für einen Außenstehenden, auch nicht ohne weiteres mal eben erschließen. Der Träger von FiS gehört keinem Wohlfahrtsverband an, geschweige denn das er einer wäre. Träger, welche direkt der *DIAKONIE*, dem *DEUTSCHEN-ROTEN-KREUZ*, dem *DPWV*, der *CARITAS*; der *AWO*, dem *Zentralverband der Juden* unterstellt sind *oder* einer der großen Kirchen angehören, um nur die wichtigste Verbände und Organisationen in der BRD zu benennen, die das jeweilige, allgemein bekannte *LOGO* prangernd auf dem Briefkopf und anderswo zeigen, haben es erheblich leichter, da ihnen bestimmte Werte *a priori* unterstellt werden. Alle diese alten Organisationen verfügen an dieser Stelle über einen enormen Ansehens*vorsprung*, man weiß dort eben einfach wofür die Organisation steht und kann sich deswegen gezielt dort einbringen, weil der Glaube an eine mögliche Identifikation mit dem (angenommenen) ‚Leitbild' von vornherein da ist und nicht erst mühsam erworben bzw. hergestellt werden muss. Ein Träger, der keinem Wohlfahrtsverband angeschlossen ist, muss da erheblich mehr an Vorarbeit leisten und muss nach gelungener Akquise erhebliche Anstrengungen unternehmen, um die freiwillig engagierten Bürger einzubinden und zu halten. Das Projekt FiS ist durch Dezentralität gekennzeichnet, es verteilt sich auf drei Stadtteilbüros, die nicht strukturell miteinander verwoben sind, das bedeutet, dass es keinen strukturell notwendigen Austausch zwischen den Freiwilligen gibt, sondern, dass ein solcher Austausch hergestellt werden muss. Die Bedeutung eines solche Austausches, die Konstruktion eines ‚Wir-Gefühls', ist für die Bindung an die Organisation nicht zu unterschätzen. Darüber und über den Wert der gemeinsam geleisteten Arbeit, ihren Nutzen für die Familien und darüber hinaus, für die Stadtgemeinde, also die Allgemeinheit, gelingt über vielfältige *Formen von Anerkennung*. Wenn diese nicht per se vorhanden ist, weil die Verbundenheit mit einer Organisation, wie den oben benannten, als Selbstverständnis nicht da ist, wird diese auf anderen Wegen entwickelt werden müssen und zwar in erster Linie über das individuelle und doch gemeinsame Tun, in zweiter Linie über eine Anerkennungskultur. Damit ist eine *zweite* Schnittstelle zum HRM benannt.

c) Wenn also nicht analog einer *Bergpredigt* auf eine solche gegründet werden kann, kein wie auch immer gearteter Glaube trägt, keine ‚gemeinsame‘ sozialistische Geschichte vereint oder auf andere Wurzeln mehr zurückgegriffen werden kann, aber trotzdem *Sinn* geschaffen werden muss, gelingt dies nicht nur über die Option des Handelns, über das gemeinsame Tun, wie etwa in den Freiwilligen Feuerwehren, in denen Gemeinsinn, Feiern und Freude am Nutzen für alle im Vordergrund stehen sowie die unmittelbare Anerkennung der (Dorf-)Gemeinschaft, sondern gelingt dies über eine *Ethik* das Handelns. Denn unmittelbare Anerkennung einer *urbanen Gemeinschaft* bleibt vermutlich eher aus. Solcherlei Ethikarbeit ist Leitbildarbeit, ist Sondierung ethischer Möglichkeiten des eigenen, gut gemeinten Tun, Entwurf von Grenzen, Verständigung auf Menschenbilder, kritische Reflexion des Handelns und seiner erlaubten Möglichkeiten, ist Diskussion und gemeinsames Ringen um zu entwickelnder Standards – da hilft es wenig, programmatisch (humanistische) Menschenbilder ins Programm zu schreiben. Diese gemeinsame Arbeit kennzeichnet eine dritte Schnittstelle.

d) Die Bewegungen der freiwillig Engagierten im Projekt, also ihre Unmittelbarkeit, ihre Freiheit vor Ort, ihre Möglichkeit sich als Werkzeug zu verstehen, mit alldem was ihre Personen kennzeichnet, kurzum, ihre Autonomie, den hohen Grad an Selbstverantwortung, verweist auf die Unzumutbarkeiten eines Projektes für dieses Projekt, dass den Anspruch an sich stellt, nach einem bestimmten Wertesystem aufzutreten und zu handeln. Der Frage nach einer verzahnten, in sich geschlossenen Haltung, dem Wunsch, alle Mitglieder mögen doch nach gleichem Verständnis handeln, wird sich ein Programm zwar stellen dürfen, es muss aber in Anbetracht der Vielfalt menschlichen Denkens und Handelns Abstriche machen. Dass dies auch nicht im Kontext christlichen Glaubens gelungen ist, beweisen die vielen Richtungen und Gruppierungen in diesem Segment. Daraus lässt sich lernen. Was also kann FiS tun, um den oben benannten Dingen zu begegnen? Dabei geht es nicht um Vermeidung von Vielfalt, nicht um Nivellierung, sondern eher um die Schaffung eines Kodex sowie einer Corporate Identity, eine vierte Schnittstelle ist damit benannt.

e) Will das Projekt FiS auch zukünftig erfolgreich wirken, benötigt es Menschen, die sich engagieren. Solche Menschen müssen gefunden und gewonnen werden, sie müssen angesprochen und überzeugt werden, sie müssen sich auch überzeugen lassen, müssen das Gefühl haben, dass dies nicht nur eine gute Sache ist, sondern sie selbst auch etwas davon haben. Es geht um gegenseitigen Nutzen, um gegenseitigen Gewinn. Dazu bedarf es spezifischer Beschaffungswege und in der Folge um Auswahlverfahren, diese fünfte Schnittstelle wird im Kapitel D noch breiter beleuchtet.

f) Eine sechste Herausforderung besteht darin, die gewonnenen Menschen derart zu entwickeln, dass sie semiprofessionell tätig werden können. Dazu bedarf es bestimmter Strukturen, Ausbildungsprogramme und Verfahren hinsichtlich notwendiger Feedbacks. Im Kontext Freiwilligen Engagements sind Jahresgespräche vermutlich eher obsolet, dennoch Entwicklungsgespräche mit gemeinsamer Zielerarbeitung denkbar, deren Anerkennungsstruktur muss besonders deutlich werden und die temporären Bestimmungen müssen passen und ggf. individuell anders gefüllt werden.

g) Hieran schließt sich zwingend das Feld motivationaler Einflussnahme an, also die Auseinandersetzung damit, wie Motivation gelingt. Im HRM gibt es, wie im Kapitel B zu sehen war, unterschiedliche Ansätze, diese sind für das Feld des Freiwilligen Engagement zu überprüfen (dies geschieht im Kapitel D 11.3).

h) Eine, an dieser Stelle, letzte Herausforderung für das Feld des freiwilligen Engagements soll noch benannt werden, dabei handelt es sich um den Aspekt der Führung. Das Projekt FiS ist in dieser Hinsicht nicht untypisch, es verfügt über Merkmale wie die Einbindung in organisationale Kontexte, Zielformulierungen, definierte Werte, strukturierte, professionelle *und* halbprofessionelle Arbeit, Ansprüche hinsichtlich Ergebnisorientierung, (existenzielle) Nachweis-Verpflichtungen, vereinbarte Leistungsrahmungen, Team- und Gruppenorientierung u.a.m. Diese Merkmale verweisen auf die Existenz von Organisationsebenen, Hierarchien, Planungswesen, Ausführungsebenen, Kontrollinstrumenten, Berichtswesen, Steuerungs- und Lenkungsfunktionen usw., allein diese Aufzählung weist auf die Existenz von Führung hin. Wie ist das mit Freiwilligem Engagement vereinbar?

In diesem Kapitel konnte zunächst nachgespürt werden, was unter *Frühen Hilfen* derzeit verstanden wird, warum es sie gibt und wie sie entwickelt wurden bzw. noch werden. Daneben konnte an einem konkreten Beispiel und mit Hilfe der Ergebnisse einer Erhebung gezeigt werden, welche Elemente des HRM dort Bedeutung gewinnen. Damit wurden die Grundlagen gelegt, um im folgenden Kapitel den anfangs benannten Fragestellungen nachzugehen.

C Human Resource Management (HRM)

Die Vorstellung von 'Personal' als verfügbare Masse sowie als Unternehmensnotwendigkeit zur Produktion von Gütern oder zur Dienstleistungserstellung, beherrscht auch heute noch das Denken mancher Unternehmen. Unter diesem Blickwinkel lässt sich Personal in einer gesonderten Abteilung des Unternehmens verwalten und managen, ggf. als Dienstleistung auch auslagern. Akquise, Auswahl und Bereitstellung muss nicht notwendigerweise intern geschehen, Qualifizierung, Aus- und Fortbildungen können, müssen aber nicht im Unternehmen eingebettet sein, Personalbuchhaltung haben viele Betriebe bereits schon lange ausgegliedert. Unter diesem Blickwinkel erhalten Planstellenberechnungen, Kennzahlensysteme, Controllinginstrumente, die zeitliche Erfassung von Arbeitsschritten, die Planung und Berechnung der Arbeitsabläufe u. dergl. m. Bedeutung. Dahinter steckt die Annahme, dass Personal jederzeit, an jedem Ort, in jeder notwendigen Menge und in gewünschter Qualität, als unendliche Ressource, zur Verfügung steht. Diese kurze Skizzierung soll beschreiben, was unter *Personalwesen* besser Personal*verwaltung*, wie Staehle (S.736)[107] es nennt, in Unternehmen verstanden wird.

Demgegenüber steht das Denken vom Personal als menschlicher Ressource, die *endlich* ist, die regional in unterschiedlicher Qualität und eben nur begrenzt zur Verfügung steht. Während Personal im ‚herkömmlichen' Personalwesen eine stets vorhandene und formbare Masse ist, geht der Ansatz des HRM davon aus, dass Individuen in heterogenen Gruppen zusammenkommen, mit je unterschiedlicher Motivation ihre Arbeiten verrichten, sich unterschiedlich an das Unternehmen binden. Diese Menschen sind in die Prozessstrukturen der Unternehmen eingebunden, erfüllen dort eine Funktion, wollen aber indem was sie tun auch Sinn entdecken. Weiterhin geht dieser Ansatz davon aus, dass neben den Prozessstrukturen auch noch informelle und gruppendynamische Strukturen existieren, die unter Umständen kontraproduktiv wirken können, d. h. auch diese müssen beachtet, erkannt und bearbeitet werden, soll die jeweilige Gruppe, das jeweilige Team im Sinne der Unternehmensziele pro-

---

[107] Staehle, W. H.: Management. (7. Aufl.) München 1994

duktiv sein und bleiben. Zu guter Letzt wird derart verstandenes Personal als knappes Gut betrachtet, welches qualifiziert und motiviert sowie an das Unternehmen emotional gebunden, eine wertvolle Ressource und einen Wettbewerbsvorteil darstellt, wenngleich Staehle darauf verweist, dass sich an den Abhängigkeitsverhältnissen nichts geändert hat und lediglich die Wertschätzung des Personals gestiegen sei sowie dessen Anerkennung als strategischem Erfolgsfaktor für die Unternehmung (vgl. Staehle a.a.O., S.777). HRM lässt sich auch als eine neuere Interpretation von Personalwesen (als Tool-Box verstanden) bewerten, so wie Breisig dies tut. „Im Gegensatz zum tayloristischen Ansatz stehen die Mitarbeiter in ihrem Potential an Fähigkeiten, Fertigkeiten und kreativen Energien im Mittelpunkt der Betrachtung. *Diese* Ressourcen sollen zur Erreichung der Unternehmensziele bestmöglich zur Entfaltung gebracht werden" (Breisig[108]).

Wie kommt es zur Transformation der Personalverwaltung, d.h. zum Perspektivenwechsel hin zu einem *Human Ressource Managements* bzw. zur parallelen Entstehung eines solchen (verhältnismäßig neuen) Paradigmas? Zum einen verändern sich Menschenbilder und Werte in den Gesellschaften, was zu neuen Unternehmensperspektiven vom Menschen und seinem Wert an sich (also gewissermaßen einem Wert a priori) führt, aber dies führt auch zu einer Verschiebung *individueller* Werte, eben aus der Perspektive des einzelnen Arbeitnehmers bzw. der Arbeitnehmerin, zum anderen verändern sich Arbeitswelten dramatisch, so gibt es immer weniger ‚simple jobs for simple people' die Anforderungen an den Einzelnen steigen seit geraumer Zeit und noch immer stetig weiter an, durch die IT-Entwicklungen wird Raum und Zeit zunehmend mehr entkoppelt, Dienstleistungen nehmen stetig weiter zu, ganzheitliche Leistungen werden zunehmend mehr gefordert, was bei gleichzeitiger Spezialisierung eine notwendige Arbeitsteilung im Team oder in virtuellen Teams auf Zeit zur Folge hat, der hierdurch entstehende Kooperations*zwang* muss mit den dazugehörigen kommunikativen Fähigkeiten ausgestaltet werden (vgl. Drumm 2001[109]). Wir haben es weiterhin mit einer Internationalisierung zu tun sowie mit der Zunahme virtueller Märkte. Diese Veränderungen haben Folgen für die Unternehmen, sie

---

[108] Breisig, T.: Personal. Oldenburg 2007

[109] Hans Jürgen Drumm: Szenarioprognosen für ein künftiges HR-Management. In Personalführung 5/2001.

benötigen neben einem funktionierenden und mediengestützten Wissensmanagement, sozusagen einem ‚organisatorischen Gedächtnis', welches also an das Unternehmen gebunden ist und nicht *mit* den Individuen wandert, auch noch differenzierte Anreizsysteme um Menschen zu binden, also Commitment herzustellen. Für Staehle sind folgend skizzierte Punkte ausschlaggebend für die Notwendigkeit zum Paradigmenwechsel: „Wettbewerbsverschärfung (…); neue Technologien und Produktionskonzepte (…); Probleme mit Produktivität und Qualität, demographische Veränderungen (Altersaufbau, Frauenerwerbstätigkeit), Wertewandel, neue Lebensstile, veränderte Erwartungen an die Arbeitswelt" (Staehle a.a.O., S.779).

Allerdings gilt es darauf hinzuweisen, dass ein solcher Ansatz Wurzeln hat, diese gehen auf die *Human-Relations-Bewegung* zurück, „die den Menschen als soziales Wesen und nicht als Quasi-Maschine versteht. Die Kernaussage dieses Managementkonzepts lautet, dass eine positive Einstellung gegenüber der Arbeit und dem sozialen Umfeld zu einer hohen Arbeitszufriedenheit führt, die wiederum eine hohe Arbeitsleistung bewirkt. Als Beeinflussungsfaktoren von Zufriedenheit und Motivation werden in erster Linie das Verhalten des Vorgesetzten, die Beziehungen innerhalb der Arbeitsgruppe und materielle Anreize gesehen" (Vahs, S.31[110]). Diese HR-Bewegung hat die Arbeits- und Organisationspsychologie ins Leben gerufen, deren wichtigste Gebiete die „Arbeitsmotivation, Erfassung psychischer Belastungen im Arbeitsprozess und Maßnahmen ihrer Reduzierung, Führung, Einflüsse der Arbeitsgruppe auf das Arbeitsverhalten ihrer Mitglieder, Gestaltung von Technik unter Berücksichtigung psychischer Auswirkungen, Entscheidungsverhalten von Individuen und Gruppen, Feststellung der Eignung von Personen für bestimmte Tätigkeiten, Qualifizierung, Konfliktmanagement" sind (Kieser, S. 150[111]). Staehle erkennt zwei wesentliche Wurzeln des HRM, die auch er zum einen in den Verhaltenswissenschaften (Arbeits- und Organisationspsychologie) ausmacht und zum anderen in der ökonomischen Perspektive, welche auch das Personal als Ressource des Unternehmens ausmacht, welche es zu erhalten und zu entwickeln gilt. Demnach stellt Personal keinen Kostenfaktor dar, sondern entspricht dem Anlagevermögen (vgl. Staehle a.a.O., S.768).

---

[110] Vahs, D.: Organisation. Einführung in die Organisationstheorie und –praxis. Stuttgart 2001

[111] Kieser, A./ Ebers, M.: Organisationstheorien. Stuttgart 2006

8. Definition

Der Begriff des HRM ist vielfach mit Theorien und (pragmatischen) Ansätzen hinterlegt und insofern nicht prägnant zu (be-)greifen. Er spricht das Personalwesen in breiter Form an und umfasst damit sowohl die (herkömmliche) Personalverwaltung, wie auch die „Humanisierung der Arbeit" (HdA) (vgl. Kieser a.a.O., S.164 ff.), die Qualifizierung der ArbeitnehmerInnen, den Wissenstransfer sowie die Wissenssicherung in der Organisation, die Konstruktion von Motivationsanreizen, die Ermöglichung von Commitment und Capabilities sowie Clarity (vgl. Rosenstiel, S.667ff.[112]), das Führungsverhalten, die Beachtung gruppendynamischer Prozesse, Organisationsentwicklung u.v.a.m., darüber hinaus und das ist wohl das Entscheidende am neuen Paradigma des HRM, wird die Verantwortung für diesen Bereich nicht mehr einer spezifischen Abteilung (Personalbüro) übertragen, sondern das Personalwesen (im Sinne des HRM) wird als Wettbewerbsfaktor erkannt und damit als strategischer Faktor der Unternehmung bewertet, es erhält Einzug in alle Führungsgremien und findet seine Verantwortung im obersten Vorstand, d.h. es spiegelt sich in allen Bereichen des Unternehmens, so ist das spezifisch Neue die „Sicht der Humanressourcen aus einer General Management-Perspektive und nicht aus einer Funktionsperspektive (wie Personalwesen) sowie die Einbindung des Managements in die HR-Verantwortung" (Staehle, S.786[113]).

Der Versuch einer *Arbeitsdefinition* könnte so lauten: ‚HRM befasst sich mit den Unternehmensthemen: Akquise, Personalauswahl, Einstellung, Arbeitsplatzgestaltung, Arbeitsplanung, Prozessorganisation, Qualifizierung, Wissensmanagement, Changemanagement und Freisetzungen. Es schließt wissenschaftliche Erkenntnisse aus den unterschiedlichen Feldern der Arbeits- und Organisationspsychologie, den Sozialwissenschaften, dem Management, der Organisationswissenschaft, der Betriebswirtschaftslehre sowie der Ökonomie ein. Es erhält seinen Stellenwert in den Unternehmen durch die Implementierung in allen Führungsebenen und erfährt dadurch eine General Management-Perspektive'. Allerdings gewichten verschiedene Ansätze das HRM unterschiedlich.

---

[112] Rosenstiel von L./ Regnet, E./ Domsch, M.: Führung von Mitarbeitern. Stuttgart 2003

[113] Staehle, W. H.: Management. (8. Aufl.) München 1999

8.1 Verschiedene Ansätze des HRM

Im Folgenden sollen drei HR-Management-Forschungsrichtungen vorgestellt werden: Das so genannte Michigan-Konzept, die Harvard-Konzeption und der ressourcenbasierte Ansatz (resource based view). „Im *Michigan-Konzept* ist eine integrative Verknüpfung von Organisationsstruktur, Unternehmensstrategie und dem Management der Humanressourcen vorgesehen, um diese drei Felder im Sinne eines >best fit< zusammenzubringen (Fombrun/Tichy/Devenna 1984[114])" (Breisig a.a.O., S. 29). Die Priorität in diesem Ansatz erhält allerdings die Unternehmens*strategie* (‚Mission and Strategy') Die Organisationsstruktur und das HRM folgen der Strategie. In der Konsequenz eines solchen Ansatzes werden der Personalbeschaffungsplan, die Leistungsbeurteilungssysteme sowie die Anreizsysteme aber auch das Personalentwicklungsprogramm aus der Unternehmensstrategie abgeleitet. „Folgt man der Einteilung [...] in Strategieformulierung und –implementation[115], dann sehen *Tichy* et al. im HRM eindeutig einen Beitrag zur Implementation und nicht zum Strategieentwurf" (Staehle a.a.O., S.789). Schreyögg[116] spricht davon, dass im Sinne einer linearen Planungsphilosophie nur noch die Planungs*umsetzung* im Focus steht, der Planungs*zusammenhang* aber außer Acht bleibt. Damit reduziert sich HRM in diesem Ansatz auf vier Teilfunktionen: Personalauswahl, Leistungsbeurteilung, Belohnung bzw. Anreize, Personalentwicklung. Alle vier Funktionen sind in einem Zyklus miteinander verwoben, dies soll folgende Skizze verdeutlichen (Abb. 1).

---

[114] Fombrun, C./ Tichy, N./ Devenna, M.: Strategie Human Resource Management. New York 1984

[115] vgl. hierzu auch Mintzberg, H.: Stratgy Safari. Wien 1999

[116] Schreyögg, G.: Verschlüsselte Botschaften – Neue Perspektiven einer strategischen Personalführung. In: ZfO 3/1987, S.151-158

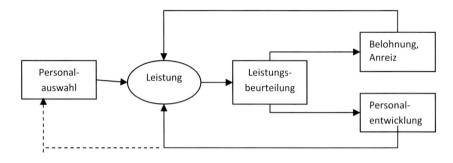

Abb.: 17: Quelle: Staehle a.a.O., S.789, nach Tichy et al. 1982, S.50[117]

Dieser Ansatz übersieht die Rückkoppelungswirkungen, die durch personalpolitische Maßnahmen auf die Strategieentwicklung entstehen. Die Entwicklung von Strategien geschieht nicht vorraussetzungslos, sie ist gebunden an Vorverständnis, an Analysen und an vorhandene Ressourcen, gleich welcher Art. Damit wirken Personalressourcen in Umfang und Qualität, in der Beschaffungs- und Entwicklungsmöglichkeit unmittelbar auf Strategieentwicklung zurück – dieser Aspekt bleibt allerdings ausgeklammert.

Das *Harvard-Konzept* rückt die General Management-Perspektive in den Vordergrund „und personalpolitische Maßnahmen werden als Folge *und* als Ursache von strategischen Entscheidungen gesehen" (Staehle a.a.O., S.791). Mit einem solchen Verständnis stellt die Unternehmensstrategie nur noch einen bestimmten situativen Faktor neben anderen Faktoren dar. Die zentrale Annahme in diesem Konzept ist die Gestaltung der human resource als wesentliche Managementaufgabe. „Das Management muss die Wirkungen und Entwicklungen aller relevanten Faktoren im organisatorischen Gesamtzusammenhang betrachten und vor allem auch die Führungskräfte auf mittleren und unteren Ebenen anleiten und ermutigen, die Auswirkungen ihrer Entscheidungen und ihres Verhaltens auf die Mitarbeiter zu bedenken und zu berücksichtigen. Die Führungskräfte gelten als die entscheidenden Träger der Personalfunktion, nicht etwa die Personalabteilungen, denen vielmehr eine unterstützende Funktion zukommt" (Breisig a.a.O., S.30). Bereits 1981 hat die Harvard Business School einen neuen Pflichtkurs in den MBA Studiengang eingeführt, folgenden theoretischen Bezugsrahmen entwickelt (Abb. 2).

---

[117] Tichy, N. et al.: Strategy human resource management. In: SMR 2/1982, S.47-61

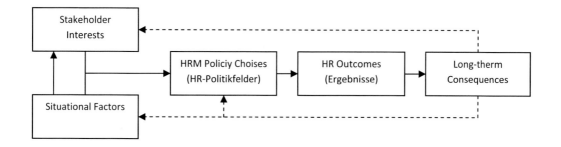

Abb.: 18: Quelle: Breisig a.a.O., S.30 und Staehle a.a.O., S.790, beide nach Beer et al. 1985, S.17[118]

Beer et al. definiert vier HR-Politikfelder: Partizipationsphilosophie (Mitarbeiterbeteili-gung), Human Ressource Bewegungen (Personalbeschaffung, -einsatz, -entlassung), Belohnungssysteme (Anreiz, Entgelt- und Beteiligungssysteme), Ar-beitsorganisation (Arbeitsstrukturierung). Diese Politikfelder sind einerseits miteinan-der verzahnt, andererseits werden sie beeinflusst durch die Steakholder (Organisati-onsteilnehmer[119]) sowie durch „situative Faktoren, wie Beschäftigungsstruktur, Un-ternehmensstrategie, Managementphilosophie, Arbeitsmarktbeteiligung, Gewerk-schaftseinflüsse, Technologien (und deren Entwicklung, d. Verf.), Gesetze, gesell-schaftliche Werte" (Staehle a.a.O., S.791). Sowohl die Steakholder-Interessen, wie auch die Verzahnung der ‚situativen Faktoren', wie Staehle diese nennt, entwickeln Rückkoppelungsschleifen, d.h. sie beeinflussen sich gegenseitig. Solche Feedback-Prozesse gilt es zu erkennen, zu entschlüsseln und in die Analysen einfließen zu lassen, um daraus fundierte neue Entscheidungen zur integrativen Abstimmung der vier Politikfelder entwickeln zu können. Allerdings verweist Staehle darauf, das es „keinen one best way des HRM gibt", sondern das es eher von Bedeutung sei, „dass die Politikfelder in sich konsistent sind" (Staehle, a.a.O., S.791).

Die *ressourcenbasierten Ansätze* gehen zunächst davon aus, dass Unternehmen nur dann erfolgreich sind, wenn sie sich nachhaltige Wettbewerbsvorteile durch Res-

---

[118] Beer, M./ Spector, B./ Lawrence, P.R./ Mills, D.Q./ Walton, R.E.: Human resource management. New York u. London 1985

[119] Dazu gehören Anteilseigner, das Management, die Mitarbeiter/innen, Gewerkschaften, der Staat, die Kommunen u.a.

sourcen erwirtschaften. Solche Ressourcen müssen nach *Barney*[120] und *Hart*[121] den Unternehmen einen Nutzenzuwachs ermöglichen, weiterhin muss die Ressource für Mitbewerber knapp sein, das bedeutet, deren Beschaffung muss mit Kosten verbunden sein, außerdem sollte sie möglichst einzigartig sein und sie soll zu guter Letzt durch Wettbewerber nicht substituierbar sein. Dies ist ein sehr weitgefasstes Ressourcenverständnis, um die HR einordnen zu können ist eine Unterscheidung der Ressourcenarten hilfreich, wie Staehle sie vorschlägt: Nach dieser Differenzierungsidee lassen sich Ressourcen gliedern als intangible (immaterielle) Ressourcen, diese nämlich umfassen sowohl Vermögen, als auch Fähigkeiten. Vermögen können Patente, Copyrights, der Markenname oder das Image eines Unternehmens sein, zu den Fähigkeiten gehören mögliche Leistungspotentiale der Mitarbeiter/innen, wie deren Know-how, die Innovationsfähigkeit, spezifische Erfahrungen und spezifisches Können. Solche Ressourcen verfügen über eine große Einsatzbreite und Flexibilität im Vergleich zu den tangiblen Ressourcen, diese meinen physische und materielle Bedingungen, Anlagen, Ausstattungen, Zugang zu Rohmaterial. Weiterhin gibt es **finanzielle** Ressourcen, sie werden unterschieden hinsichtlich ihrer Verfügbarkeit (Liquidität oder Einlagen, Rückstellungen, Risikokapital), diese Ressourcen sind sehr begrenzt und lösen sich bei Gebrauch auf (Mittelabfluss). Die letzte Unterscheidung betrifft die organisationalen Ressourcen, dies „sind strukturelle Arrangements (Makro- und Mikrostruktur der Unternehmung) sowie die Arten der Verknüpfung von Unternehmungen (Vernetzung); hinzukommen allgemein steuerungs- und Kontrollsysteme einschließlich der Personalmanagementinstrumente sowie ‚weiche' Koordinationsverfahren (Organisations- oder Unternehmenskultur)" (Staehle a.a.O., S.793).

Die Übertragung dieser Differenzierungsidee und deren Anwendung auf den Humanbereich, beinhaltet die Option der Gestaltung von spezifischen Humanressourcen mit den Möglichkeiten des Personalmanagements und der jeweiligen Organisation und ihrem Hintergrund (Lage, Struktur, Kultur u.a.), zu einer einmaligen, nicht nachahmbaren und damit wertvollen Ressource. Sie würde somit zum knappen Gut, wäre für das Unternehmen ein nachweislicher Nutzenzuwachs, sicherlich verursacht

---

[120] Barney, J.B.: Firm resources and sustained competetive advantage. In: Journal of Management 17, 1991, S.99-120

[121] Hart, S.L.: A natural-resource-based view of the firm. In: AMR 20, 1995, S.986-1014

die Herstellung eines solchen Gutes auch Kosten, aber sie wäre schwer imitierbar, also einzigartig und insofern von keinem Wettbewerber zu substituieren. Ein Unternehmen welches unter der Prämisse der Wertsteigerung solche HR entwickeln will, muss dies in sehr spezifischer Weise tun „und nicht durch die Anwendung von metoo Techniken und Ansätzen", es hat keinen Sinn „Managementsysteme anderer Unternehmungen lediglich nachzuahmen (vgl. *Capelli/Crocker-Hefter* 1996[122])" (Staehle a.a.O., S.793). Einzigartigkeit lässt sich nur erreichen, wenn die Entwicklung des HRM kompatibel zur Ausrichtung des Unternehmens, zur Gesamtstrategie, zur gewollten Außendarstellung, zur Kultur und den Werten des Unternehmens u. dergl. m. gestaltet wird. Ein solcher ressourcenbasierte Ansatz verfügt über die Chance, das Harvard-Konzept mit weiteren Kontexten zu verknüpfen und insofern zu erweitern (vgl. ebd, S. 794), allerdings ohne dass dabei deutlich würde, ob ein Kontextverständnis positive Auswirkungen auf die Entwicklung von HRM hätte.

8.2 Strategisches Personalmanagement

Staehle spricht von zwei differierenden Problembereichen, die hier aufeinandertreffen, zum einen „die marktorientierte, strategische Unternehmensplanung und die ressourcenorientierte Personalplanung" (ebd. S.796). Das Umdenken von einer ressourcenorientierten personalen Planung, hin zu einem strategischen personalen Management und damit zu einer gleichberechtigten Sichtweise beider strategischen Faktoren, ließen ein Denken zu, welches beispielsweise Humane Ressourcen als ein Mittel zur Erreichung der Unternehmensziele erkennen ließen. Bislang waren Marktgesetze, materielle Ressourcenbeschaffung, Standortfragen, Zeitfaktoren, Arbeitsorganisation, Marketing u.v.a.m. erfolgstreibende Faktoren. Dennoch darf diese Grundannahme nicht darüber hinwegtäuschen, dass es zum einen unterschiedlich gewichtete Betrachtungsweisen gibt (1. das Personal folgt der Unternehmensstrategie; 2. die Unternehmensstrategie folgt der Personalstrategie; 3. beide beeinflussen sich wechselseitig), zum anderen gibt es, je nach Unternehmensentwicklung (Gründung, funktionales Wachstum, kontrolliertes Wachstum, funktionale Integration und

---

[122] Capelli, P./ Crocker-Hefter, A.: Distinctive human resources are firms` core competencies. In: ODY 24, 1996, S.7-22

strategische Integration) unterschiedliche HR-M-Orientierungen mit je unterschiedlichem Führungsverhalten der Manager. Auch hinsichtlich der jeweiligen Unternehmensstrategie (Verteidiger, Prospektoren, Risikostreuer, Reagierer; eine Typologie nach Mils/Snow[123] 1978) in Verbindung mit unterschiedlichen Entscheidungsvariablen (Personalentwickler, Personalverwalter, Personalforscher, Personalbeurteiler) ergaben sich nach Ackermann[124], der 80 Großunternehmen diese Variablen zur Selbsteinschätzung gab und mit Hilfe einer Faktorenanalyse aus 25 personalwirtschaftlichen Entscheidungsvariablen Zusammenhänge erschloss, folgende Ergebnisse: „Verteidiger präferieren die Personalverwaltungsstrategie; Prospektoren präferieren die Personalbeurteilungsstrategie; Risikostreuer präferieren die Personalentwicklungsstrategie; Mischtypen präferieren die Personalforschungsstrategie." Kritisch bleibt dabei zu betonen, dass diese Annahme, das Personal folgt der Unternehmensstrategie optimistisch orientiert ist und davon ausgeht, dass notwendige Personal sei jederzeit am jeweiligen Ort in ausreichender Menge und Qualität zu beschaffen. Eine solche Annahme aber, so Staehle, ist unrealistisch – „gerade die Ressource Personal erfordert eine langfristige Betrachtung und ist mit eine Ursache für das Scheitern anspruchsvoller Strategien. Insofern ist es nahe liegend, den umgekehrten Weg einer Strategieentwicklung aus den vorhandenen Ressourcen heraus zu prüfen (vgl. Hayes[125] 1985)" (Staehle a.a.O. S. 798). Bühner[126], wie auch Schreyögg[127] verweisen auf die Notwendigkeit qualifizierter personaler Ressourcen und empfehlen den Weg der Personalentwicklung, um die Unternehmensstrategie daran auszurichten, da dies der realistischere Weg sei um unternehmerische Ziele zu verwirklichen (vgl. Staehle a.a.O. S. 798-799).

---

[123] Hinweis aus Staehle 1999, S.797

[124] Ackermann, K.F.: Konzeptionen des strategischen Personalmanagements für die Unternehmenspraxis. In: H. Glaubrecht/D. Wagner: Humanität und Rationalität in Personalpolitik und Personalführung. Freiburg i. Br. 1987

[125] Hayes, R.H.: Strategie planning – forward in reverse? In: HBR 6/ 1985, S.111-119.

[126] Bühner, R. (1987): Personalmanagement für neue Produktionstechnologien. In: BFuP 3/1987, S.249-265

[127] Schreyögg, G.: Botschaften – Neue Perspektiven einer strategischen Personalführung. In: ZfO 3/ 1987, S.151-158

9. Politikfelder des HRM

Am Personal führt kein Weg vorbei. Ein solcher Satz wirkt zunächst, in seiner *ersten* und vordergründigen Grundannahme, dass nämlich Unternehmen Personen benötigen, die für dieses tätig werden, trivial. In diesem Satz steckt aber auch noch eine *zweite* Grundannahme, dass neben der Personalbeschaffung, also dem Vorhandensein von Personal, an dem *vorhandenen* Personal kein Weg vorbeiführt, weil es weder beliebig austauschbar ist, noch zum Spielball eines erfolgreichen Unternehmens werden kann, d. h. Personal kann weder beliebig freigesetzt und wiedereingestellt werden, noch steht es in unterschiedlichen Produktionsprozessen bzw. Dienstleistungsprozessen in je geforderter Qualifikation jederzeit zur Verfügung. Der (oft beschworene) ‚demografische Faktor' wird diese Situation, nämlich der Verknappung humaner Ressourcen, in Zukunft noch verdeutlichen. Erfolgreiche Unternehmen aber haben einen hohen Bedarf an qualifizierten *und* motivierten Fach- und Führungskräften. „Eine systematische Personalplanung und –entwicklung ist daher für die kurz-, mittel- und langfristige Sicherung und den Ausbau des Unternehmenserfolges unabdingbar. […] Mit einer systematischen Personalplanung und –entwicklung werden daher im Wesentlichen zwei Zielrichtungen verfolgt: (1.) - Differenzierte Ermittlung des erforderlichen Bedarfs an Fach- und Führungskräften der unterschiedlichsten Qualifikationen unter Berücksichtigung des vorhandenen Personalbestandes; (2.) - Berücksichtigung unternehmensorientierter und mitarbeiterorientierter Ziele im Hinblick auf einen verbesserten Einsatz am jetzigen Arbeitsplatz und/oder zur Vorbereitung auf einen nationalen bzw. internationalen Positionswechsel. Eingeschlossen sind damit Aus- und Weiterbildungsaktivitäten ebenso wie Laufbahnentwicklungsüberlegungen und deren Umsetzung" (Domsch, S.476[128]). Im Folgenden sollen vier entscheidende Personalstrategien dargestellt werden: Personalbeschaffung, Personalentwicklung, Commitment *und* Motivation sowie Personalführung. Diese Eingrenzung erfolgt zum einen, weil es sich um originäre, unausweichliche Felder des HRM für Unternehmen handelt, zum anderen, weil eine thematische Eingrenzung notwendig ist und sich dieses Kapitel in die Themenfelder der anderen Kapitel einreihen soll,

---

[128] Domsch, M.E.: Personalplanung und Personalentwicklung für Fach- und Führungskräfte. In: Rosenstiel, L. von/ Regnet, E./ Domsch, M.E.: Führung von Mitarbeitern. Stuttgart 2003

damit der ‚rote Faden' nicht verloren geht, es dient damit der (besseren) Orientierung des Lesers.

9.1 Personalbeschaffung

„Die Funktion der Personalbeschaffung besteht darin, rechtzeitig (Bedarfszeitpunkt) für die Erfüllung von Aufgaben an nicht besetzten Stellen (Bedarfsort) benötigtes und geeignetes Personal (qualitativ und quantitativ) bereitzustellen" (Ridder/Bruns, S. 393[129]). Solch eine Definition klingt technisch und machbar, vorausgesetzt es gibt Verfahren und Handwerkszeug für die Umsetzung und einen gesellschaftlichen Rahmen, der diese Umsetzung gestattet.

Dem gegenüber problematisiert Drumm in seinen ‚Szenarioprognosen für ein künftiges HR-Management' eine solch technische Herangehensweise und verweist auf neuerer gesellschaftliche Entwicklungen. Er beschreibt die Notwendigkeit einer Arbeitsmarktforschung, „um die qualitative und quantitative regionale Verteilung von Mitarbeiterpotentialen erkennen zu können" (Drumm a.a.O., S.66). Hinsichtlich des akquisitorischen Potentials erlangen nach seiner Einschätzung künftig ältere Mitarbeiter, Akkulturationsprogramme sowie Unterstützung für Mitarbeiter/innen in der Familienphase erhebliche Bedeutung. Bei der Auswahl wird künftig von Bewerberinnen bzw. Bewerbern nicht nur eine genügende Qualifikation Bedeutung erlangen, sondern gleichermaßen vom Unternehmen gewünschte Werthaltungen, in diesem Zusammenhang empfiehlt Drumm die Entwicklung eines ‚Patensystems', um unternehmensspezifisches Wissen (Baustein eines Wissenstransfer) und unternehmensspezifische Werte (Wertetransfer) vermitteln zu können. Die Chance, welche die Probezeit eröffnet, sollte künftig besser genutzt werden, um die primären und sekundären Schlüsselqualifikationen der neuen Mitarbeiter/innen kennenzulernen, um entscheiden zu können, welche noch entwickelt bzw. aufgebaut werden können. Bezüglich künftiger Führungskräfte sind neben deren Schlüsselqualifikationen und deren Fachkompetenz auch Sozialkompetenzen und ‚pädagogische Fähigkeiten' von Bedeutung. „Hinzu kommt, dass *Führungskräfte* bereits über jene Werthaltungen

---

[129] Ridder, H.-G./ Bruns, H.-J.: Personalbeschaffung. In: Eichhorn, P./ Seelos, H.-J./ Schulenburg, Graf von der J.-M.: Krankenhausmanagement. München, Jena 2000

verfügen sollten, die vom Unternehmen erwünscht sind und mit Blick auf die Werte der neuen und jüngeren Mitarbeiter kompensatorisch wirken sollen. Effizientes Mitwirken am ökonomischen Unternehmenserfolg wird somit als alleiniges Auswahlkriterium für Führungskräfte in Zukunft zwar notwendig, aber nicht mehr hinreichend sein (ebd., S. 68). Eine solche prognostische Sicht geht einerseits von einer spürbaren Verknappung qualifizierter Arbeitskräfte im Arbeitsmarkt aus, andererseits auch von einer Verknappung geeigneter Kräfte, wobei die Eignung sich eben nicht nur auf die Qualifikation bezieht, sondern den Fokus auf Werthaltungen, Lernfähigkeit sowie neue und zusätzliche Kompetenzen (Soziales und Pädagogik) ausrichtet.

Ein Blick auf die bislang gängigen Annahmen der Personalbeschaffung geht von den Prämissen genügender Auswahlmöglichkeiten, ausreichender Qualifikationen, gleichbleibend stabiler Rahmenbedingungen (Bildungssektor, Gesetze, Verordnungen, Tarife u.a.), hinreichender Ausbildungsressourcen und dergl. mehr aus. Insofern war Personalbeschaffung eher ein (administrativer) Verwaltungsbereich im Unternehmen (,Personalbüro'), welches überwiegend von Juristen ausgeübt wurde. „Bis zur Rezession Ende der 1980er, Anfang 1990er Jahre war der Personalbereich oft einfach der ,Beschaffer'. Im Personalbereich herrschten Zentralisierung, Verrichtungs- bzw. Funktionalmodell und Eindimensionalität vor" (Ehmann/Eisele, S. 33[130]). Augenblicklich beschreibt das Autorenpaar die Situation des Personalbereichs als Beratungsfunktion für die Unternehmensführung und Führungskräfte, im Sinne eines Dienstleistungsbereiches. Scholz[131] spricht in diesem Zusammenhang von ,unternehmerischer Triebfeder' des Personalbereiches, dem die Rolle des Partners in der Umsetzung der Unternehmensstrategie zukommt. Die künftige Entwicklung wird nach Ehmann/Eisele gekennzeichnet sein durch steigende Diversity in den Unternehmen, durch weitere Internationalisierung, durch Virtualisierung (Technologiedynamik), durch wachsenden Hedonismus. Sie prognostizieren einen Changeprozess vom Personalbereich zu einem „Competence Center Personalmanagement" (ebd., S.35).

---

[130] Ehmann, H.-M./ Eisele, D. S.: Personalmanagement im Rückblick – Augenblick – Ausblick. In: Personal 5/2003, S.32-35

[131] Scholz, C.: Personalmanagement in virtualisierenden Unternehmen: Paradigmawechsel plus gradueller Wandel! In: Information Management & Consulting, 4/1998, S.7-13

Was ist nun das (noch) gängige Handwerkszeug der Personalbeschaffung und welche Phasen sind in diesem Prozess angesprochen? Es lassen sich zunächst sieben Phasen differenzieren: *Erstens* ist der Beschaffungsbedarf (Neu- oder Ersatzbedarf) festzulegen, dazu müssen Anforderungsprofile ermittelt oder bereitgestellt werden sowie die Zeitpunkte bzw. Zeiträume definiert werden; *zweitens* ist der Beschaffungsweg festzulegen, damit ist die Entscheidung über interne oder/und externe Verfahren zu treffen, außerdem sind strategische Vorgaben einzubeziehen; *drittens* ist die Art und Weise der Kontaktaufnahme festzulegen (Beauftragung externer Personalvermittler, der Arbeitsagentur, eigene Stellenausschreibungen, Festlegung der Medien wie Zeitungen, Fachzeitschriften, Internetportale usw.), in diesem Zusammenhang ist der Umgang mit den eingehenden Bewerbungen zu regeln (Annahme, Sammeln und Aufbewahren, Eingangsmitteilungen schreiben, Zeitfenster festlegen u.a.m.); *viertens* ist das Verfahren der Bewerberauswahl festzulegen (Entscheidung für Auswahlmethoden, Vorauswahl anhand von Kriterien, welche durch die Fachabteilung vorgegeben werden, Durchführung der Auswahl nach der Vorentscheidung durch Bewerbungsgespräche oder Assessmentcenter, Entscheidung treffen); *fünftens* ist die Kontrahierung zu regeln (ggf. ist eine Einstellungsuntersuchung zu veranlassen, in jedem Fall ist ein Arbeitsvertrag anzufertigen sowie beidseitig zu unterzeichnen); *sechstens* ist die Arbeitsaufnahme zu regeln (Einarbeitung, Mentorsystem oder Patensystem, Beurteilung währen der Probezeit); *siebtens* ist die Evaluation sicherzustellen Ausfertigung der Probezeitbeurteilung, Evaluation des gesamten Beschaffungsprozesses und generelle Evaluation der Personalbeschaffung)[132].

Nach Dahlgaard[133] sind folgende Arbeitsschritte und Entscheidungen notwendig: Die Analyse von Anschreiben und Lebenslauf. Im Anschreiben sollte bereits ein Bezug der eigenen Person zum Unternehmen erkennbar werden. In einem zweiten Schritt sollen die Zeugnisse ausgewertet werden. In der Folge einer ersten Vorauswahl können die verbleibenden Bewerber mit Hilfe von standardisierten Fragebögen einer

---

[132] Dahlgaard, K.: Phasen der Personalbeschaffung. Manuskript/Modulunterlagen MBA Studiengang HAW HH SS 2008

[133] Dahlgaard, K.: Personalarbeit im Krankenhaus. S.14-18; In: Trill, R./Tecklenburg, A.: Das erfolgreiche Krankenhaus. Neuwied, Köln, München 2000

zweiten Vorauswahl unterzogen werden. In einem nächsten Schritt sind Bewerbergespräche (Interviews) möglich oder Testverfahren, wie sie Assessmentcenter nutzen. Als weitere Option wären Hospitationen ebenso denkbar wie die Vereinbarung einer (befristeten) Probearbeit, in bestimmten Bereichen sind auch Arbeitsproben denkbar (z.B.: im Marketing, in der Werbung, im Designebereich, weiterhin können Broschüren, Flyer, Plakate, auch handwerklich hergestellte Werke beurteilt werden usw.).

Im Rahmen aller oben benannter Optionen in den Auswahlverfahren, sind nach Weuster Fairness und Gerechtigkeit auf allen Prozessebenen sicherzustellen. Alle Verfahren haben stets den Arbeitsplatzbezug zu wahren, ein Eindringen in die Privatsphäre ist nicht gerechtfertigt. Sie haben die Qualität zu sichern, indem sie die Verfahren (möglichst) objektiv, reliabel und valide gestalten sowie für eine konsistente Anwendung auf alle Bewerber sicherstellen. Vorurteile lassen sich einschränken, indem mehrere Beurteiler in die Verfahren eingebunden werden unter anderem auch die Interessenvertretung der Arbeitnehmer. Über die Verfahren sollte im Übrigen Transparenz bestehen. Darüber hinaus sind ethische Aspekte zu beachten und sicherzustellen; wer sich bewirbt verdient Respekt, Vertraulichkeit und Ehrlichkeit, weiterhin hat jeder Bewerber Anspruch auf ein abschließendes Feedback. Nicht nur der Bewerber liefert Informationen, dieser Prozess ist ein wechselseitiger, denn auch das Unternehmen gibt Auskunft über sich, seine Erwartungen, seine Rahmenbedingungen (wie Arbeitszeit, Bezahlung u. dergl. m.). Zu guter Letzt sollten Korrekturmöglichkeiten eingebaut werden (evtl. ein weiteres Bewerbergespräch o.a.) (vgl. Weuster, S. 44-49[134]).

9.2 Personalentwicklung

Personalentwicklung (PE) ist nicht vorraussetzungslos, sie muss vom Unternehmen als notwendig erkannt werden sowie gewollt und geplant sein *und* es muss vom Mitarbeiter bzw. der Mitarbeiterin gewünscht sein, aber auch geleistet werden können (und zwar mental, zeitlich und im Kontext der Lebenssituation), zwischen beiden berechtigten Interessen und der Notwendigkeit zur PE sollte ein bestmöglicher *Fit*

---

[134] Weuster, A.: Gerechtigkeit und Fairness bei Auswahlverfahren. In: Personalführung , Heft 10/2004

hergestellt werden können. „Personalentwicklung bedeutet eine systematische Förderung und Weiterbildung der Mitarbeiter. Dazu zählen sämtliche Maßnahmen, die
der individuellen beruflichen Entwicklung der Mitarbeiter dienen und ihnen unter
Beachtung ihrer persönlichen Interessen die zur Durchführung ihrer Aufgaben erforderlichen Qualifikationen vermitteln" (Menzel, S.2[135]). Auch PE ist, so Staehle, ähnlich wie Motivation und Führung, „eine zielgerichtete Beeinflussung menschlichen
Verhaltens" (ebd., S. 872). Er weist gleichermaßen auf die *geplante* betriebliche Fort-
und Weiterbildung hin, damit gehören Selbst-Qualifikationen sowie ungeplantes,
nicht organisiertes Lernen nicht zur PE. Allerdings weist Staehle der Selbst-
Qualifikation einen hohen Stellenwert zu, schließlich geschieht sie intrinsisch hoch
motiviert. Er empfiehlt dazu befristete Teilzeitbeschäftigungen bzw. flexible Arbeitszeiten zu vereinbaren: „Dabei wäre es durchaus naheliegend, den durch Arbeitszeit-
verkürzung gewonnenen Spielraum nicht (nur) für Freizeit- sondern verstärkt für
Weiterbildungsaktivitäten zu nutzen, oder den temporären Übergang von Vollzeit- zu
Teilzeitbeschäftigung auch deshalb anzustreben, um Qualifikationsdefizite zu besei-
tigen und/oder notwendige Bildungsabschlüsse nachzuholen" (ebd., S.987).

Nicht alle Unternehmen gehen einen Personalentwicklungsweg. Es gibt Unternehmen, welche so lange warten, bis sich personelle Engpässe ergeben, die dann mehr
oder weniger zufällig mit vorhandenem oder neu eingestellten Personal besetz werden (‚Jungle Method'); andere Unternehmen werben quasi ‚fertige' Mitarbeiter/innen
an und trennen sich wieder von diesen bei nicht ausreichender Leistung (gem. von
Versuch und Irrtum; ‚Purchasing Method'), beide Formen greifen nicht auf PE Maßnahmen zurück. Daneben gibt es Unternehmen, die gewissermaßen halbfertige
Mitarbeiter/innen werben, ausprobieren und bei Bedarf selektiv schulen (‚Manufactu-
ring Method'); zu guter Letzt stellen andere Unternehmen junge Nachwuchskräfte mit
möglichst hohem Wachstumsmöglichkeiten ein, sorgen für Unterstützung und Förderung dieser Menschen und schaffen sich damit hoch qualifizierte Ressourcen (Agri-
cultural Method'), diese Unternehmen betreiben PE und OE planvoll, differenziert
und eng miteinander verzahnt (vgl. Staehle a.a.O., S. 878).

---

[135] Menzel, W.: Personalentwicklung. Erfolgreich motivieren, fördern und weiterbilden. München 2005

PE wendet sich prinzipiell an *alle* Mitarbeiter, allerdings in sehr unterschiedlicher Qualität und Intensität, anders als die Führungskräfte Entwicklung (Management Development), welche in der Regel umfassend und intensiv ist. „Entsprechend definiert *Heymann/Müller* (1982, S.151f.[136]): ‚Unter der Personalentwicklung eines Unternehmens sind alle Maßnahmen zu verstehen, die der individuellen beruflichen Entwicklung der Mitarbeiter aller Hierarchieebenen dienen und ihnen unter Beachtung ihrer persönlichen Interessen die zur Wahrnehmung ihrer aktuellen und auch zukünftigen Aufgaben notwendigen Qualifikationen vermitteln'“ (zit. nach Staehle a.a.O., S.873). Hierbei darf nicht verkannt werden, dass die Interessen der Unternehmen und die der Mitarbeiter/innen nicht identisch sind. Eine Definition, wie sie von Heymann und Müller propagiert wird, geht von einem Harmoniemodell aus, welches es so nicht gibt, dementsprechend konstatiert Staehle, „diese Sichtweise deckt sich nur unzureichend mit der Praxis“, denn „Mitarbeiterziele werden in der Regel nur insofern und insoweit berücksichtigt, als sie nicht der Erreichung der Unternehmensziele entgegenstehen“ (S.873). Es dominieren also doch die Ziele des Managements und diese betreffen (1.) die Erhöhung der Wettbewerbsfähigkeit, (2.) der Flexibilität, (3.) der Motivation und Integration, (4.) der Sicherung eines qualifizierten Mitarbeiterstammes und (5.) das unter Berücksichtigung individueller und bildungspolitischer Ansprüche (vgl. ebd., S.874). Auf unterschiedliche Ziele zwischen Individuum und Organisation verweist auch Strehmel[137], sie geht aber, mit Hinweis auf Kais[138], davon aus, dass diese größtenteils miteinander vereinbar sind.

PE hat unterschiedliche Funktionen, sie kann sowohl *berufsvorbereitend* agieren (Ausbildung, anlernen nicht qualifizierter Menschen, Anleitung von Praktikanten bzw. Volontären, Einarbeitung von jungen Hochschulabsolventen durch Paten oder Mentoren); als auch *berufsbegleitend* stattfinden (Anpassungs- oder Aufstiegsqualifikation i. S. einer Karriereentwicklungsplanung) und sie kann drittens *berufsverändernd* notwendig werden (Umschulung oder Rehabilitation). Staehle unterscheidet in diesem Zusammenhang ‚institutionell-unternehmerische Faktoren' *und* ‚personell-

---

[136] Heymann, H.-H./ Müller, K. G.: Betriebliche Personalentwicklung. In: WiSt 4/1982, S.151-156

[137] Strehmel, P.: Personalmanagement in Bildungs- und Betreuungseinrichtungen. Teil 1: Psychologische Grundlagen. Remagen 2006, S.72

[138] Kais, E.: Arbeits- und Organisationspsychologie. Workbook. Weinheim 2006

politische Faktoren', zu den ersten gehören demnach technologische Veränderungen, Änderungen der Märkte und des Managements, zu den zweiten Faktoren gehören Veränderung des Betriebsklimas (Fluktuation, Zufriedenheit) und bildungspolitische Entwicklungen (Vorschriften, Gesetze, Tarife, u.a.m.) (vgl. ebd., S.874-876).

Der PE stehen unterschiedliche Instrumente zur Verfügung. Heymann/Müller unterscheiden die Instrumente nach dem jeweiligen Ziel der Maßnahme: Die *Erhaltungsentwicklung* hat die Aufrechterhaltung der Leistung zum Ziel; die *Anpassungsentwicklung* soll den Mitarbeiter an veränderte Anforderungen anpassen; die *Aufstiegsentwicklung* eröffnet die Option für höherwertige Tätigkeitsfelder. PE-Maßnahmen können an unterschiedlichen Orten organisiert und geplant werden und unterschiedliche Funktionen haben. Eine berufliche Ausbildung oder die Einführung eines Mitarbeiters in ein Tätigkeitsfeld wird von Conradi[139] *PE-into-the-job* genannt, während *PE-on-the-job* Maßnahmen während des beruflichen Tätigseins meint, Maßnahmen im Unternehmen, aber nicht am originären Arbeitsplatz, werden als *PE-near-the-job* bezeichnet, während betriebliche und überbetriebliche Ausbildungen/ Weiterbildungen hier *PE-off-the-job* sind, daneben gibt es noch *laufbahnbezogene PE* sowie *PE-out-off-the-job*, womit entweder Outplacement angesprochen ist oder Ruhestandsvorbereitungen gemeint sind (vgl. Staehle, S.880). Weiterbildung, das wird hier deutlich, hat unterschiedliche Funktionen, es geht um Ergänzungs- oder Anpassungsweiterbildung, damit die/der Arbeitnehmer/in an ihrem/seinem Arbeitsplatz verbleiben kann oder es geht um Aufstiegsweiterbildung, damit höherwertige Tätigkeiten übernommen werden können, auch Umschulungen gehören dazu, ebenso Maßnahmen der berufliche Rehabilitation (erkrankter oder behinderter Menschen) sowie der Resozialisation (berufliche Wiedereingliederung straffällig gewordener Menschen) auch Maßnahmen zur beruflichen Reaktivierung von Langzeitarbeitslosen oder Wiedereinsteigern nach Familienpausen oder Sabbatjahren sind hier gemeint. Dabei spricht Weiterbildung drei verschiedene Ebenen an, die getrennt voneinander aber auch verknüpft miteinander gemeint sind. Es geht um Vermittlung von Sachwissen (knowledges), um die Verbesserung von Fähigkeiten (skills) und um die Bildung neuer Einstellungen (attitudes). Zu den internen PE-Maßnahmen gehören, je nach Unternehmensform bzw. Organisationsart, auch Supervisions- und Coachingprozesse

---

[139] Conradi, W.: Personalentwicklung. Stuttgart 1983

sowie Teamentwicklung u.a. „durch Team- oder Konzepttage sowie interne Fortbildungen", aber auch ein planvoller veränderter Personaleinsatz zählt dazu, dessen
„Grundformen sind: *Jobrotation*: Fachkräfte wechseln innerhalb der Organisation in
ein anderes Aufgabenfeld; *Job-Enlargement*: Das Aufgabenfeld wird durch zusätzliche Aufgaben erweitert; *Job-Enrichment*: Die Aufgabe wird auf ein höheres Niveau
gehoben, die Fachkraft erhält mehr Verantwortung" (Strehmel a.a.O., S. 73).

Grundlagen für PE-Maßnahmen sind *zum einen* die unternehmerischen Planungen
hinsichtlich künftiger Märkte, modernerer Produktionstechnologien, neuer strategischer Ausrichtungen, notwendiger Change-Prozesse, der Mitarbeiterplanungen der
Abteilungen oder strategischer Geschäftseinheiten und der MA-Planungen insgesamt, wozu auch Karriereplanungen und/oder Laufbahnplanungen gehören, *andererseits* ist es der Abstimmungsprozess mit dem jeweiligen Mitarbeiter, der jeweiligen
Mitarbeiterin. Diese Abstimmungsprozesse können ganze Abteilungen bzw. Bereiche
oder Teams betreffen, können gemeinsam mit den Vertretungsgremien der Mitarbeiter entworfen und entwickelt werden, können aber ebenso einzelne Mitarbeiterinnen
betreffen, beispielsweise im Rahmen einer Karriereplanung, wobei Karriere nicht
zwingend laufbahnorientiert sein muss, sondern auch andere Formen meinen kann.
Dazu gehört nicht nur ein vertikaler Aufstieg, sondern auch eine Versetzung auf
gleicher Ebene, eine neue anders geartete Aufgabe, die Übernahme einer Projektlei-
tung (zeitlich befristet) u. dergl. m. Karriereplanung „soll die improvisierten, zufälligen
Beförderungs- oder Versetzungsentscheidungen bei Vakanzen oder neu zu schaf-
fenden Stellen ablösen. Karriereplanung ist insofern ein PE-Instrument, als jeder
Stellenwechsel dem Mitarbeiter mit neuen Anforderungen konfrontiert, auf die er sich
durch Weiterbildung on- oder off-the-job vorbereiten muß", allerdings erfolgen Beför-
derungen, so Staehle kritisch, tatsächlich „häufig auf Grund von Loyalität (Anpassung
an Normen und Werte der Unternehmung oder des Vorgesetzten) oder Beziehungen
(Kooperation, Cliquen, Koalitionen, Seilschaften)" (ebd., S.888). Das Kerninstrument
dafür ist das Personalentwicklungsgespräch oder auch Fördergespräch genannt. Es
dient der gemeinsamen Erörterung der Bedeutung von Zusammenarbeit und Team,
der Anforderungen und Erwartungen an die Aufgaben und das Arbeitsumfeld, der
Identifikation der Entwicklungsperspektiven der Mitarbeiterin, der Beurteilung der
Qualifikation im Hinblick auf die Entwicklungsmöglichkeiten und der Erörterung der
Fördermöglichkeiten und gezielten Fördermaßnahmen. Mit diesem Instrument kann

die Passung zwischen Unternehmensplanung und individuellen Entwicklungswünschen gelingen (vorausgesetzt das Unternehmen und die Unternehmensumwelt ist stabil, nicht von Rezession, Restrukturierungen, ggf. Mitarbeiterfreisetzungen u.ä. betroffen). Ein solches Fördergespräch wird nur dann zu einem (Arbeits-)Instrument, wenn die Organisation und das Verfahren (Ablauf) einheitlich und klar geregelt sind, alle Beteiligten darum wissen und es als Werkzeug im Unternehmen eingeführt wurde (vgl. hierzu Tschumi[140]). Im folgenden Abschnitt geht es um eine andere Größe zielgerichteter Einflussnahme, nämlich um Motivation und Bindung.

9.3 Motivationsansätze und Commitment

Nicht jeder, der etwas bewegt, ist allein schon deswegen motiviert (es ließen sich auf einem Schreibtisch Papierstapel, ohne jegliche Motivation, von links nach rechts und umgekehrt bewegen), aber jeder der motiviert ist, bewegt etwas, denn Motivation spricht „die Gesamtheit der intrapsychischen *Beweg*gründe" an (Neuberger 2002, S.533[141]) und schließlich geht der Begriff auf das lateinische *movere* (= bewegen) zurück (Staehle 1999, S.219). Dabei stellt sich zugleich die Frage, ob jemand motiviert *werden* kann, lässt sich Motivation von außen anstoßen, gar herstellen, wenn es sich doch dabei um intrapsychische Angelegenheiten handelt? Was wären Bedingungen für einen generativen (Herstellungs-)Prozess, i.S. vom lateinischen generare (= erzeugen), wie also lässt sich Motivation erzeugen? Und wie verhält es sich mit dem Commitment, welche organisationalen und individuellen Inhalte werden hiermit angesprochen, was verbirgt sich dahinter? Neuberger deutet diesen Terminus i.S. von innerer Verpflichtung, Engagement und Hingabe (ebd. S.191; 273; 324) und beschreibt Commitment als einen ‚zwischenzeitlich zentralen Terminus in der organisationspsychologischen Diskussion' (vgl. ebd. S.384). Zunächst sollen Motivationstheorien besprochen werden, im Anschluss folgt ein Abschnitt zum Commitment.

Motivation als psychische Dimension des Einzelnen verstanden, bewegt innere Dialoge, welche im Äußeren nicht sichtbar werden, führen diese ‚Selbstgespräche' allerdings zu Ergebnissen, können diese sich im Außen durch Handlungen und/oder

---

[140] Tschumi, M.: Praxisratgeber der Personalentwicklung. Zürich 2005

[141] Neuberger, O.: Führen und führen lassen. Stuttgart 2002

gezeigten Haltungen spiegeln und damit sichtbar werden. Diese Annahme verweist auf ein Problem der Messung von Motivation, auf das Staehle hinweist, denn „Motivation ist wie Lernen und Wahrnehmen ein hypothetisches Konstrukt, eine intervenierende Variable, zwischen situativen/personalen Bedingungen und beobachtbaren Verhalten, die sich nicht unmittelbar messen läßt" (ebd. S.219). Was hier zunächst an eine *Black-Box* erinnert, weil nur Input und Outcome sichtbar scheinen, lässt sich trotz dieser Vermutung transparenter denken, da neben den Messmethoden der (1.) Verhaltensbeobachtung, (2.) der Analyse der Verhaltensergebnisse und (3.) physiologischer Methoden auch noch die (4.) Introspektion (Selbstbeobachtung) als Option vorhanden bleibt (vgl. Rosenstiel, S.80ff.[142]). Zu 1: Eine Verhaltensbeobachtung erlaubt zwar mehrere Personen in der Beobachterrolle, aber die zugrundeliegende Motivationsstruktur entzieht sich der Beobachtung und wer will von dem beobachteten Verhalten auf die Motivationsstruktur Rückschlüsse ziehen, kann ein und dasselbe Motiv durchaus verschiedenes Verhalten erzeugen. Zu 2: Dieses Verfahren nimmt nicht das Verhalten, sondern dessen Ergebnisse in den Fokus (Arbeits-, Leistungs- oder Testergebnisse). So werden, in Hinblick auf Testergebnisse, den Vpn, bei dem von Murray entwickelten thematischen Auffassungstest (TAT), Bilder mit festgelegten Zeitfenstern gezeigt, zu denen sie eigene Geschichten assoziieren. Diese Assoziationen erlauben den geschulten Psychologen, so die Annahme, Rückschlüsse auf die Gedanken und damit auf die Motive der Vpn. Zu 3: Es ist dies der Versuch, aus physiologisch messbaren Daten, ähnlich der Idee des Lügendetektors, Rückschlüsse auf vorhandene Motivationen zu ziehen (vgl. hierzu Staehle, S. 229f.). Zu 4: Das Problem der Selbstbeobachtung bleibt allerdings die subjektive schriftliche Beschreibung eigener Erlebnisphänomene durch die betroffene Person, aber auch eine schriftliche oder mündliche Befragung durch Außenstehende macht das Ergebnis nicht objektiver. Die Überprüfung der festgehaltenen Ergebnisse bleibt intersubjektiv, da es nur *einen* Beobachter gibt. Nach diesem Hinweis auf Probleme der Messung von Motivation sollen nun Motivationsansätze skizziert werden.

In der Literatur werden zwei verschiedene Ansätze besprochen bzw. diskutiert, dabei handelt es sich um *Inhaltstheorien* (I1 bis I3) sowie um *Prozesstheorien* (P1 bis P 5).

---

[142] Rosenstiel, L. von: Die motivationalen Grundlagen des Verhaltens in Organisationen. Leistung und Zufriedenheit. Berlin 1975

Die so genannten Inhaltstheorien der Motivation knüpfen an Triebe und Bedürfnisse des Menschen an. Damit ist die Spanne von den elementaren Grundbedürfnissen bis hin zur kulturellen Selbstverwirklichung und Transzendenz angesprochen (i.S. von: ‚Erst kommt das Fressen, dann die Moral' [s. Rosenstiel 2003, S.202]). Zunächst zu den Inhaltstheorien:

(I-1) Die wohl bekannteste dieser Inhaltstheorie ist die *Maslowsche Bedürfnispyramide*, „die besonders große Akzeptanz in Praktikerkreisen gefunden hat", denn es ist nicht „verwunderlich, dass vor allem die Manager bei der großen Uneinigkeit der Wissenschaftler über den empirischen Bestätigungsgrad einzelner Theorien auf dieses Gütekriterium völlig verzichten und nur *das* aus der Fülle der Motivationsansätze praktizieren, was ihnen plausibel und mit dem gesunden Menschenverstand vereinbar scheint. Dass das nicht immer (fast nie) die unter wissenschaftlichen Aspekten ‚richtigen' Modelle sind, ist gerade im Bereich der Motivationstheorien besonders auffällig" (so Staehle 1999, S.219).

Maslows Idee und entwickelter Ansatz diente zunächst nicht einer Theoriebildung der Arbeitsmotivation in Organisationen, sondern hatte die Intention individuellen Wachstumsmöglichkeiten nachzuspüren.

Abb. 2: Bedürfnispyramide nach Maslow (1943 in der Fassung von 1970 zzgl. der Transzendenz)

Transzen-
Selbstverwirklichung
Soziale Anerkennung
Soziale Beziehungen
Sicherheit
Körperliche Bedürfnisse

Abb.: 19 nach Maslow

Maslow[143] bewertet die ersten drei Stufen als Grundbedürfnisse, die befriedigt werden können (‚denn wenn der Durst gelöscht ist, besteht kein Bedürfnis mehr zum Trinken'), die anderen Bedürfnisse allerdings sind unstillbar, erneuern sich stets oder

---

[143] Maslow, A. H.: Motivation and personality. New York 1954 deutsch: Motivation und Persönlichkeit. Olten/Freiburg 1977

können nicht abgeschlossen werden (ein kreativer Künstler beispielsweise wird nicht nach einer Anzahl von Bildern, Musikstücken oder Statuen befriedigt sein und seine Kunst an den Nagel hängen, sondern eher weiterhin nach Selbstverwirklichung streben oder gar seine Kunst hin zur Transzendenz öffnen wollen). Soziale Anerkennung beispielsweise, muss stets aufs neue errungen werden, da sie an das Gegenüber oder an eine Gruppe gebunden ist, ändern sich die Bedingungen in der Gruppe oder die Gruppenmitglieder oder die Gruppen selbst, ist sie stets neu zu konstruieren. Bezogen auf Unternehmen lässt sich diese Hierarchie wie folgt übertragen:

Bedürfnisse	Anreize
Grundbedürfnisse	z. B. Entgelt, Gestaltung des Arbeitsplatzes, Abschirmung von Belästigungen und Störungen, verbilligte Einkaufs- und Wohnmöglichkeiten, Kantine, ärztliche Betreuung
Sicherheitsbedürfnisse	z. B. Vertrauen in die Zukunft des Unternehmens, Versicherung gegen Krankheit, Unfall. Invalidität und Alter, Sicherheit des Arbeitsplatzes
Kontaktbedürfnisse	z. B. Möglichkeiten der Kommunikation am Arbeitsplatz, angenehme Kollegen, mitarbeiterorientierte Vorgesetzte, Problemlösungsgespräche
Anerkennungsbedürfnisse	z. B. Aufstiegsmöglichkeiten, übertragene Kompetenzen, Ehrentitel, Gehaltshöhe, Dienstwagen
Selbstentfaltungsbedürfnisse	z. B. Delegation, Mitbestimmung bei der Arbeit, partizipative Führung, gleitende Arbeitszeit, abwechslungsreiche Tätigkeit, Fortbildungsprogramme

Abb.: 20 Tabelle nach Staehle 1999, a.a.O., S. 818

Die Kritik an diesem Modell richtet sich zum einen gegen die hierarchische Struktur, die Entwicklung stets nur stufenweise denkt, demnach können menschliche Bedürfnisse nicht nebeneinander stehen, zum anderen richtet sie sich gegen die mangelhafte Überprüfbarkeit, für die es individuelle Längsschnittuntersuchungen bräuchte (die es aber hierzu nicht gibt) und gegen die ungenügende Validität, da lediglich unsystematische klinische Erfahrungen vorliegen (vgl. Rosenstiel 2003, S.202 und Staehle 1999, S.222).

(I-2) Die *Zwei-Faktoren-Theorie* von Herzberg[144] (auch Motivationstheorie genannt) ist eine andere Inhaltstheorie, die allerdings der Maslowschen Bedürfnispyramide sehr nahe kommt, teilte man diese in Wachstumsbedürfnisse und Defizitbedürfnisse ein (vgl. Staehle 1999 S.227). Herzberg et al. stellten in einer empirischen Studie fest, dass es nicht nur ein Kontinuum zwischen Zufriedenheit und Unzufriedenheit gibt, sondern dass es Faktoren gibt, die Unzufriedenheit zwar verhindern, damit aber nicht automatisch Zufriedenheit herstellen, diese Faktoren nannte er *Hygiene-Faktoren*, dazu gehören die Unternehmenspolitik, Personalführung, Entlohnung, Arbeitsbedingungen. Das Gegenteil von Unzufriedenheit war demnach eben *nicht* Zufriedenheit, sondern das Fehlen von Unzufriedenheit. Die Zufriedenmacher nannte er *Motivatoren*, dazu gehören Leistung, Anerkennung, interessante Arbeitsinhalte, Verantwortung, Aufstiegsmöglichkeiten. Allerdings zeigte sich später in einer Vielzahl von Replikationen, dass die Annahmen von Herzberg nur selten bestätigt werden konnten. Ganz offensichtlich ist ein Zufriedenmacher für den einen noch bei weitem keiner für einen anderen, d.h. dass die Faktoren auch personenabhängig sind. So lässt sich „festhalten, dass *Herzbergs* Aussagen zwar nicht valide, aber sehr erfolg-reich in der plausiblen Erklärung von Alltagserfahrungen sind" (Staehle 1999, S.226). In der Praxis der Unternehmen führte dies zu einer Fokussierung auf die Motivatoren (z.B. i.S. von job-enrichment).

(I-3) McClelland/Atkinson[145] haben eine *Leistungsmotivationstheorie* aufgestellt, indem sie eine Vielzahl hoch Leistungsmotivierter auf für sie typische Verhaltenswei-sen und Persönlichkeitszügen hin untersuchten. Zunächst stellten sie fest, dass es drei verschiedene zentrale Motivationen gäbe, das Streben nach Leistung, das sozia-le Streben und das Machtstreben. Sie haben diesen drei Grundmotiven geeignete Betätigungsfelder zugeordnet sowie motivationale Vorraussetzungen. Im organisati-onalen Zusammenhang interessierte sie allerdings in erster Linie das Leistungsstre-ben. Was sorgte dafür, dass es recht unterschiedliche Leistungsbedürfnisse bzw. Leistungsmotivationen gibt? In ihren empirischen Untersuchungen zeigte sich, dass hoch Leistungsmotivierte folgende Charakterzüge aufwiesen: „♦ gehen gut kalkulier-

---

[144] Herzberg, F./ Mausner, B./ Snyderman, B.: The Motivation of Work. New York 1959

[145] McClelland, D. C./ Atkinson, J. W./ Clark, R. A./ Lowell, E. L.: The archievement motive. New York 1953

tes, überschaubares Risiko ein; ♦ bevorzugen mittelschwere Aufgaben, die aber einen gewissen Neuigkeitsgehalt aufweisen und persönliche Initiative und Kreativität verlangen; ♦ konzentrieren sich auf Arbeit/Aufgabe selbst und weniger auf Mitarbeiter, ♦ vertragen keine Arbeitsunterbrechung; ♦ bevorzugen Arbeitssituationen, in denen sie selbstständig und eigenverantwortlich arbeiten und entscheiden können; ♦ benötigen unmittelbaren Feedback, häufig eigene und fremde Beurteilungen der Arbeitsergebnisse; beziehen hohe Befriedigung durch Arbeit selbst (intrinsisch motiviert); ♦ Geld ist nur als Indikator für Leistung von Bedeutung" (Staehle 1999, S.228f.). Demnach scheinen erfolgsmotivierte Menschen mittelschwere Aufgaben zu bevorzugen (die auch wirklich zum erhofften Erfolg führen) und die Misserfolgsmotivierten bevorzugten entweder sehr leichte oder sehr schwere Aufgaben (die einen verhindern Misserfolg, die anderen provozieren ihn), somit unterscheiden sie sich in der Wahl des jeweiligen Anspruchsniveaus.

(I-&-P) Die Brücke von den *Inhaltstheorien* zu den *Prozesstheorien* ist die *Erwartungs-Valenz-Theorie (Atkinson 1975*[146]), welche an die *Leistungsmotivationstheorie* anknüpft und von den gleichen Autoren formalisiert weiterentwickelt wurde. Nach dieser Annahme ist die Tendenzintensität eines Menschen, Erfolg zu suchen (T) abhängig von der Stärke des Grundmotivs Erfolg zu erreichen (M), sowie von den Erwartungen der Erfolgswahrscheinlichkeit (P) und der Anreizstärke des Ziels für die betroffene Person (I) [ein definiertes Ziel bewirkt bei jeder Person eine je andere Anreizstärke], daraus ergibt sich T = M x P x I. Die Stärke der Leistungsmotivation ist für McClelland (1961[147]) ausschlaggebend für Stärke und Wachstum des Unternehmens und weitergegriffen für die gesamte Volkswirtschaft. „Er fand im internationalen Vergleich, daß das Niveau der Leistungsmotivation einer Bevölkerung positiv mit dem Niveau der wirtschaftlichen Entwicklung eines Landes korreliert; allerdings mit einem time lag von etwa 50 Jahren" (Staehle 1999, S.229f.).

Prozesstheorien sind Gebäude, die ihre Aufmerksamkeit stärker auf die Umwelt, den Lebensraum richten, dabei wird der Mensch als ein rational entscheidendes, Nutzen maximierendes Individuum verstanden (im Gegensatz zu den behavioristischen

---

[146] Atkinson, J. W.: Einführung in die Motivationsforschung. Stuttgart 1975

[147] McClelland, D. C.: The achieving society. Princeton, New York 1961

Motivationsansätzen der Inhaltstheorien, die, stark verkürzt gesagt, das Individuum als bedürfnis- und triebgesteuert verstehen). Menschliches Verhalten ist im Lebensraum der jeweiligen Person stets auf hin Ziel hin orientiert. Solche Ziele können leicht oder schwer erreichbar sein (Entfernung des Ziels) und sie werden in unterschiedlicher Qualität wahrgenommen, diese Beurteilung ist abhängig von der Wertigkeitsannahme (Valenz) des Ziels.

(P-1) Gewissermaßen ist die *Valenz-Instrumentalitäts-Erwartungs-Theorie (VIE-Theorie)* von Vroom[148] (1964) das Grundmodell der Prozesstheorien (vgl. Staehle 1999, S. 231). Sie entspringt der rationalen Entscheidungstheorie (einer mathematisch fundierten Entscheidungstheorie nach Bernoulli). Das rationale Kalkül des Bernoulli-Prinzips wird in dieser Theorie *psychologisiert*, indem es hierbei nicht um objektive monetäre Werte (wie bei Bernoullis Lotterieentscheidungen) geht, sondern um subjektive Erwartungen und Nutzenbewertungen. Jeder Mensch steht immer wieder im (beruflichen) Alltag vor vielerlei Handlungsalternativen und muss sich für *eine* entscheiden, dabei spielt der subjektiv erwartbare Nutzen (Valenz) eine wichtige Rolle sowie die Wahrscheinlichkeit (Erwartung) des Eintretens eines Ergebnisses. Für jede wählbare Handlungsalternative muss nun die jeweilige Wahrscheinlichkeit des angestrebten Ergebnisses kalkuliert werden. Entscheidend aber ist nicht die Erreichbarkeit eines bestimmten Ergebnisses, sondern die Wertigkeit (die Valenz, der Nutzen) dieses Ergebnisses. Die Wertigkeit eines Ergebnisses kommt zum Ausdruck als ein Produkt aus ‚Instrumentalität' und Valenz der Ziele. Die Instrumentalität ist dabei ein Korrelationsfaktor der zwischen -1 und +1 schwanken kann. Wird das Ergebnis im gewünschten Umfang erreicht, würde es mit +1 versehen werden, tritt das Gegenteil ein, so würde es mit -1 bewertet, dazwischen liegen vielerlei Stufen. Folgendes Schaubild soll dieses komplexe Abwägungsverfahren visuell verdeutlichen:

---

[148] Vroom, V. H.: Work and motivation. New York 1964

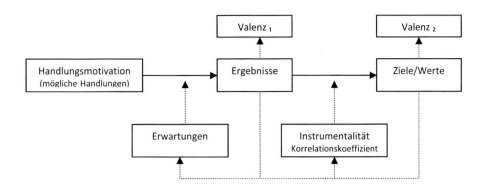

Abb.: 21 Grundstruktur der VIE-Theorie nach Neuberger 2002

Im Alltag werden diese Abwägungsprozesse zwar ständig gelebt, aber doch jenseits eines rationalen Kalküls. Die Komplexität würde dermaßen erhöht, dass wohl kaum ein Mensch mehr zu einem ‚vernünftigen' Handeln fähig und nur noch in Abwägungsprozessen verfangen wäre. Normalerweise „ist wohl mit Gewohnheiten, Schemata, Routinen und unreflektierten Programmierungen zu rechnen, die den Gang der Dinge regulieren" (Neuberger 2002, S. 537), in aller Regel also wird jede Person quasi automatisch handelnd Entscheidungen treffen. Aber auch automatisierte Entscheidungsfindung basieren in dieser Erwartungstheorie auf bestimmten Grundannahmen: „♦ Individuen haben unterschiedliche Präferenzen für unterschiedliche Ergebnisse (Ziele); ♦ Individuen haben Erwartungen über die Wahrscheinlichkeit, daß eigene Handlungen zu einem erwünschten Verhalten führen; ♦ Individuen haben Erwartungen über die Wahrscheinlichkeit, daß einem bestimmten Verhalten ein bestimmtes Ereignis folgen wird (Instrumentalität); ♦ in jeder Situation werden die von einem Individuum gewählten Handlungen von seinen momentanen Erwartungen und Präferenzen bestimmt" (Staehle 1999, S.235). Diese Erwartungsannahmen verdeutlichen, dass diese Theorie ausgeprägte normative Züge aufweist, denn das Mittel-Zweck-Denken der Entscheidungsfindung wird als vernünftige Handlungsoption anerkannt – andere Entscheidungsverfahren (Entscheidung durch Willkür oder im Losverfahren, Entscheidung emotional bestimmt, also ‚aus dem Bauch heraus' oder durch Beeinflussung von außen, Entscheidungen in Konfusion, also nicht rationale Entscheidungen usw.) werden in diesem Ansatz ausgeblendet.

(P-2) Der wichtige Forschungsgegenstand einer *Zieltheorie der Arbeitsmotivation* (Locke[149]) befasst sich mit dem Einfluss von Zielen auf das Leistungsverhalten. Die Grundannahme dieser Idee ist zunächst die Existenz einer Spannung, die auf das Ziel hin orientiert ist und solange erhalten bleibt, bis das Ziel erreicht wurde. Diese Spannung, auch als Kraft auf das Individuum bezeichnet ist die Motivation. Die Intensität der Motivation ist abhängig von der Valenz (Wertigkeit) des Zieles. Die zentrale These lautet nun: Je anspruchsvoller das Ziel, desto höher die Leistung. Dabei bleibt unklar, was ein anspruchsvolles Ziel ausmacht, denn das ist vom jeweiligen Betrachter anhängig und muss von diesem auch als solches anerkannt sein. „Ziele beeinflussen die Leistung, indem sie Richtung, Intensität und Ausdauer von individuellen Aktivitäten bestimmen und zu Zielerreichungsstrategie anregen. Dieser Prozeß wird positiv verstärkt, wenn der Bearbeiter sich mit den Zielen *identifiziert* (…) und wenn der Bearbeiter die Ziele *akzeptiert* (…)", Ziele gewinnen demnach für sich genommen Motivationskraft, diese wird unterstützt durch Zielklarheit und durch die Fähigkeit des Bearbeiters sowie durch Feedback (Staehle 1999, S. 236f.). Zusammenfassend impliziert dies, das Ziel nicht *per se* zu hohen Anstrengungen und Leistungen führen, sie müssen von der betroffenen Person klar als solche erkannt und akzeptiert werden, die damit verbundenen Schwierigkeiten dürfen nicht verschleiert werden und ein Feedback der Zielerreichung hat hohe Bedeutung.

(P-3) Weil das Motivationsmodell nach Porter/Lawler[150] sowohl durch eigene Studien, als auch durch Dritte bestätigt worden ist, soll es in seinen Grundzügen kurz vorgestellt werden. Vier zentrale Variablen bestimmen dieses Modell ♦ Anstrengung; ♦ Leistung; ♦ Belohnung; ♦ Zufriedenheit. Dieses Modell geht von der Annahme aus, dass ein Individuum große Anstrengungen unternehmen wird, wenn es annehmen kann, dass mit hoher Wahrscheinlichkeit seine Anstrengungen die gewünschte Belohnung bewirken wird. Eine Leistung in diesem Modell ist der Output, das Ergebnis einer Handlung. Die Qualität wird bestimmt durch die Fähigkeiten und Fertigkeiten des Handelnden sowie durch sein Rollenverständnis und seine Persönlichkeit (seine Art und Weise). Diese Vorraussetzungen erlauben, trotz hoher Anstrengung, eine

---

[149] Locke, E. A.: The nature and causes of job satisfaction. In: Dunnette, M. D.: HIOP 1976, S.1297-1349

[150] Porter, L. W./ Lawler, E. E.: Mangerial attitudes and performance. Homewood 1968

schlechte Qualität des Leistungsergebnisses, weil es dem Handelnden möglicherweise an der notwendigen Fertigkeit (dem Können) fehlt. Ob eine extrinsische Belohnung, als Folge einer erbrachten Leistung, als solche anerkannt wird, hängt von der mitgebrachten Vorstellung des Handelnden ebenso ab, wie von den vorab getroffenen gemeinsamen Vereinbarungen. Die Belohnung wird nur dann als gerecht wahrgenommen, wenn sie den Vereinbarungen entspricht (wobei vorab auch der Aushandlungsprozess als fair empfunden werden muss). Daneben gibt es auch intrinsische Belohnungen, welche durch das eigenen Erfolgserleben genährt werden. Zufriedenheit tritt hiernach ein, wenn die Belohnungen den Erwartungen entsprechen, also als angemessen erlebt werden oder die Erwartungen übersteigen.

(P-4) Als nächstes folgt ein Blick auf die Attributionstheorien, ein Teilgebiet der kognitiven Sozialpsychologie, welches sich in den 70-iger und 80-iger Jahren „zu einem der meistbeachteten Forschungsgebiete der Sozialpsychologie entwickelte" (Neuberger 2002, S.547). Heider[151] entwickelte 1958, in seiner (zunächst nicht beachteten) ‚Psychologie interpersonaler Beziehungen' Rekonstruktionsmöglichkeiten von Handlungen. Dabei ging er davon aus, dass Handlungen eine Koproduktion von Bemühen und Können darstellen. Eine Person kann sich unterschiedlich stark bemühen, je nachdem welche Absicht sie damit verfolgt, aber alles Bemühen nutzt nichts, wenn nicht das notwendige Können hinzukommt, andererseits darf die Aufgabe nicht zu schwer sein und es dürfen keine Störungen auftreten, also unerwartete externe Bedingungen. Bemühen und Können (‚try and can') müssen harmonisch zusammen passen. Dieses Modell wurde von Kelly[152] (1973) (in seiner varianzanalytischen Attributionstheorie) weiter entwickelt.

(P-5) Die Dimensionen ‚Bemühen' und ‚Können' reichen nach Kelly nicht aus, um Abweichungen in Organisationen hinreichend zu erklären, denn jenseits dieser Ebenen lassen sich Abweichungen nur im Vergleich zu anderen Personen mit gleichen Tätigkeitsmerkmalen, im temporären Vergleich erkennen, wobei die Besonderheit der jeweiligen Situation berücksichtigt werden muss. Der Beobachter (Vorgesetzte) interpretiert seine Beobachtungen im Vergleich zu durchschnittlichen Verhaltensvari-

---

[151] Heider, F.: The Psychology of Interpersonal Relations. New York 1958

[152] Kelly, H. H.: The Process of Causal Attribution. American Psychologist 28, S.107-128

anzen, anhand von drei Dimensionen: *Distinktheit* (Besonderheit der situativen Umstände); *Konsistenz* (zeitliche Beständigkeit); *Konsens* (Übereinstimmung mit anderen Personen). Eine solche Analyse lässt Abweichungen auf allen drei Ebenen zu, so kann beispielsweise eine Person zu allen Zeitpunkten und innerhalb aller Aufgaben von den anderen Personen abweichen, es könnten aber auch alle Personen bei nur einer Aufgabe zu allen Zeitpunkten von den Sollerwartungen hinsichtlich dieser Aufgabe abweichen oder aber es weichen alle Personen von allen Aufgaben zu nur einem Zeitpunkt ab, während sie die gleichen Aufgaben zu den anderen Zeitpunkten zufriedenstellend erledigen, hier wäre dann nach der Ursache zu dem auffälligen Zeitpunkt zu suchen (vgl. auch Neuberger 2002, S.547ff.).

Das Motivation und → *Arbeitszufriedenheit* wechselseitig miteinander zusammenhängen, wird vermutlich jeder vermuten, nun verhält es sich aber nicht so, das motivierte Menschen gleichzeitig, auf Grund ihrer Leistungsbereitschaft, eine hohe Arbeitszufriedenheit aufweisen oder arbeitszufriedene MitarbeiterInnen, auf Grund ihrer Zufriedenheit, hoch motiviert sind. Aus diesem Grunde soll ein Blick auf die Arbeitszufriedenheit geleistet werden, der sich daran orientiert, wie Arbeit erlebt und vom Subjekt interpretiert wird. Bruggemann (1974[153]) konzipierte zunächst ein Konzept, welches Arbeitszufriedenheit „als Ergebnis eines Abwägungs- und Erlebnisverarbeitungsprozess betrachtet. Verschiedene Formen der Arbeitszufriedenheit entstehen in einem Prozess, der in drei Stufen verläuft: 1. die Befriedigung oder Nichtbefriedigung von Bedürfnissen und Erwartungen (IST-SOLL-Diskrepanz), 2. infolgedessen, Aufrechterhaltung oder Senkung des Anspruchsniveaus und 3. im Falle einer weiter bestehenden IST-SOLL-Diskrepanz: Problemlösung, Problemfixierung oder Problemverdrängung" (Strehmel 2006[154], S.36). Dieses Konzept haben Bruggemann et al.[155] differenziert weiterentwickelt, wie nachfolgende Abbildung zeigt:

[153] Bruggemann, A.: Zur Unterscheidung verschiedener Formen von Arbeitszufriedenheit. Arbeit und Leistung, Heft 28/1974, S.281-284

[154] Strehmel, P.: Personalmanagement in Bildungs- und Betreuungseinrichtungen. Teil 1: Psychologische Grundlagen. Remagen 2006

[155] Bruggemann, A./ Groskurth, P./ Ulrich, E.: Arbeitszufriedenheit. Bern 1975

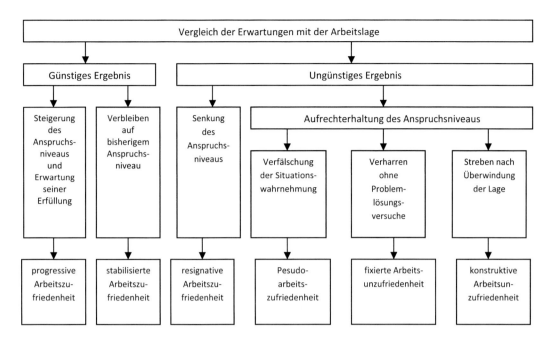

Abb.: 22 nach Agnes Bruggemann In: Rosenstiel 2003, S.220

Was hier deutlich wird ist die Zentralität des Anspruchsniveaus. „Man kann mit durchaus unbefriedigenden Arbeitsverhältnissen zufrieden sein, wenn man seine Ansprüche senkt. […] Die Differenzierung der verschiedenen Formen von Arbeitszufriedenheit zeigt aber auch, dass je nach biografischer Situation und nach Persönlichkeitsmerkmalen bei aufrechterhaltenen hohen Ansprüchen der eine in seiner Unzufriedenheit beharrt und keine Versuche unternimmt die Zustände zu verbessern (fixierte Arbeitsunzufriedenheit), während ein anderer sich darum bemüht, die Situation positiv zu gestalten (konstruktive Arbeitsunzufriedenheit), was jeweils zur Beziehung zwischen Arbeitsleistung und Arbeitszufriedenheit anderer Annahmen rechtfertigt. Bei der Analyse von Arbeitszufriedenheit (oder Arbeitsunzufriedenheit, JAS) in der Praxis geht es also darum zu ermitteln, um welche Form von Arbeits(un)zufriedenheit es sich handelt" (Rosenstiel 2003, S.220f.). Für eine solche Analyse benötigt man aber Felder der Analyse, schließlich basiert eine Zufriedenheit oder Unzufriedenheit auf bestimmten Annahmen oder Erlebnissen, so kann es durchaus sein, dass es bestimmt Bereiche gibt, mit denen man trotz eine bestehenden Unzufriedenheit durchaus zufrieden ist, die aber die Unzufriedenheit nicht kompensieren können. Neuberger & Allerbeck (1978[156]) schlagen folgende solcher Vari-

---

[156] Neuberger, O./ Allerbeck, M.: Messung und Analyse der Arbeitszufriedenheit. Bern 1978

ablen vor: Kollegen, Vorgesetzte, berufliche Weiterbildung, Bezahlung, Arbeitszeit, Arbeitsplatzsicherung, Tätigkeit, äußere Arbeitsbedingungen, Organisation und Leitung; weitere Optionen sind sicher denkbar (Interessenvertretung, Tarifwerk, Urlaubsanspruch, Sabbatoptionen usw.). Wenn man Verbesserungen vornehmen will, so konstatiert Rosenstiel (2003) ist es ratsam die einzelnen Felder getrennt zu analysieren. Und Verbesserungen haben nicht nur eine ethische Bedeutung (Rosenstiel) sondern auch eine ganz praktische, denn es können (möglicherweise) Fehlzeiten, Fluktuation und Unfallhäufigkeit gesenkt sowie Leistungsfähigkeit gesteigert werden, daneben entwickelt sich eher eine Identifikation mit dem Unternehmen und/oder dem Wirtschaftssystem insgesamt, insofern hat Arbeitszufriedenheit auch eine hohe gesellschaftliche Bedeutung.

Zu guter Letzt folgt ein Blick auf den manchmal zu überschreitenden ‚Rubikon'[157] schließlich muss man manchmal Dinge tun, zu denen man eigentlich nicht bereit ist, weil sie keine Freude bereiten, lästige Pflichterfüllung bedeuten und vielleicht auch noch mit hoher Anstrengung verbunden sind oder die einfach notwendig sind, da hilft dann → *Motivation* und *Volition*. Das Volitionsmodell ist in vier Phasen gegliedert: (1.)„die vor der Entscheidung legende (prädezisionale) Motivationsphase"; (2.)„die vor der Handlung liegende (präaktionale) Phase"; (3.)„die Umsetzungsphase (aktionale Volitionsphase)"; (4.)„die nach der Handlung liegende (postaktionale) Phase" (Strehmel 2006 a.a.O. S.42).

---

[157] Bekannt wurde der Rubikon durch den römischen (Bürger-)Krieg, den Gaius Iulius Caesar ab 49 v. Chr. gegen Gnaeus Pompeius Magnus führte. Als der Römische Senat am 7. Januar 49 v. Chr. beschloss, dass Caesar sein Heer entlassen und sein Imperium für Gallien und Illyrien niederlegen müsse, ehe er erneut für das Konsulat kandidieren dürfe, überschritt dieser am 10. Januar 49 v. Chr. den Rubicon, der damals die Grenze zwischen Gallia Cisalpina und Italien bildete. Die bewaffnete Überquerung des Flusses in Richtung Süden - und damit in Richtung Rom - war gleichbedeutend mit einer Kriegserklärung an den römischen Senat. Caesar war sich bewusst, dass es ab diesem Punkt kein Zurück mehr gab, was er in dem berühmten Zitat *„alea iacta est"* („Der Würfel ist geworfen") zum Ausdruck brachte.

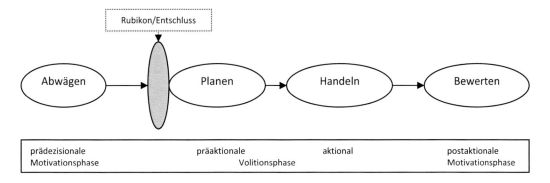

Abb.: 23 nach Strehmel 2006, S. 42

In der prädezisionalen Phase geht es um das Abwägen, des Anspruches, des Wunsches, der Realisierbarkeit, des Einklanges mit anderen Wünschen und Bedürfnissen der eigenen und anderer Personen usw., es ist die Phase der Informationssammlung und –verarbeitung, eine Phase der Abwägungen, der Entschlossenheit oder Unentschlossenheit, der Frage nach der Ausdauer, die das zu erreichende Ziel erfordert und der Frage nach der Widerstandsfähigkeit gegen Unwägbarkeiten und andere Verlockungen bzw. Verführungen, also eine Phase der *Lageorientierung*. Danach folgt die Entscheidung, mit der dann, sofern die Entscheidung *für* das Ziel fällt, der *Rubikon* (die Hemmschwelle) überschritten wird. Im Anschluss daran geht es über in die Planungsphase (präaktionale Phase), welche die Handlung(en) vorbereitet, um das angestrebte Ziel zu erreichen, also Handlungsorientierung herstellt und sichert. Die Handlungsphase (aktionale Volitionsphase) verfolgt das Ziel, wobei die Intensität der Zielverfolgung sehr differieren kann, je nach dem, ob andere parallele Ziele, welche ggf. höher oder stärker sind (Querkonkurrenzen), dies beeinträchtigen oder nicht. Dabei müssen diese anderen Ziele nicht zwangsläufig bewusst sein. Weiterhin ist von Entscheidung, ob das Individuum nicht durch andere Handlungsoptionen beeinträchtigt oder abgelenkt wird bzw. ob diese anderen Optionen nicht einen höheren Reiz zur Ausführung haben oder entwickeln und damit die eigentlich gewollte/geplante Handlung verhindern (Längskonkurrenzen). Die letzte, postaktionale Phase folgt, nachdem das Ziel erreicht wurde, um dieses und den Weg dorthin zu bewerten, aber auch, um vorausschauend Neueinschätzungen vorzunehmen, die mit neuen Zielen und Gelegenheitswahrnehmungen verbunden sein können bzw. werden. Keine Phase läuft stets so wie geplant, immer können Hindernisse auftauchen und Korrekturen erforderlich machen, ggf. auch durchaus mehrfach innerhalb einer Phase. Für die Praxis erlaubt das Volitionsmodell eine Reihe kritische Fragen und damit einen analytischen Blick, welcher es ermöglicht, ggf. Hilfestellungen abzuleiten, um jede einzelne Phase kritische begleiten zu können. Damit unterstütz es Führungskräfte ebenso wie einzelne MitarbeiterInnen und Teams, denn es ermöglicht eine jeweilige Standortbestimmung und kann mit anderen Inhalten (Leitbildentwicklung, Zielformulierung u. dergl. m.), im Sinne einer Überprüfung und Korrektur jeder Phase verknüpft werden. Die Umsetzung von Motivation „kann – volitionstheoretisch begründet – durch entsprechende Gelegenheitsstrukturen auf der einen Seite und das Fernhalten von Längs- und Querkonkurrenzen auf der anderen Seite unterstützt werden" (Strehmel 2006, S.45f.). Die Volitionsstärke, so Rosenstiel (2003, S.208), lässt sich außerdem durch Training und Maßnahmen des Selbstmanagements entwickeln, sie ist nicht determiniert.

In organisationalen Kontexten wird **Commitment** oftmals in einem Atemzug mit Identifikation genannt und manches Mal auch synonym verwendet. In beiden Konzepten geht es um die Bindung an die Organisation. Eine organisationale Identifikation beschreibt eine *ganzheitliche* Bindung an die Organisation, sowohl hinsichtlich verschiedener Ziele (Karriere, die Arbeitsgruppe, das Unternehmen), als auch bezüglich unterschiedlicher Dimensionen (kognitiv, affektiv, evaluativ, verhaltensbezogen), sie bezieht sich vordergründig auf Beziehungen zu Anderen. Ein organisationales Commitment (Organisationsbindung) beschreibt wieweit sich Menschen der Organisation zugehörig und verbunden fühlen, es kann in *drei* Dimensionen unterschieden werden: affektiv, normativ und fortsetzungsbezogen. Der Überschneidungsbereich von Identifikation *und* Commitment kann eher in der *affektiven* Dimension verortet werden. Allen/Meyer[158] (1990) treffen im Rahmen von Organisationsbindung diese Differenz und verstehen unter *affektivem Commitment* in erster Linie die emotionale Bindung an die Organisation, das kann bis zu einem quasi familiären Gefühl führen, so dass man ‚Teil dieser Organisationsfamilie' wird. *Normatives Commitment* meint demnach die Bindung an die Organisation aus moralisch-ethischen Gründen (weil die Firma die Ausbildung finanziert hat oder der Vorgesetzte nicht enttäuscht werden soll oder . . .). *Fortsetzungsbezogenes Commitment* hingegen meint die Bindung an die Organisation weil entweder die Kostenabwägung mit dem Verlassen dieser Or-

---

[158] Allen, N. J./ Meyer, J. P.: The measurement and antecedents of affective, continuance and normative commitment to the organization. Journal of Occupational Psychology 63 1990, S.1-18

ganisation zum eigenen Nachteil ausfällt (weil man Gewohnheiten, Vertrautes, Nischen und Vergünstigungen aufgeben muss) oder weil auf Grund des Alters oder der Ausbildung, der mangelnden Flexibilität, des Arbeitsmarktes keinerlei angenommene Chance auf eine andere angemessene Stelle besteht. Commitment und Identifikationen weisen sicherlich Überschneidungen auf (affektiv), grenzen sich aber in den anderen Bereichen der beschriebenen Commitmentformen voneinander ab. Van Knippenberg[159] (nach van Dick[160]), bemisst den Unterschied darin, dass Identifikation die Person als Ganzes anspricht, welche sich dadurch definiert, dass sie Teil einer bestimmten Organisation ist, ihr Sein wird stark durch die Organisation bestimmt („Wir von Porsche, Nike o.a."). Dieser selbst-definitorische Aspekt tritt beim Konzept des Commitment eher nicht auf, schwingt lediglich im affektiven Commitment ein wenig mit. Van Dick verweist auf eine weitere Differenz: Identifikation basiert auf wahrgenommener Ähnlichkeit und geteilten Überzeugungen, m.a.W. stellt die Verbindung des Individuums zu Anderen her (Beziehung rückt in den Fokus), Commitment lebt von diesen Verbindungen nicht, sondern stellt zwei andere Elemente ins Licht, nämlich zum einen die Summe aller Merkmal, die einen Job interessant und wertvoll machen (job-enrichment, Autonomie, Betriebsklima usw.), zum anderen geht es um den Austausch, also um (Arbeits-)Leistung und Engagement gegen Gehalt bzw. Entgelt, Dienstwagen, Bahncard, Telefon, Boni, Arbeitserfüllung u. dergl. m. Schließlich scheint Commitment relativ überdauernd und gefestigt, wenn es sich erst einmal entwickelt hat, während Identifikation stark kontextabhängig zu sein scheint und insofern eher instabil wirkt, insbesondere dann, wenn beispielsweise Projektgruppen oder Teams wechseln und die Identifikation mit der einen Projektgruppe anders ist als in der zweiten Projektgruppe (vgl. van Dick 2004, S.5). Neben den beiden genannten Begriffen taucht in diesen Zusammenhängen häufiger auch noch der Begriff des *Involvement* auf. Dieser wird auch als eine Form von Identifikation bezeichnet, „im Unterschied zur Identifikation mit der Organisation wird unter Invol-

---

[159] van Knippenberg, D.: Work motivation and performance: a social identity perspective. Applied Psychology: An International Review, 49, 2000, S.357-371

[160] van Dick, R.: Commitment und Identifikation mit Organisationen. Göttingen, Bern, Toronto, Seattle 2004

vement aber vor allem die Identifikation mit der Tätigkeit verstanden (vgl. Moser[161] 1996, S.49)" (ebd. S.7).

Was bedeutet das nun für das Personalmanagement, wenn es Commitment und/oder Identifikation entwickeln, fördern und erhalten will? Dabei soll diese Absicht angenommen und nicht normativ, ethisch oder ökonomisch begründet werden, vielleicht nur soviel: MitarbeiterInnen, die sich mit ihrer Organisation identifizieren werden Freiräume (insbesondere in flachen Hierarchien oder virtuellen Teams bzw. in Projektgruppen) weniger zugunsten persönlicher Interessen nutzen, sondern sich stärker im Sinne der Organisation engagieren. Häufig fallen für (hoch) qualifizierte MitarbeiterInnen hohe Beschaffungs- oder Bildungskosten an, so dass Unternehmen ein hohes Interesse entwickeln müssen, diese MitarbeiterInnen möglichst lange zu binden. Selbst im Rahmen von Outplacing sind die Unternehmen darauf angewiesen, dass die Qualität der Arbeit, die zwar außerhalb, aber doch *für* das Unternehmen geleistet wird von hoher Qualität ist, insofern ist ein Commitment und Involvement bezüglich der zu erledigenden Aufgabe nötig (vgl. van Dick, S.8f.). Wollen Organisationen Commitment, Identifikation und Involement fördern und (mit-) gestalten, so bedarf es im Rahmen des HRM dazu einiger grundlegender Maßnahmen, die hier skizziert werden sollen: (1) Die Werte und Ziele (im Sinne einer Corporate Identity, eines Image) müssen klar kommuniziert werden, ein Leitbild stellt die Möglichkeit dar dies für alle nach innen und außen sichtbar zu tun; (2) Kognition: damit ist die Wahrnehmung und Feststellung einer Person als Mitglied einer sozialen Kategorie angesprochen, also die kognitive Einschätzung und Bestimmung einer bestimmten Gruppe; (3) Evaluative Dimension: Ist die Gruppenzugehörigkeit erfolgt, so wird bewertet, welche Attribute dieser Gruppe von außen zugeschrieben werden; (4) affektive Dimension: Nach der Selbstkategorisierung und parallele Evaluation der Gruppenattribute folgt die Identifikation mit der Gruppe, damit verbunden eine gefühlsmäßige Bewertung der Gruppe; (5) konative Aspekte: beschreiben die Dimension, wie sehr man sich im eigenen Verhalten für die Werte und Ziele der Gruppe einsetzt; (6) bereits während der Personalauswahl sollten *Realistic Job Previews* gegeben werden, Bewerber müssen sich ein realistisches Bild der Organisation machen können, um zu überprüfen ob sie zum Unternehmen bzw. das Unternehmen zu ihnen passt;

---

[161] Moser, K.: Commitment in Organisationen. Bern 1996

(7) faire Prozeduren in allen, die Mitarbeiter betreffenden Verfahren, sollten selbstverständlich sein (Auswahl, interne Ausschreibungen u.a.m.); (8) offene und transparente Kommunikation und Kommunikationswege haben eine hohe Bedeutung; (9) Menschen müssen innerhalb der Organisationsstrukturen miteinander in Kontakt kommen, neben den informellen Optionen muss es auch legitime und formal eingerichtete Formen geben (Teamsitzungen, Entwicklungsworkshops, Feiern, Beschwerdekultur usw.)[162]. Neben diesen basalen Leitideen zur Förderung von Identifikation und Commitment weisen Meyer/Allen[163] darauf hin, dass die Grundlagen für ein Commitment-Management in der Veränderung der Überzeugungssysteme bzw. der Wahrnehmungen der MitarbeiterInnen liegen, insofern ist es entscheidend, dass diese Wahrnehmungssteuerung gezielt und planmäßig erfolgt. Ein und dieselbe PE-Maßnahme kann demnach unterschiedlich gesendet bzw. empfangen werden (vgl. hierzu ausführlicher van Dick, S.46f.). An dieser Stelle wird ein solcher Ansatz manipulativ, denn „entscheidend ist hier nun, dass ein und dieselbe Maßnahme von den Mitarbeitern ganz unterschiedlich interpretiert werden und sich dadurch unterschiedlich auswirken kann. Die Organisation kann diese Erkenntnis nutzen, indem sie bei der Interpretation ansetzt und die jeweiligen Maßnahmen so darstellt, dass sie bei den Mitarbeitern richtig ‚ankommen'" (ebd. S. 47). Neben einem fragwürdig manipulativen Aspekt, blendet diese Idee den systemtheoretischen Ansatz (Informationsverarbeitung selbstrefernzieller Systeme) gänzlich aus und ignoriert gleichermaßen kommunikationstheoretische Variablen bezüglich der Optionen zwischen Sender und Empfänger.

9.4 Personalführung

Personalführung ist Menschenführung, wenngleich Personal sich als Mensch nur bedingt einbringt, schließlich fordern Organisationen nicht den *ganzen* Menschen, denn ihre Prozesse erfordern Spezifisches, insofern werden Menschen, welche in Organisationen eintreten nach bestimmten Kriterien selektiert. Organisationen wollen funktionieren und benötigen dazu Wissen, Fähigkeiten und Fertigkeiten, über die sie

---

[162] vgl. van Dick a.a.O., S.44ff.

[163] Meyer, J. P./ Allen, N. J.: Commitment in the workplace. Thousand Oakes: Sage. 1997

nicht per se verfügen und sich deswegen beschaffen müssen. Menschen verfügen über diese gewünschten Optionen, treten (temporär) Organisationen bei und bringen diese in gewünschter Form, am gewünschten Ort in dem Maße ein, wie die Prozesse der Organisation es erfordern. Damit wird deutlich, dass der Mensch innerhalb eines organisationalen Gebildes auf das Wissen, Können und die Fertigkeiten reduziert wird, die gerade dort, wo dies benötigt wird, gebraucht werden. Insofern zählt nicht der Mensch, sondern das was er für die Organisation notwendigerweise mitzubringen hat. Im Umkehrschluss bedeutet dies, dass nicht alles Wissen und Können, nicht alle Fähigkeiten, über die der Mensch verfügt benötigt werden, sondern lediglich die am Ort benötigten Kompetenzen abgerufen werden, andere sind nicht erwünscht, ja würden möglicherweise gar stören. Der Fließbandarbeiter bei Ford, mit vogelkundlichen Kenntnissen oder der Müllmann der Stadtwerke, welcher am Wochenende in seiner Band virtuos Schlagzeug spielt oder der Manager von Nèstle, der in seiner Freizeit Lyrik verfasst und Lesungen zelebriert, sind mit ihren anderen Interessen und Talenten nicht gefragt, ebenso wenig wie deren emotionales Leben, Gefühlsduseleien im Freundeskreis, beim Fußball, im Liebesleben, dies alles wird zwangsläufig ausgeblendet, es interessiert die Organisation ebenso wenig wir deren Sexualleben, Familienleben, Krankheiten, Siechtum und Sterbeprozesse. Dies alles darf stattfinden, aber außerhalb des Organisationskontextes. Und dennoch ist dies alles da, auch *in* der Organisation, denn niemand gibt diese Dinge an der Garderobe ab! Es sind dies implizite Bestandteile des Menschen in der Organisation, welche explizit selektives Tun und Denken verlangt. Insofern steht der Mensch als Ganzes in der Organisation, wenngleich er nur in Teilfunktionen von der Organisation benötigt wird, im Extremfall, am Fließband, mit nur drei, immer wiederkehrenden, Handbewegungen. Personal verkörpert immer beides: Mensch und Funktion. Insofern bleibt es dabei, Personalführung ist Menschenführung.

9.4.1 Was ist Führung

Eine eingängige und allgemeingültige Definition darf nicht erwartet werden, eine solche Erwartung wäre mit einer Täuschung verbunden, in sofern ist eine Enttäuschung angemessener. Wer in einschlägiger Literatur sucht, findet eine Vielzahl, wer die gängigen Ratgeber noch hinzuzieht, wird unter mehreren hundert Definitionen wählen können. So einfach also lässt es sich nicht erschließen. Dazu seien zwei

Bonmots aus Neuberger[164] benannt: ‚Es gäbe inzwischen mehr Bücher als Wissen über Führung *und* der Heizwert von Büchern über Führung übersteigt deren Erkenntniswert' (ebd. S.2). Auf Grund dieser bunten, vielfältigen aber auch problematischen Situation schlägt er vor, Führung als einen prozessualen Gegenstand zu betrachten. Führung sei nichts Endgültiges, nichts Objektives, sondern sollte als widersprüchlich, vielgestaltig und mehrdeutig begriffen werden; Führung ist eben ‚kein Ding wie ein Schuh oder ein Auto, sondern ein Konstrukt (vgl. ebd. S.3ff.). Das zuletzt genannte ist ein wichtiger Hinweis darauf, dass der Begriff, dort wo er Bedeutung hat, gemeinsam über Sprache inhaltlich konstruiert werden muss, damit alle Beteiligten wenigstens in etwa ein gleiches Verständnis davon haben, zumal ein Begriff nicht nur ein sprachliches Konstrukt ist, sondern, je nach Einbettung in soziale oder andere Kontexte, auch noch einmal je anders verstanden wird. Eine solche Verständigung auf hinterlegte Inhalte führt zu einer Definition, aber diese gewinnt dann nicht allgemeine Gültigkeit, sondern gewinnt ihre Bedeutung *im* Umfeld der Begriffskonstruktion *für* dieses Umfeld.

Bevor eine sprachliche Verständigung möglich wird, bedarf es eines Führungsverständnisses, einer Idee dazu in jedem Einzelnen. Ein solches Verständnis kommt nicht von ungefähr, es basiert auf ‚Etwas'. Dieses ‚Etwas' kann sehr unterschiedlich sein, es kann sich u. a. auf Erfahrungen, Beobachtungen, Erlebten ebenso begründen, wie auf Erzählungen, Konzepten und Theorien. Jeder (Mensch) kennt Führung, sofern er in sozialen Kontexten aufgewachsen ist (und das ist jeder, die Idee eines *Kaspar Hauser* einmal ausgeklammert) und trägt insofern dieses ‚Etwas' in sich, damit ist auch ein jeder in der Lage an der Konstruktion eines Führungsbegriffes (einer Definition) mitzuwirken. Wer diese Idee, der Möglichkeit einer gemeinsamen begrifflichen Definition, ernst nimmt, wird im Nachhinein feststellen, dass man *in dieser* Gruppe und in Bezug auf diesen (gemeinsam definierten) Begriff nicht mehr so schnell aneinander vorbeiredet (was gleichermaßen für alle nicht eineindeutigen Begriffe gilt).

Neuberger (a.a.O. S.15-46), der diesen Schritt für sich und seine Leser im Alleingang tun muss, näht sich seinen Definitionsvorschlägen dennoch ganz ähnlich, indem er

---

[164] Neuberger, Oswald: Führen und führen lassen. Stuttgart 2002

seine Leser mit auf die Reise nimmt und diesen Begriff verschiedenen Entschlüsselungsmöglichkeiten unterwirft. Dazu schlägt er fünf Schritte vor, die hier nur angedeutet werden können. Unter den Überschriften (1) Operationalisiere und Handle; (2) Differenziere und Hierarchisiere; (3) Konstelliere und Relationiere; (4) Typisiere und ‚Erzähle eine Geschichte' sowie (5) Integriere und Theoretisiere, beschreibt er unterschiedliche Optionen der Herangehensweise an denselben Begriff, um diesen aus je unterschiedlicher Perspektive auszuloten.

Unter der (1) *ersten* Überschrift ist dann auch keine sprachliche Analyse des Begriffs gemeint, sondern eine Handelnde i. S. von: ‚Schau zu, ich zeige dir wie Führung geht', mit der operationalen Definition ist eher ein (möglichst erschöpfender) Handlungskatalog angesprochen. Mit seiner (2) *zweiten* Überschrift spricht er die Methode begrifflicher Ein- und Abgrenzungen an. Hier lautet seine Maxime, du sollst eine Unterscheidung treffen, sowohl in der Negation (‚das ist nicht …') wie auch in der Affirmation (‚das ist …') und du sollst den Begriff in eine Rangordnung vom Oberbegriff zu nachfolgenden dazugehörigen Unterbegriffen bringen. Auf diese Art und Weise lässt sich auch jede Definition visualisieren und in ein solches Schemata zergliedern (vgl. ebd. S.18). Den (Führungs-)Begriff (3) zu konstellieren heißt ihn zu vernetzen, ihn in Beziehung zu bringen, Referenzbegriffe zu suchen, diese in Relation zum Kernbegriff (hier: Führung) und zu anderen benachbarten Begriffen zu bringen. „Führung hat etwas von Macht, von Liebe, von Kommunikation, von Konsequenz, von Zwang, von Manipulation usw. Es ist ein wichtiger Teil der Sozialisation in einer Gesellschaft oder Kultur, mit den immer interpretationsfähigen und interpretationsbedürftigen Deutungsmustern und Beziehungsstrukturen vertraut zu werden, sodass man am Ende kompetent mit ihnen spielen kann" (ebd. S.26). (4) Typisiere den Begriff und: ‚Erzähle eine Geschichte', spricht prägnante Schemata an (Prototypen oder Archetypen), wie es sie in jedem Kulturkreis gibt und die eine schnelle Orientierung ermöglichen. Kinder, die mit dem Kasperletheater vertraut sind, wissen um den Typus des Kaspars, der Großmutter, des Räubers, der Gretel usw., Begriffe wie *Despot* oder *Held* sind gleichermaßen mit Eigenschaften hinterlegt, die mit dem Begriff unmittelbar präsent werden. Diese Eigenschaften aber werden nicht isoliert gelernt, sondern werden in Geschichten (Sagen, Märchen, Fabeln etc.) vermittelt, die zum Teil auf uralte Traditionen zurückgehen. Auf diese Art und Weise wurde Kulturgut tradiert und damit erhalten. Heute übernehmen Massenmedien die Funktion der

Erzähler/innen (und definieren damit was erhaltenswert ist und was nicht). Zu guter Letzt (5) bleibt noch das Integrieren und Theoretisieren, wohl die anspruchvollste Strategie, da sie die Kenntnis von Theorien, deren Kernaussagen und Architektur voraussetzt. Um die Strukturkerne von Theorien identifizieren zu können, schlägt Neuberger acht Heuristiken vor (die im Übrigen auch für andere sozialwissenschaftliche Theorien genutzt werden können). Zuerst gilt es demnach das Problem zu beschreiben, welches die Theorie lösen möchte; danach soll die Traditionslinie der Theorie betrachtet werden; dann geht es um die Definition der Kernbegriffe, Begriffe also, die Kontextgebunden sind und in anderen Zusammenhängen andere Bedeutungen tragen; in einem nächsten Schritt geht es um die Beziehungsanalyse der relevanten Kernbegriffe; spannend sind auch die unausgesprochenen ‚Basisannahmen', die sich oft hinter den Theorien verbergen und damit gewissermaßen deren Voraus-*Setzungen* sind; dann gilt es die Aussageebene(n) zu benennen, also worüber wird etwas ausgesagt (Gruppe, Organisation, Individuum usw.); Danach gilt der Blick auf die Selektionen des Theorieansatzes (also worüber sagt er nichts aus, was lässt er weg?) und zu Letzt ist die Frage nach Beziehungsaussagen zu beantworten (Wenn-Dann-Sätze u. a.).

Mit Hilfe der benannten Instrumente lassen sich zum einen Definitionen entwickeln bzw. zum anderen lassen sich Definitionen damit gut analysieren.

Eingrenzend soll „eine synthetische handlungstheoretische Führungsdefinition" von Neuberger ausgewählt werden, die in sich ausgewogen und schlüssig ist und hier in ihrer Kurzform, allerdings um den zeitkritischen Faktor ergänzt wurde, der sich (eigentümlicherweise) nur in einer langen Version Neubergers wiederfindet: >‚Personelle Führung ist legitimes Konditionieren bestimmten Handelns von Geführten in schlecht strukturierten und zeitkritischen Situationen mit Hilfe von Differenz zu anderen Einflüssen'< (ebd. S.47).

Es geht hier also um ‚personelle Führung', damit um Führung von Personal, also Führung im beruflichen Kontext (und nicht um andere Führungskontexte, bspw. während einer Bergklettertour). Führung, so wird behauptet, ist vor diesem Hintergrund ‚legitimes und bestimmtes Handeln'. Es ist ‚legitim', weil es kontextgebunden ist und alle Seiten darum wissen und sich per Vertrag damit einverstanden erklärt haben, es ist ‚bestimmtes Handeln' und nicht irgendwelches Handeln, d. h. es verfolgt eine bestimmte Absicht, es ist methodisch orientiert, es ist transparent in seiner Absicht (anders als bei Manipulationen). Außerdem ist es nur relevant in ‚schlecht strukturierten Situationen, die auch noch zeitkritisch' sind, denn in allen anderen Situationen ist Führung überflüssiger Luxus, hier reichen Regeln, Vereinbarungen (Ziele usw.), also Führungssubstitute. Erst wenn diese Substitute (als Führungsersatz) nicht mehr reichen, wenn etwas „aus dem Ruder läuft", wenn der Zeitfaktor zu Buche schlägt, also in (hoch-)komplexen, unübersichtlichen Situationen, bedarf es personaler Führung. Und diese Führung handelt nun in Differenz zu anderen Einflüssen, gemeint ist, in *expliziter* Führungsabsicht, methodisch begründet hinterlegt, durch die Organisationsstruktur und vertragliche Gestaltung legalisiert, mit dem Ziel, die Komplexität der Situation durchschaubar zu machen, scheinbares Chaos in Strukturen umzuwandeln und vereinbarte Ziele zu erreichen. Damit ist für diesen Text erklärt, was unter Führung verstanden wird, aber auch beschrieben, dass Führung auch anders verstanden werden kann, also ein Prozess des Aushandelns bleibt.

9.4.2 Führungskonzepte

Jeder der führt, aber auch jeder, der sich führen lässt, wird über eine Definition, zumindest doch über eine *Idee* von Führung verfügen, dies wurde oben bereits besprochen. Ein Konzept geht allerdings darüber hinaus, das könnte ein in sich geschlossenes Konstrukt sein, es könnte sich allerdings auch öffnen und Neues aufnehmen, es könnten Mischkonzepte existieren, also Sammelsurien verschiedener Konzepte, aus denen Mensch sich das heraussucht, was (zu) ihm passt. Wahrscheinlich gibt es in den Unternehmen so viele Führungskonzepte wie Führer. Aber auch jenseits gelebter Praxis, in Wissenschaft und Forschung gibt es eine Vielzahl von Konzepten, die mit Führung *verbunden* sind, dazu gehören Persönlichkeitsmanagement, Work-Life-Balance und Stresshandhabungen sowie Zeitmanagement, MitarbeiterInnenauswahl, Arbeit in und mit Gruppen (Teams, Projekten) aber auch Rollen- und Identitätskonzepte, systemtheoretische Ansätze, Konzepte symbolischer Führung, Mikropolitik, zwei- und dreidimensionale Verhaltens*modelle* (Verhaltensgitter), Eigenschaftsansätze, situative Interaktionsansätze u.a.m. Im vorliegenden Rahmen sollen thematisch relevante Führungskonzepte Beachtung finden, es sollten insofern Konzepte sein, welche in Bezug auf Freiwilliges Engagement (Ehrenamtlichkeit) Bedeutung haben (könnten) und zwar sowohl im Hinblick auf die *Geführten* (die freiwilligen ‚MitarbeiterInnen') als auch auf die *Führer* im Ehrenamt oder vor professionellem Hintergrund (d.h. *Profis* führen Ehrenamtler bzw. ‚Freiwillige'). Beide Arten von Führern (professionelle und ehrenamtliche) sind mit (1.) *Eigenschaften* ausgestattet, die sie bestimmen, möglicherweise zu Führern mach(t)en und die für die Geführten, welche sie zum Führer wählten (im Falle der ehrenamtlich Tätigen), gleichermaßen Relevanz haben, insofern soll das Konzept der *Führereigenschaften* skizziert werden. (2.) In vermutlich allen Führungskontexten haben *Aufgabenorientierung* und *Mitarbeiterorientierung* eine (bedeutende) Funktion, ganz gleich, ob MitarbeiterInnen durch Ehrenamtliche *oder* durch Professionelle geführt werden, vor diesem Hintergrund erfahren die *situativen Ansätze* (diese kombinieren Person und Situation) ihre Bedeutung, insofern werden diese Ansätze beleuchtet. (3.) Das *systemtheoretische Konzept* wird beschrieben, es wirkt in beiden Bereichen, ganz gleich ob freiwillig *und* unbezahlt gearbeitet wird oder (un-freiwillig) gegen Entlohnung. (4.) *Rollenkonzepte* haben für beide Seiten von Arbeit-Nehmenden und ihren Führenden Bedeutung, es wird deswegen gleichermaßen skizziert, sowie (5.) im Anschluss die Möglichkeit *symbolischer Führung*. (6.) Die *Auswahl* von MitarbeiterInnen ist für jede Organisation relevant und (7.) zu guter Letzt auch die Anwendung der (informellen) *Mikropolitik*, sie konstruiert Entscheidungen und Macht, jenseits der formalen Wege.

9.4.2.1 (1) Der *Eigenschaftsansatz* ist der historisch älteste Ansatz zur Erklärung von erfolgreicher Führung. Seine Grundlagen bezieht er „aus individualistischen Persönlichkeitstheorien, Unternehmerideologien und dem Sozialdarwinismus[165]" (Staehle 1999 a.a.O. S.332). Die *Eigenschaftstheorie(n)* beschäftigen sich mit Persönlichkeitsmerkmalen, die offensichtlich mit guter Führung, d.h. mit Führungserfolg korrelieren. Bereits Stogdill[166] (1948), darauf weist Rosenstiel[167] (2003) hin, versuchte Eigenschaften (isoliert) mit Führungserfolg in Verbindung zu setzen, dies lässt sich

---

[165] „Der Sozialdarwinismus ist eine auf Ch. Darwin zurückgehende soziologische Richtung, die davon ausgeht, dass im Kampf ums Dasein sich nur solche Gesellschaftsmitglieder durchsetzen, die in der Lage sind, sich durch vererbbare Variationen ihrer Anlagen an die sich wandelnden Umweltverhältnisse anzupassen (survival of the fittest). Die so Überlebenden, hier auf Führer bezogen, werden als die biologisch Tauglichsten angesehen" Staehle 1999 a.a.O. S.331).

[166] Stogdill, R. M.: Personal factors associated with leadership. In: Journal of Psychology, 25/1948, S.35-71

[167] Rosenstiel, L. von et al. (2003) a.a.O. S.3-25

am Beispiel der Intelligenzeigenschaft zeigen. In 15 Studien, hierzu wies Stogdill eine Korrelationsdifferenz von .90 bis -.14, bei einer durchschnittlichen Korrelation von .26 nach. Die Streuung ist groß, sie reicht von einer sehr engen Beziehung zwischen Eigenschaft und Führungserfolg bis hin zu gar keiner Beziehung. Stogdill hat über 100 Studien zur Thematik erstellt, darauf verweist Staehle (1999) und „tatsächlich sind direkte Zusammenhänge zwischen einzelnen Persönlichkeitszügen und Führungspositionen in den Studien nur selten in konsistenten Mustern auffindbar, und es zeigt sich immer wieder der nicht zu unterschätzende Einfluss der Situation" (ebd. S.333). Ob es zu einem Führungserfolg kommt oder eben nicht, hängt scheinbar nicht von einer (isolierten) Eigenschaft ab, sondern von bestimmten Eigenschafts*kombinationen* in bestimmten Führungs*kontexten*, immer muss, so Rosenstiel (2003), die Führungs*situation* mitgedacht werden. „Die Führungseigenschaften bestimmen zwar das Verhalten, aber nur im Zusammenspiel mit der konkreten Führungssituation bedingen sie das Führungsverhalten. Dieses Führungsverhalten hat in bestimmten Situationen Erfolg, in anderen Misserfolg zur Konsequenz" (ebd. S.8). Um im Auswahlverfahren von Führungskräften diesen komplexen Situationen näher zu kommen und die Verfahren etwas genauer zu konstruieren, wird heute auf *situative Verfahren* (Assessment Center) oder *multimodale Interviews* zurückgegriffen (vgl. hierzu Schuler[168] 2001 und 2003). Unabhängig derartig situativer Relativierungen, scheint es Persönlichkeitsmerkmale zu geben, die einen Führungserfolg zwar nicht garantieren, *für* diesen allerdings sehr nützlich sind. Rosenstiel (2003) verweist auf folgende Eigenschaften, „- eine überdurchschnittliche intellektuelle Befähigung, - eine hohe Motivation im Sinne einer Bindung an Ziele und der Bereitschaft, Pläne auch umzusetzen, - soziale Kompetenz als Fähigkeit, mit unterschiedlichen Personen rasch in Kontakt zu treten, - Lernfähigkeit und Lernbereitschaft als Kompetenz, sich selbstorganisiert auf neue Situationen einzustellen und sich von alten – bisher erfolgreichen – Handlungsroutinen zu verabschieden (Schuler[169] 2001)" (ebd. S.10). Hofmann (2000) befragte 335 Führungskräfte (überwiegend in Deutschland, aber auch Frankreich und Finnland) nach für sie bedeutende Kriterien bei der Auswahl zukünftiger Führungskräfte, dabei nahmen folgende Eigenschaften Spitzenwerte ein: Fä-

---

[168] Schuler, H.: Auswahl von Mitarbeitern. In Rosenstiel, L. von et all (2003) a.a.O. S.151-176

[169] Schuler, H.: Psychologische Personalauswahl. Göttingen 2001

higkeit andere zu motivieren, Kommunikationsfähigkeit, Teamfähigkeit, gefolgt von Lernfähigkeit, Organisationsfähigkeit und Konfliktfähigkeit. In einer Rangskala von 1 = völlig unwichtig bis 6 = überaus wichtig, hatten diese, in der Rangfolge ihrer Bedeutung aufgezählten Eigenschaften, alle einen Rang zwischen 5 und 5,6 (vgl. Tabelle in Hofmann[170], S. 275). Regnet (2003) verweist, mit Blick auf (auch gesellschaftliche) Veränderungen[171], die auf Führungskräfte zurückwirken, die Notwendigkeit von Verlagerungen der Tätigkeitsfelder in diesem Bereich, so wird zunehmend häufiger nicht mehr der Fachmann, sondern der Koordinator gebraucht, „der Vorgesetzte wird zum Moderator, Berater und Coach seiner Gruppe", interdisziplinär denkende Generalisten werden für Führungsaufgaben wichtiger und diese sollen „über starke kommunikative Fähigkeiten und Sensibilität verfügen, um Mitarbeiter in die Entscheidungsfindung auch einbeziehen zu können", daneben erlangt das Informationsmanagement zunehmend mehr Bedeutung. Zu guter Letzt benötigt die (neue) Führungskraft „mehr Zeit und Energie […] für die menschliche Führung der Mitarbeiter […]. Fragen der Zusammenarbeit und der Kommunikation mit anderen, internen und/oder externen Abteilungen erfordert einen steigenden Führungsaufwand; mehr Menschenkenntnis ist erforderlich" (Regent[172], S. 57f.).

Was an diesem Ansatz schwierig ist, ist zumindest zweierlei, *zum einen* ist es der Rückgriff auf (angeborene) Eigenschaften, die Führung legitimieren und damit die Annahme, dass Führungseigenschaften einem Menschen mit in die Wiege gelegt werden. „Dabei vertreten schon deutsche Management-Autoren um 1900 die Auffassung, Organisations- und Verwaltungsfähigkeiten seien lehr- und lernbar und keine angeborenen oder durch Erfahrung erworbene Kunst (Kocka[173] 1969)" (Staehle 1999

[170] Hofmann, L. M.: Führungskräfte in Europa. Empirische Analyse zukünftiger Anforderungen. Wiesbaden 2000

[171] Regent (2003) beschreibt folgende Felder: „Zunehmende Komplexität der Arbeitsabläufe/technologische Veränderungen; Konkurrenz- und Kundenorientierung; Rationalisierungen; Internationalisierung und Globalisierung; Arbeitsmarktentwicklung; weibliche Berufstätigkeit; demografischen Entwicklung; Wertewandel; Anforderungen an Mitarbeiter; Halbwertzeit des Wissens" (S.53-57).

[172] Regent, E.: Der Weg in die Zukunft – Anforderungen an die Führungskraft. In: Rosenstiel, L. von et al. 2003 a.a.O. S.51-66

[173] Kocka, J.: Industrielles Management: Konzeptionen und Modelle in Deutschland vor 1914. In: Vierteljahreszeitschrift für Sozial- und Wirtschaftsgeschichte, Bd. 56/1969, S.332-372

S.331). Die Eigenschaftstheorie, als ontologisches Elitekonzept[174], eignet sich sehr gut dafür, *einsame* Elite-Entscheidungen in der Wirtschaft, beim Militär oder der Politik, zu rechtfertigen. Auf solcherlei Annahmen begründet, basiert die Plausibilität des *großen Mannes* (weniger der Frau!), der allein nur in der Lage ist eine Armee, ein Unternehmen oder einen Staat zu führen. Das diese Idee noch immer und vor allem in der Praxis lebendig wirkt, scheint einerseits an ihrer langen Traditionslinie zu liegen, andererseits an ihrer einfachen Verstehbarkeit, insofern ist die aktuelle Renaissance *charismatischer Konzepte* und der *Attributionstheorien* nachvollziehbar (vgl. Staehle 1999 S.334). Alternativ wäre auch ein konstruktivistisches Konzept denkbar, welches die gewünschten Eigenschaften einem Subjekt diskursiv zuschreibt, um Privilegien zu sichern, bestehende Verhältnisse zu schützen (vgl. Neuberger 2002 S.226). Aber sowohl die behaupteten angeborenen Fähigkeiten, wie die nachträglich zugewiesenen würden ad absurdum geführt, betrachtete man die jeweiligen Personen genauer, dies lehrt die Geschichte, Brown (1956) weist darauf hin: „Wenn wir an Männer wie *Hitler, Napoleon, John Knocks, Oliver Cromwell,* oder an Frauen wie *Mary Baker,* die erste Königin *Elisabeth* und Mrs. *P...* denken, wird es uns fast grotesk anmuten, einer Führerpersönlichkeit Eigenschaften wie innere Ausgeglichenheit, Sinn für Humor oder Gerechtigkeitssinn zuzuschreiben. Einige der erfolgreichsten Führer in der Geschichte sind Neurotiker, Geisteskranke und Epileptiker gewesen. Waren humorlos, engstirnig, ungerecht und despotische [...] Männer wie *H. Ford, Carnegie* und *Morgan* waren keineswegs Musterbeispiele an Tugend oder innerer Gesundheit" (Brown[175] 1956, S.132, zitiert nach Neuberger 2002, S.224). Das *zweite Problem* bezieht sich auf die Ausklammerung der *Kontextfaktoren* von Führung, schließlich sind Führungs*eigenschaften* nur *ein* Aspekt im Führungsgeschehen, andere wirksame Faktoren sind beispielsweise die Geführten selbst, die selbst Eigendynamiken entwickeln, die Aufgaben in ihrer Art, ihrem Anspruch, ihrem Umfang erledigen. Die KollegInnen die wohlwollend unterstützen *oder* argwöhnerisch beobachtend teilhaben, die ihre Vorgesetzten mit ihren Haltungen, Ansprüchen,

---

[174] Ein solches Konzept geht davon aus, dass es diese Eigenschaften tatsächlich gibt (Ontologie ist die Lehre vom Existierenden oder Bestehenden, Seinslehre).

[175] Brown, J. A. C.: Psychologie der industriellen Leistung. Reinbek 1956

Erwartungen usw. sowie die Kapitalkraft des Unternehmens und viele andere Bedingungen und Umstände mehr beeinflussen.

9.4.2.2 (2) (Führungs-)Orientierungen könnten linear fokussiert werden und sich entweder an die Aufgabe *oder* an den Mitarbeiter binden (Michigan-Schule, Likert[176] 1961), ebenso ließe sich ein Modell paralleler Orientierung denken (Ohio-Schule, Fleishman [177]1973; Reddin[178] 1970/d.1977; Neuberger[179] 2002).

Abb. 24 MA-Orientierung linear und MA-Orientierung zweidimensional

Reddin unterteilt beide Dimensionen noch einmal hälftig und gelangt derart zu vier Führungsstilen, welcher auf einer Vier-Felder-Matrix sichtbar werden (s. Zeichnung unten). In Feld I findet sich ein Rückzug aus beiden Dimensionen, Lewin bezeichnet diesen Stil als „Laissez-fair"; Feld II orientiert den Führenden an der Leistung, seinen Aufgaben, um den Mitarbeiter aber kümmert er sich nicht; Feld III akzentuiert die Orientierung umgekehrt und Feld IV schließlich manifestiert gleichrangig beide Orientierungen.

---

[176] Likert, R.: New Patterns of Management. New York 1961

[177] Fleishman, E. A./ Hunt, J. G.: Current developments in the study of leadership. Carbondeale1973

[178] Reddin, W. J.: Managerial Effectiveness. New York 1970; deutsch: Das 3-D-Programm zur Leistungssteigerung des Managements. München 1977

[179] Neuberger, O.: Führen und führen lassen. Stuttgart 2002

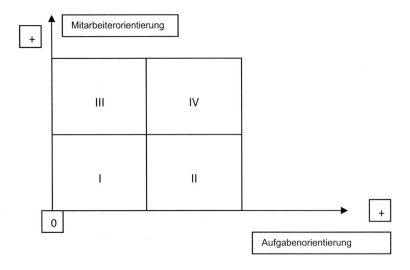

Abb.: 25 nach Reddin I

In einem weiteren Schritt entwickelt Reddin eine dritte Dimension. Er verwirft den normativen Ansatz einer unterschiedlichen Gewichtung der Stile, sondern geht zunächst von einer Gleichwertigkeit aus, denn jeder Stil muss zur jeweiligen Situation passen. „Es gibt Situationen, in denen sehr hohe Aufgabenorientierung für die Leistung gut ist, in anderen verstellt sie dieses Ziel; es gibt Situationen, in denen die Mitarbeiterorientierung sehr stark zur Zufriedenheit der Mitarbeiter beiträgt, in anderen tut sie es kaum; die Partizipationsorientierung[180] erweist sich bei hoch qualifizierten und hochmotivierten Mitarbeitern als sehr wichtig, während wenig motivierte und wenig qualifizierte Personen dadurch eher irritiert werden" (Rosenstiel 2003 a.a.O. S.15). Reddin beschreibt vier verschiedene aber gleichwertige Führungsstile, diese können sowohl produktiv genutzt, als auch ins Gegenteil verkehrt werden, je nachdem, wie man diese ausformt. So kann also aus der Aufgabenorientierung sich ein ‚Autokrat' herausbilden, aber auch ein ‚Macher' oder aus dem Integrationsstil kann sich ein ‚Kompromissler' entwickeln, aber eben auch ein wirklicher ‚Integrierer' usw., jeder Stil kann demnach effektiv oder ineffektiv genutzt werden. Folgende Skizze soll dies veranschaulichen:

---

[180] Die *Partizipationsorientierung* wurde im deutschsprachigen Raum zusätzlich von Fittkau-Garthe (Fragebogen zur Vorgesetzten-Verhaltens-Beschreibung. Göttingen 1971) eingeführt. Dabei werden Mitarbeiter an Entscheidungsprozessen beteiligt, dies begünstigt die Identifikation mit dem Unternehmen und seinen Zielen (vgl. hierzu Rosenstiel et al. 2003, S.14).

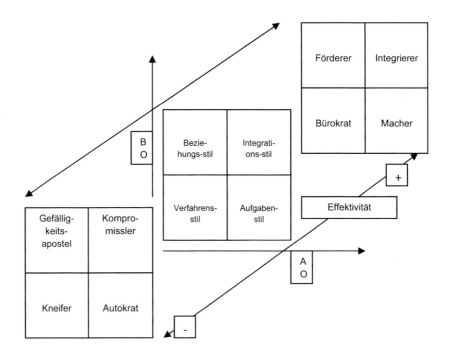

Abb.: 26 nach Redddin II (zzgl. dritter Dimension)

Was Reddins Ansatz kennzeichnet ist die Dualität der Orientierung (stets ist Beides in unterschiedlicher Gewichtung vorhanden. Ein und dieselbe Führungskraft kann, je nach Situation, die Gewichtung verlagern. Außerdem kann jede Orientierung effektiv oder weniger effektiv entwickelt werden, dies allerdings ist nicht so sehr situations-abhängig, sondern vielmehr an der Persönlichkeit orientiert.

Blake & Mouton haben (1968) dieses Gitter aufgegriffen und weiter entwickelt, indem sie 2 x 9 Raster entwickelten, von den 81 möglichen Varianten aber beschrieben sie dann tatsächlich nur fünf (1,1-9,9).

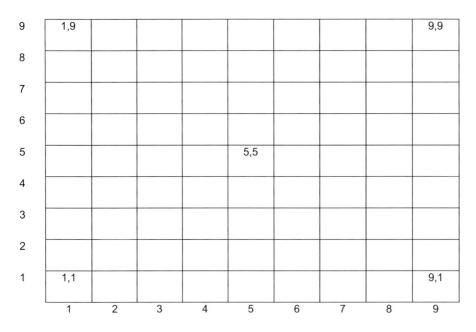

Abb.: 27 nach Neuberger (2002) S. 511

Die Felder werden wie folgt beschrieben: „1,1 Führungsstil: geringst mögliche Einwirkung auf Arbeitsleistung und auf Menschen; 9,1 Führungsstil: wirksame Arbeitsleistung wird erzielt, ohne dass viel Rücksicht auf zwischenmenschliche Beziehungen genommen wird; 5,5 Führungsstil: genügende Arbeitsleistung möglich durch das Ausbalancieren der Notwendigkeit zur Arbeitsleistung und zur Aufrechterhaltung der zu erfüllenden Arbeitsleistung; 1,9 Führungsstil: sorgfältige Beachtung der zwischenmenschlichen Beziehungen führt zu einer bequemen und freundlichen Atmosphäre und zu einem entsprechendem Arbeitstempo; 9,9 Führungsstil: hohe Arbeitsleistung von begeisterten Mitarbeitern. Verfolgung des gemeinsamen Zieles führt zu gutem Verhalten" (zitiert nach Staehle a.a.O. S. 840). Dieses so genannte „Grid-Modell, ist ein eingängig gestyltes Designer-Modell, das insbesondere im Trainingsbereich große Resonanz gefunden hat" (Neuberger a.a.O. S. 513). Es ist aber eben auch ein normatives Modell, welches die Führungsstile bewertet und deutlich den Stil 9,9 prädestiniert, damit den ‚Königsweg' der gelungenen Führung vorgibt.

Situativen Ansätze orientieren sich an Interaktionen und Situationen, sie greifen einerseits das Reddin Modell auf und führen es weiter fort, indem dieser Ansatz nun auch noch die Reife der Mitarbeiter/innen zu integrieren versucht, andererseits, und das macht vielleicht ihren Fortschritt aus, stellen sie nicht mehr den *‚Great man'* in ihren Focus, sondern die unendliche Zahl möglicher Situationen und Interaktionen.

Fiedler[181] traute einer Führungspersönlichkeit diese Bandbreite an Verhaltensvariationen nicht zu, sondern vertrat den Ansatz, die Situation an die Führungskraft anzupassen, insofern hielt er auch nichts von PE-Maßnahmen (vgl. Neuberger 2002, S.498). Er bestimmte die Führungspersönlichkeit, seine Orientierung mit Hilfe seiner LPC-Skala (welche aus 18 Polaritäten bestand und von der Führungskraft ausgefüllt wurde). Aus allen 18 Werten wurde ein Mittelmaß errechnet, welches den LPC-Wert ergab (LPC = last preferred coworker), es war der Einschätzungswert des Mitarbeiters, mit dem die Führungskraft bisher am schlechtesten Zusammenarbeiten konnte. Vorgesetzte, welche ihren Mitarbeiter durchgängig abwerteten, galten als aufgabenorientiert, wer sich in der Beurteilung von Sympathie, Einfühlung und/oder Mitleid leiten ließ, galt als mitarbeiterorientiert. Ob nun ein Führungsstil effektiv ist, hängt von drei situativen Bedingungen ab, „nämlich den *FührerIn-Mitglieder-Beziehungen*, [...] der *Aufgabenstruktur* (...) und schließlich der *Positionsmacht*. Dichotomisiert man die Werte dieser drei Situationsfaktoren, erhält man $2^3 = 8$ mögliche Situations-Konstellationen ..." (Neuberger, S.498).

1. Fü.-MA-Bez.	+	+	+	+	-	-	-	
2. Aufgabenstruktur	+	+	-	-	+	+	-	-
3. Positionsmacht	+	-	+	-	+	-	+	-
	I	II	III	IV	V	VI	VII	VIII
situative Günstigkeit	sehr günstig		mittelmäßig				sehr schlecht	

Abb.: 28 nach Neuberger 2002 (S.498)

Fiedlers Hypothese, welche er immer wieder zu bestätigen bemüht war. die aber lediglich durch ihn und seine Schüler bestätigt wurde, nicht durch andere Forscher (vgl. Neuberger, S.499f.), sagte aus, dass in mäßig günstigen Situationen Vorgesetzte mit einem hohen LPC-Wert (beziehungsorientierte) effektiver seien, während in günstigen *und* in ungünstigen Situationen Vorgesetzte mit einer Aufgabenorientierung effektiver auf die Arbeitsergebnisse ihrer MA wirkten. Fiedlers Arbeit, so Neuberger, sein ein „gutes Beispiel dafür, dass Theorien erst grundlegend geändert oder

---

[181] Fiedler, F. E.: A theory of leadership effectiveness. New York 1967 (Fiedler war vor seiner Auswanderung in die USA Wiener Psychotherapeut, der sich mit sozialer Wahrnehmung beschäftigte)

aufgegeben werden, wenn ihre Begründer gestorben" seien, in solchen Konstellationen würde der Theoriekern verteidigt und in den Randzonen würden stützende Rettungsoperationen durchgeführt (ebd. S.501). Rosenstiel verweist trotz vielerlei Kritik darauf, dass Fiedler der erste gewesen sei, der aus einem „Es kommt drauf an" ein nachprüfbares „Auf dies und jenes kommt es an" konstruiert hat. „Dadurch machte er begründete Kritik an seinem Ansatz möglich und regte zu weiteren Arbeiten an situativen Führungsmodellen an" (ebd. S.17). Eine bekannte Weiterentwicklung stammt von Vroom & Yetton[182] (1973), sie entwickelten einen ‚normativen' (vorschreibenden) Ansatz, welcher insbesondere in Trainingszusammenhängen genutzt wurde (vgl. Rosenstiel 2003 S.18ff.). Sie definierten fünf Entscheidungsoptionen und sieben situationsdiagnostische Fragen, mit deren Beantwortung man unmittelbar zu einer ‚richtigen' Entscheidungsoption geführt wird. Dieser mechanistische ‚Wenn-Dann-Ansatz' wurde vermutlich auf Grund relativ einfacher Handhabung populär.

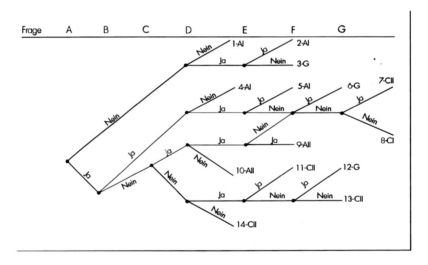

Abb.: 29 aus Rosenstiel (2003) S.19

Die fünf Entscheidungsoptionen, in der Zeichnung dargestellt als AI; AII; CI; CII; G, beinhalten Folgendes: AI: Der Vorgesetzte entscheidet ohne Einbeziehung der Mitarbeiter autoritär; AII: Der Vorgesetzte entscheidet nach Einholung von Informationen bei den Mitarbeitern autoritär, den Mitarbeitern wird im Vorwege nicht mitgeteilt, um welche Entscheidung es gehen wird; CI: Nach Beratung mit (ausgewählten) Mitarbeitern findet eine konsultative Entscheidung statt; CII: wie CI, allerdings werden nun

[182] Vroom, V. H./ Yetton, P. W.: Leadership and decision-marking. London 1973

alle Mitarbeiter konsultiert; G: Gruppenentscheidung. Die dazugehörigen situativen Fragen (A bis G) lauten: „(A) Gibt es ein Qualitätserfordernis: ist vermutlich eine Lösung rationaler als eine andere? (B) Habe ich als Vorgesetzter genügend Informationen, um eine qualitativ hochwertige Entscheidung zu treffen? (C) Ist das Problem strukturiert? (D) Ist die Akzeptierung der Entscheidung durch die Mitarbeiter bedeutsam für die effektive Ausführung der Entscheidung und für das, was der Entscheidung folgt? (E) Wenn ich als Vorgesetzter die Entscheidung allein treffen würde, würde sie dann von den Mitarbeitern akzeptiert werden? (F) Teilen die Mitarbeiter die Organisationsziele, die durch eine Lösung des Problems erreicht werden sollen? (G) Werden die bevorzugten Lösungen vermutlich zu Konflikten zischen den Mitarbeitern führen?" (Rosenstiel 2003 S.19f.). Auf diese Art und Weise, wenn alle Fragen beantworten sind, kommt der Vorgesetzte zu einer Handlungsempfehlung hinsichtlich seiner Entscheidungsart, diese ist situationsabhängig und insofern, so die Annahme, der Situation angemessen. Rosenstiel verwiest darauf, dass Scholz[183] (2000) die Nützlichkeit dieses Ansatzes hat nachweisen können, während Neuberger auf die diesem Modell zugrundeliegende „normative Irrationalität" verweist, da die Ziele des Führungshandelns nicht analysiert werden, insofern unbewertet und ausgeblendet bleiben. Es beschränkt sich auf ein Entscheidungs*verfahren*, klammert Aspekte des Führungsgeschehens (Koordination, Durchsetzung, Kontrolle u.a.m.) aus, außerdem müsse es für Führungskräfte eine „Horrorvision" bedeuten, da sie nach diesem Modell durch „einen Automaten ersetzt werden" könnten (Neuberger 2002 S.508f.).

In einer zusammenfassenden Kritik bewertet Neuberger den situativen Ansatz, gleich welcher Art, als trivialisierendes „asymbolisches" Grundkonzept, welches auf einer Maschinenmetapher basiert, soziale Systeme als rational konstruierbar und deswegen als beherrschbar begreift. Abwertend polemisch beschreibt er den situativ führenden Manager als „ein Jenachdemer". Ein derart Führender sei „kein spiritus rector, sondern ein quasi-automatischer spiritloser Reaktor" (ebd. S.529 und 530). Dieses Konzept sei insofern gefährlich, weil es Managern Glauben macht, dass sie an den jeweiligen Situationen unschuldig seien und nur noch re-agieren könnten. Das diese Konzepte einen vordergründigen pragmatischen Nutzen für deren Anwender zu verzeichnen haben, verschweigt Neuberger nicht, so reduzieren sie die Komplexi-

---

[183] Scholz, C.: Personalmanagement. München 2000

tät des (Führungs-)Alltags, schaffen eine gemeinsame Sprache (unter Führenden), machen Mut, weil sie Steuerungsillusionen nähren, fokussieren das Führungshandeln, konstruieren darüber Sicherheit und da Führende für die Umstände nicht verantwortlich sind, sondern diese lediglich analysieren, um ‚richtige' Entscheidungen zu treffen, entlasten sie an dieser Stelle – das macht sie in der Praxis beliebt.

9.4.2.3 (3) Im nun folgenden Abschnitt wird ein anderes Konzept besprochen, es soll die Architektur des *systemtheoretischen* Ansatzes skizziert werden. In diesem Ansatz finden die personifizierten ‚Macher' (‚the great men') keinen prädestinierten Platz und aus Hierarchien (der ‚heiligen Herrschaft') werden Heterarchien, aus Linien werden Netze, Selbstorganisation bestimmt das Handeln usw. „Die Frage ist also nicht mehr, durch welche klugen Interventionen die Führungskraft die Gruppe steuert, sondern eher, *wie sich ein soziales System selbst steuert*[184]" (Dahlgaard/Stratmeyer 2007 S.30[185]). Nicht Menschen bilden Organisationen sondern Organisationen *sind* ‚Soziale Systeme', die sich über Kommunikation konstituieren und aufrechterhalten. Die basalen Elemente einer Organisation sind dann Kommunikation, Entscheidungen, Erwartungen, Handlungen. So betrachtet werden nicht Menschen konditioniert, sondern (gewünschte) Beeinflussung von Kommunikation, Entscheidung, Erwartung und Handlung erfolgt über Kontextsteuerung, ohne Sicherheit ihrer erwünschten Wirkung. Wie diese Annahme zustande kommt soll im Folgenden skizziert werden. Dazu erfolgt ein Blick auf systemtheoretische Annahmen.

In diesem Zusammenhang werden nicht Systeme irgendwelcher Art, wie beispielsweise biologische-, psychische-, einfache- und nicht einfache-, offene- oder geschlossene Systeme betrachtet, sondern explizit ‚Soziale Systeme', da diese Abbild von Organisationen sind (oder umgekehrt[186]). Dabei handelt es sich um (so genannte) geschlossene Systeme[187], die über eine (geschlossene) Systemgrenze zu ihrer

---

[184] Arnold, Rolf: Stellvertretende Führung – Führung zur Selbstführung. In: Personalführung 6/ 2000, S.18-22; zitiert nach Dahlgaard/ Stratmeyer a.a.O. S.30

[185] Dahlgaard, K./ Stratmeyer, P.: Kooperatives Prozessmanagement im Krankenhaus. Kooperation und Führung. Band 6 Neuwied, Köln, München 2007

[186] Denn auch eine Selbsthilfegruppe stellt ein ‚Soziales System' dar, ist aber nicht gleich eine Organisation, da diese an bestimmte Ziele, Vereinbarungen, Verträge, Mitgliedschaften u. d. g. m gebunden ist.

[187] Operational geschlossene, selbstreferenzielle Einheiten der 3. Generation

Umwelt verfügen und ihre Einheiten bzw. Elemente, die sie ausmachen (kennzeich-nen), auch selbst reproduzieren, damit identifizieren sie sich über ihre Grenze und dem was sie im Kern (im Inneren) ausmacht. Diese Geschlossenheit bedeutet nicht, dass diese Systeme, ihre sie umgebende Umwelt nicht wahrnehmen, sie reproduzie-ren sich lediglich selbst und sie beschäftigen sich überwiegend mit sich selbst[188]. Eine weitere wichtige Annahme bezieht sich auf die Erkenntnisfähigkeit dieser Sys-teme, die stets selektiv funktioniert. Damit gibt es nicht eine Welt an sich, auch keine allgemeingültige(n) Wahrheit(en), sondern stets nur das, was komplexitätsreduzie-rend, in der Unterscheidung zu etwas Anderem, wahrgenommen, (an-)erkannt und integriert wird, womit über die Art und Weise der Wahrnehmung und der Integration noch nichts gesagt ist, aber auch nichts zur Unterscheidung. Unterscheidung bedeu-te Auswahl, diese Selektion macht das System handlungsfähig, es entscheidet wor-über es kommunizieren will, blendet aber etwas anderes dafür aus. Insofern existiert die Welt nur in der gewählten Perspektive. Hierüber muss im System (aber auch in Verbindung mit anderen Systemen) Konformität hergestellt werden, dies gelingt über Kommunikation.[189] ,Soziale Systeme' bestehen nicht aus Menschen, sondern aus Kommunikation. Ein selbstreferenzielles System erzeugt (und erhält) sich selbst. Eine Organisation kann nicht Menschen erzeugen, sondern Elemente der Interaktion, der Kommunikation, insofern kann ein solches so genanntes autopoietisches (im Wortsinn: sich selbst erzeugendes) System auch nicht aus Menschen bestehen. Für Luhmann[190] besteht Kommunikation aus dreifacher Selektion, die er in Information, Mitteilung/Übermittlung und Verstehen untergliedert. Da die Welt nicht nur komplex,

---

[188] Anmerkung: Behörden sind hierfür ein gutes Beispiel, da jeder deren Funktion erlebt und kennt. Exemplari-scher dafür sind ,totale Institutionen' (vgl. zu diesem Begriff Paul Watzlawick), wie Krankenhäuser, Gefängnisse oder das Militär.

[189] Soll diese Selektion, die auf Beobachtung basiert, im System mitgedacht werden, erfordert dies einen Beobachter, der die Systembeobachtung beobachtet, denn das System ist dafür blind. Auch der Beobachter (zweiter Ordnung) ist an genau dieser Stelle für sich selbst blind und benötigt einen Beobachter usf. Organisati-onen gestalten solche Prozesse durch Hinzunahme externe Beobachter (Berater), ganze Branchen leben davon.

[190] Luhmann, Niklas: Ökologische Kommunikation. Opladen 1986 / Das Element der Beziehung, wie Schulz von Thun es in seinen Kommunikationstheorien verwendet, taucht bei Luhmann nicht auf. Beziehung ist an psychi-sche Systeme gebunden, Luhmann aber interessiert sich nicht für den Menschen als solchen (er verzichtet auf das Subjekt), sondern fokussiert sein Interesse auf Kommunikation schlechthin. Auf die Frage, ob es etwas gäbe was ihn gänzlich kalt lasse, antwortete Luhmann, „Ich lehne alle Einladungen ab, die mich veranlassen wollen, über den Menschen zu sprechen. Also der Mensch interessiert mich nicht, wenn ich das so sagen darf" (aus: Hagen, W.: Was tun, Herr Luhmann? Vorletzte Gespräche mit Niklas Luhmann. Berlin 2009).

sondern auch kontingent[191] ist, muss auf der *Informationsebene* eine Entscheidung über das zu Vermittelnde getroffen werden, es muss selektiert werden. Die Maxime könnte lauten: ‚Lege dich fest worüber du sprechen willst'. In Bezug auf die *Mitteilung, auf die Übermittlung*, ist die Art und Weise der Übermittlung angesprochen (diese kann, aber muss nicht sprachlich geschehen), schließlich gibt es verschiedene Modalitäten der Mitteilung (auch das ist eine Form der Selektion). Und im Hinblick auf die *Verstehensebene* geht es um die Dekodierungsleistung des Empfängers, um das Einordnung des Gehörten in das eigene Bezugssystem bzw. Referenznetz. Dabei kann der Sender nie sicher sein, dass seine Mitteilung den Empfänger so erreicht, wie er sie gemeint hat, zumal Begrifflichkeiten in unterschiedlichen Kontexten unterschiedlich gedeutet werden können (Begriffsbesetzung) oder möglicherweise nicht bekannt sind. Wenn beispielsweise Begriffe wie *biologisch-dynamisch, nachhaltig, ressourcenschonend* in der Organisation einer Landwirtschaftlichen Produktionsgenossenschaft (LPG) nicht vorkommen, können diese in diesem systemischen Zusammenhang nicht eingeordnet, verstanden und verwendet werden, es gibt dafür keinen Sensor und keinen Code und damit sind diese Begriffe im System nicht anschlussfähig, bleiben singulär, unverstanden und folgenlos. Diese Beschreibung verdeutlicht, dass Führungen in Organisationen Strukturen und Regularien entwickeln müssen, die sie regelmäßig auf ihre Anschlussfähigkeit hin überprüfen sollten. Organisationen können die Rahmenbedingungen, die Kontexte verändern, „die das selbstgesteuerte Operieren von Systemen anstoßen und orientieren", denn „die Möglichkeit der *direkten* Beeinflussung von Mitarbeitern ist durch die Theoriearchitektur der Systemtheorie genommen" (Neuberger 2002 S.632). Der Langzeiterfolg von Unternehmen hängt in diesem Konzept nicht vom Einzelnen (an der Spitze) ab, sondern davon, dass Organisationswissen breit und zugängig angelegt ist, von allen in der Organisation genutzt werden kann, so dass die Selbstorganisationsfähigkeit gestärkt wird und damit die Gefahr des Scheiterns an unbewältigter Komplexität und Kontingenz minimiert wird. Wer Führung unter diesem Blick betrachtet, setzt auf Kontextsteuerung und kann dennoch nie sicher sein, ob der beabsichtigte Zweck bzw. Nutzen oder die beabsichtigte Intention gelingt. Solch verstandene Führung ist wohl nicht jedermann Sache, denn sie setzt nicht nur ein gehöriges Maß an Gleich-

---

[191] Kontingenz bezeichnet ein Optionsspektrum von Wahrnehmung und meint damit, dass alles was ist, auch anders sein kann.

mut und Ich-Stärke voraus, um derlei Situationen auszuhalten, sondern sie bedarf einer fortwährenden Beobachtungs- und Interventionskraft, wohl wissend, dass alle (gute) Absicht ins Leere verlaufen kann.

9.4.2.4 (4) Das *Rollenkonzept* arbeitet, respektive ‚denkt' anders, indem es den Blick enger auf die *Interaktionen* in Rollen*kontexten* richtet. Führungspersonen, also Vorgesetzte werden, nach Neuberger (2002), vor-gesetzt, insofern gibt es Vorsetzende, Vorgesetzte und Unterstellte. Diese Vorgesetzten sind nicht frei in ihrem Tun, denn dies ist vielfältig an (Rollen-)Erwartungen gebunden (vgl. ebd. a.a.O. S.313). Dieses Konzept geht somit von *Erwartungen* an die jeweiligen Rollen aus und stellt damit die Struktur, nicht die Persönlichkeit in sein Zentrum, insofern erhalten Rollenerwartungen einen beurteilenden Stellenwert, an ihnen wird Führung gemessen. Wenn Erwartungen zur zentralen Perspektive werden, dann wird Führung instabil, weil nämlich jede Person, jede Abteilung, jeder Stab und jede Ebene *andere* Erwartungen an eine bestimmte Position hat. Hemphill/Coons[192] haben neun Rollenerwartungen an Führende lokalisiert: 1. Initiativen ergreifen; 2. Leistung erbringen; 3. Organisation leisten (Aufgabefestlegung u.a.); 4. Kommunikation gestalten (Informationsfluss sichern); 5. Anerkennung leisten; 6. Dokumentation erbringen; 7. Verbundenheit herstellen (Kontakte ermöglichen, gestalten, pflegen usw.); 8. Integration ermöglichen und 9. Repräsentationsaufgaben (angemessen) übernehmen. Mintzberg[193] (1979) definiert 10 Führungsrollen, unterteilt diese in drei Kategorien (interpersonale Rollen: Repräsentator, Führer, Liaison; informelle Rollen: Beobachter, Verteiler, Sprecher; Entscheidungsrollen: Unternehmer, Störungsregler, Ressourcenzuordner, Verhandler). Eine Balance und damit relative Stabilität kann die Rolleninhaberin nur erlangen, wenn sie sich verdeutlicht, nicht alle diese Erwartungen gleichermaßen erfüllen zu können (erst recht nicht im Sinne Aller), sich zwischen diesen Erwartungen, mit dem was sie mitbringt, was sie ausmacht, was und wer sie ist, als Person etabliert. Wenngleich auch der Rollenbegriff dem Theater entlehnt ist, unterscheidet er sich doch in diesem Konzept erheblich dadurch, dass er nicht eine allen bekannte Rolle, in einem in sich

---

[192] Hemphill, J. K.; Coons, A. E. (1957): Development of the leader behaviour description questionnaire. In: Stogdill, R.M.; Coons, A.E.: Leaders behaviour. Columbus In: Staehle, Wolfgang: Handbuch Management. Wiesbaden 1991

[193] Mintzberg, H.: The structuring of organizations. Englewood Cliffs 1979 In: Staehle, W.: Handbuch Management. Wiesbaden 1991, S.373

abgeschlossenen Theaterstück repräsentiert, sondern sich die jeweils betroffene Person zunächst orientieren muss, herauszufinden hat, in welchem Stück sie gerade spielt, darin ihre eigenen Anteile finden und für sich definieren muss und außerdem über die Möglichkeit verfügt, jederzeit, an beliebiger Stelle aussteigen zu können. Diese subjektgebundene Gestaltung einer Rolle ist „nötig und möglich, weil die Rollenanforderungen grundsätzlich nicht exakt und ein für alle Mal definiert werden können (daran scheitern auch die Versuche, präzise Stellenbeschreibungen und Anforderungsprofile für Führungskräfte vorzugeben)" (ebd. S.316).

Nach Wunderer lassen sich zwei Kernaussagen (zentrale Rollenerwartungen) ableiten: Führer sollen Vorwärtsgehen, damit eine Lokomotions-Funktion übernehmen und sie sollen Zusammenhalt (Kohäsion) ermöglichen, wenn dies gelingt, würden Führer als erfolgreich anerkannt (vgl. Wunderer[194] S.368). Mit dem Vorwärtsgehen soll „das Ziel der gesamten Gruppe erreicht werden, die Arbeit soll vorangehen, das Ganze soll sich positiv entwickeln" und „zum anderen soll die Führungskraft den Bestand und den Zusammenhalt der Gruppe fördern sowie den Einzelnen im Team stärken" Dahlgaard/Stratmeyer[195], S.14). Solcherlei Erwartungshaltungen gestatten individuelle Spielräume, indem sie zwar das *Wohin* (Zielbestimmung) vorgeben, aber nicht das *Wie* (die Art und Weise der Zielerreichung). Für dieses *Wie* gibt es nach Wunderer (1991) keine ‚goldenen Regeln', wie sie die Praxis der Führung stets gerne hätte, er empfiehlt einen anderen Weg, nämlich sich den Weg im Gehen zu erschließen oder anders gesagt, der Weg entsteht beim Gehen. Eine solche Metapher spricht die Notwendigkeit einer steten selbstkritischen Reflektion des eigenen Handelns, im Kontext der Handlungen und Handlungsbedingungen anderer Beteiligter an. Das erfordert Rollenanalysen (nicht nur der eigenen, sondern auch die der anderen), Analysen der Handlungen, der vorgelagerten Entscheidungen, der Kommunikationsstrukturen (-wege, -inhalte, -formen) vor dem Hintergrund der Organisationsgeschichte und –kultur. Solche analytischen Rekonstruktionen (einsam oder gemeinsam) sind an Geschehnisse gebunden, haben also einen konkreten Hintergrund und

---

[194] Wunderer, R.: Managementrolle: Führender. In: Staehle, W.: Handbuch Management. Die 24 Rollen der exzellenten Führungskraft. Wiesbaden 1991

[195] Dahlgaard, Knut & Stratmeyer, Peter: Kooperatives Prozessmanagement im Krankenhaus. Kooperation und Führung. Themenband 6, Neuwied, Köln, München 2007

Anlass. Solche Anlässe könnten nach Wunderer[196] sinnvollerweise Konflikte sein, denn diese treten immer auf und sie sind die Schnittstellen nach innen und nach außen, insofern stellen sie für das Handlungsverstehen ideale Parameter dar. Die Betrachtung und Analyse der Konflikte schafft ein lebendiges Lernfeld für alle beteiligten Rollenträger, insbesondere für Führungskräfte, es ermöglicht explizites Lernen und beeinflusst künftiges Handeln. Wunderer beschreibt, mit Verweis auf Neuberger ‚typische strukturelle Rollen-Konflikte': *Intra-Sender-Konflikt, Inter-Sender-Konflikt, Inter-Rollen-Konflikt, Personen-Rollen-Konflikt*. Neuberger[197] (2002) ergänzt diese Reihe um zwei weitere Konfliktfelder: *Rollen-Ambiguität, Rollen-Überlastung*. Derselbe erklärt den *Intra-Sender-Konflikt* als ein *in* der Person angelegtes und in ihr, mit sich selbst divergierendes Spannungsfeld, welches zwar von außen kommend initiiert werden kann, dass aber danach in der Person von derselben bearbeitet werden muss, sie muss für sich eine Lösung entwickeln um inneren Frieden zu finden. Als Beispiel sei eine Vorgesetzte benannt, die einer Unterstellten ein höheres Anforderungsprofil benennt, diese soll nun in kürzerer Zeit, bei gleichbleibender Qualität mehr Produkte herstellen. Eine solche Anforderung kommt zwar von außen, bewirkt aber im Inneren dieser betroffenen Person Spannungen, welche Konflikte in dieser erzeugen können, die sie in der Folge nun zu bearbeiten hat. Mit dem *Inter-Sender-Konflikt* werden Konfliktfelder zwischen Personen angesprochen. So können in einer Abteilung verschiedene Mitglieder dieselbe Erwartungshaltung an die Vorgesetzte haben (beispielsweise hinsichtlich Mitarbeiterpartizipation), allerdings ist der Ausprägungsgrad dieser Erwartung bei jeder beteiligten Person unterschiedlich (Muss-, Soll- oder Kann-Erwartung). Diese Differenz, sofern mitgeteilt, konstruiert zwischen den Teammitgliedern Konfliktpotential und parallel zwischen diesen und der Vorgesetzten (die hierzu eigene Vorstellungen hat und diese müssen nicht kompatibel sein). Neuberger verweist auf ein zweites Spannungsfeld dieser Art, welches zwischen der Organisation und der Institution Familie liegen kann, denn Letztere hat Erwartungen an die Mutterrolle der Person und die Organisation an die Führungsrolle derselben Frau, so dass diese unterschiedlichen Rollenerwartungen zwischen den Institutionen *und* in der Person (als Mutter und Führungskraft) divergieren, insofern

---

[196] Wunderer 1991 a.a.O. S.371f.

[197] Neuberger 2002 a.a.O. S.321ff.

gilt hier eine gleich dreifache Konfliktform, was verdeutlicht, dass diese Trennung der Konfliktarten lediglich analytischen Charakter hat. Diese dritte Konfliktform bezieht sich auf das *Inter-Rollen-Geschehen*, also auf Konflikte, die dadurch entstehen, dass eine Person unterschiedliche Rollen wahrnimmt (Juniorchef im elterlichen Betrieb, Vater zweier Töchter, Ehemann einer Frau, aktives Mitglied einer Religionsgemeinschaft, Vorsitzender des örtlichen Turnerverbandes usw.). Jedes Betätigungsfeld, Interessengebiet, jede Mitgliedschaft und Zugehörigkeit wird von der betroffenen Person unterschiedlich gewichtet werden, muss aber insgesamt von derselben miteinander in Einklang gebracht, also irgendwie ausbalanciert werden. Der *Personen-Rollen-Konflikt* beschreibt die Differenz zwischen den Ansprüchen, welche von unterschiedlicher Seite an die unterschiedlichen Rollen einer Person gestellt werden und den ureigensten innersten Haltungen der Person dazu. Sofern diese nahezu identisch sind, ist alles im ‚grünen Bereich', problematisch und konfliktträchtig wird es erst, wenn unterschiedliche Erwartungen, Vorstellungen, Meinungen hergestellt werden. Ein Familienvater, der die Rollenerwartungen seiner Kinder und seiner Frau nicht erfüllt, weil er sich der beruflichen Karriere verschrieben hat und wöchentlich 70 Stunden arbeitet (also mit der Firma verheiratet ist), wird mit den Personen der Familie in Konflikt geraten, aber auch mit sich selber, mit seiner Rollenbalance und den Rollenerwartungen zwischen den Institutionen (Familie und Organisation). An dieser Stelle hat er es mit multiplen Konflikten zu tun, da werden zeitgleich alle bisher besprochenen Ebenen lebendig und vereinigen sich zur Konflikt-Synthese. Mit dem Begriff der *Rollen-Ambiguität* verbindet Neuberger die Vorstellung, dass Rollenerwartungen nicht stets präzise benannt sind, dies kann zwar durchaus und gerade in organisationalen Zusammenhängen sein, aber zeitgleich wird die gleiche Organisation auch implizite, eben nicht deutlich ausgesprochene Erwartungen haben. Dieses Ambiguitätsmuster ist übertragbar auf alle Rollenerwartungen und in diesen schwammigen (weil eben mehrdeutigen) Erwartungshorizonten muss sich jeder Mensch bewegen und trotzdem Sicherheiten gewinnen. Zu guter Letzt wird die *Rollen-Überlastung* angesprochen, womit die „schiere Anhäufung positionsspezifischer Erwartungen" gemeint ist (ebd. S. 324). Möglich wird dies sowohl durch eine quantitative Überlastung, eines zu großen Rollenspektrums aber auch durch Überforderung inhaltlicher Forderungen/Erwartungen bzw. eines eigenen Anspruchdenkens.

Wem es gelingt, die zentralen Anforderungsprofile (Lokomotion und Kohäsion) mit den Führungsaufgaben, wie sie Hemphill/Coons und Mintzberg benennen und beschreiben zu verknüpfen, der verfügt über ein rollenspezifisches Bild von Führungserwartungen. Dieses Bild gilt es mit den eigenen Ansprüchen und Möglichkeiten in Verbindung zu bringen, um ein Selbstverständnis zu entwickeln. Ein solchermaßen entstandenes Bild kann in der Folge mit den stetigen Konfliktfeldern, wie sie oben skizziert wurden, analytisch abgeglichen werden, um daraus neue, subjektiv gebundene (persönliche) Sicherheiten und Handlungsoptionen zu schöpfen.

9.4.2.5 (5) Der Begriff *symbolische Führung* weckt Assoziationen in Hinsicht auf *gegenständliche Symbole*, welche unmittelbar *mit Führung zu tun haben* und insofern, als ein solches Symbol, einen ganzen Erwartungshorizont eröffnen, man denke beispielsweise an Zepter, Krone, Thron, Bischofsstab u. dergl. m., ganz in der Analogie zu Nicht-Führungssymbolen, welche auch *für* etwas stehen, wie der Ehering *für* Liebe, Treue und Verlässlichkeit, das Holländerrad *für* intellektuelle Weitsicht (schließlich war *dieses* Rad, im Gegensatz zum von Niederländern verachteten Rennradsport der Engländer, ursprünglich nur für den wohlhabenden niederländischen Bildungsbürger konzipiert, der aufrecht sitzend weit über die Landschaft blickend, die Übersicht und den Weitblick behielt) die Zigarre, als Phallussymbol *für* männliche Potenz, Sättigung und Wohlstand usw. Weil Führung nicht sichtbar ist, muss sie personifiziert und mit Symbolen versehen werden, damit sie auch bei Abwesenheit der Führungsperson sichtbar bleibt und wirkt. „Führung kann man nur sehen, wenn man gelernt hat sie zu sehen, d.h. mit Attributen (Privilegien, Pflichten, Haltung, Kleidung, Sprache …) zu ver*sehen*, die in ihrer Zusammenstellung prototypisch nur Führungskräften zukommen" (Neuberger 2002, S.643). Führung *wird* also symbolisiert und *sie* symbolisiert. Im ersten Fall wird Führung mit Hilfe von Symbolen offengelegt, sichtbar gemacht, symbolisch hergestellt, im anderen Fall macht Führung Gegenteiliges, sie verbirgt, verschleiert, versteckt, denn Symbole sind nur für diejenigen sichtbar, erkennbar, interpretierbar, die in ihre Deutung eingeführt wurden. Das Symbol dient der *Ver*-, wie der *Ent*schlüsselung, es gilt nur für Eingeweihte, das war auch ihr historische Sinn, man hat sich am Symbol erkannt. Es war bzw. ist ein ‚Ausweis', ein ‚WahrZeichen', wie Neuberger sagt (vgl. ebd. S.645), aber eben nur für Eingeführte bzw. Eingeweihte, für alle anderen sind Symbole bedeutungslos, das ist ihr Doppelcharakter. Ein Symbol ist ein Sinn-Bild für Etwas und stiftet somit Sinn.

Sinn-Stiftung ist keine individuelle Leistung sondern setzt soziale Verbindlichkeit und Verständlichkeit voraus, aber so wie jeder Sinn nicht statisch ist, sondern von der Gemeinschaft dekodiert werden muss, um verstanden zu werden, trifft dies für die sinn-bildliche Kodierung eines Symbols, also das hineinlegen von Sinn, gleichermaßen zu, damit aber bleibt beides (das Ent- und das Verschlüsseln) stets Wandlungen, inhaltlichen Verschiebungen oder Neubestimmungen unterworfen, das macht zugleich ihre soziale Flexibilität aus. Dabei ist zu berücksichtigen, dass Aufhebung (Verflüssigung) von Sinn (Umdeutung oder Neudeutung) Verunsicherung oder auch Angst bewirkt, also destabilisiert, Widerstände, ggf. Restaurationsanstrengungen auslöst, insofern muss verflüssigter Sinn immer auch wieder verfestigt werden. Neuberger (2002) spricht in diesem Zusammenhang von „Sinn-Entbindung", im Sinne von „Geburt eines neuen Sinns", also der gemeinsamen Konstruktion von (akzeptiertem) Sinn. „Symbolische Führung ist deshalb ein Kreisprozess, der zwischen *Verfestigung* … und *Verflüssigung* … dialektisch oszilliert" (ebd. S.668). Sinn ist nicht nur sozial, sondern auch kulturell gebunden. „(Führungs-)Kultur beginnt mit Tat-Sachen, in denen das Wort (Sinn) steckt. Über Symbolische Führung sprechen heißt somit nicht, idealistisch zu spekulieren, sondern von empirischen Fakten auszugehen und sie zu deuten, ihren Sinn zu verstehen" (Neuberger 2002, S.649). Fakten aber unterliegen gleichermaßen einer Zweideutigkeit, denn zum einen sind sie wie sie sind (also mit sich selbst identisch), zum anderen aber können Fakten interpretiert, also gedeutet und in neue Zusammenhänge gestellt werden, damit sind sie wandelbar, allerdings ist solch eine Wandlung nur im sozialen Kontext möglich, denn als einsame Entscheidung wird diese Wandlung nicht nachvollzogen und insofern von den anderen nicht verstanden. Es bedarf der Kooperation, des Miteinanders, der gemeinsamen (Um-)Deutungsarbeit, Führung in diesem Sinne gelingt nicht im Alleingang. *Symbolisches Management* bedeutet immer zweierlei, Fakten bzw. Tatsachen sind zum einen mit sich selbst identische (beispielsweise soll ein AC stets zu objektiven, nachvollziehbaren, wiederholbaren Ergebnissen kommen), zum anderen verweisen Fakten/Tatsachen auf einen dahinterliegenden Sinngehalt (das AC-Konzept ist das Lieblingsprojekt des Personalchefs, mit dem er sich profiliert). Im vordergründigen *faktischen* Sinn stehen gerechte, objektive Messergebnisse, diese Ergebnisse erzeugen Wirkungen, denn sie dienen und nutzen den Bewerbern *und* der Firma, steuern damit die Personalauswahl. Im dahinterliegenden *symbolischen* Sinn, welcher mit aufwändigen Formblättern und Techniken zelebriert wird, steht die Heraushebung *dieses* Instrumentes/Konzeptes (AC) vor allen anderen Alternativen, als *das* Instrument schlechthin, es gewinnt eine Bedeutung für den (genialen) Personalchef und steuert seinen Führungsanspruch, insofern gewinnen die Handlungen des Personalchefs symbolische Bedeutung. Das AC symbolisiert Objektivität, Modernität, Fairness, Qualität u.a.m. für sich *und* für seinen Einführer, Entwickler und Gestalter. Immer ist beides da und während die Fakten als Symbol chiffriert werden müssen, muss das Symbol dechiffriert und damit zu Fakten verwandelt werden, dies ist ein fortwährender zirkulärer Prozess und es ist eine originäre Führungsfunktion, welche nur in sozialer Interaktion, einem lebendigen Aushandlungsprozess, denkbar ist.

9.4.2.6 (6) *MitarbeiterInnen* sind Menschen, welche vertraglich gebunden (in Schriftform oder per ‚Handschlag‘), bestimmte Leistungen, in einem definierten temporären und inhaltlichen Umfang, *für* jemanden oder *für* eine Organisation (Arbeitgeber) erbringen und im Gegenzug dafür von ihrem Arbeitgeber eine Gegenleistung erhalten (i.d.R. monetär, gekoppelt mit mind. gesetzlich definierten Urlaubsansprüchen bzw. tarifl. Vereinbarungen sowie sonstigen betrieblichen Leistungen). Wie kommt eine Organisation, ein Unternehmen an Menschen, die für es zu *Mitarbeitern* werden? Dem Prozess der *MitarbeiterInnengewinnung* vorweg geht eine Bedarfsermittlung notwendiger Arbeitszeit, welche in so genannte Stellen umgerechnet wird. Eine Stelle beschreibt Einsatzort, Tätigkeitsmerkmale, Können, Fähigkeiten, Fertigkeiten, Bezahlung, Arbeitszeit u.a.m., sie wird oftmals in Stellenbeschreibungen festgehalten und hinterlegt. Die Art der Bedarfsermittlung kann relativ einfach über einen Stellenplan erfolgen (wird eine ‚Stelle‘ frei, so ist diese wieder zu besetzten) oder auch aufwändig über Arbeitszeitermittlungen, mit Hilfe genauer Ablaufschemata und exakten Zeitberechnungen (insbesondere in tayloristischen Arbeitssystemen mit Hilfe von Berechnungen der REFA[198]). Bedarfe entstehen bei Neugründung, durch Weggang (Kündigungen oder Altersruhestände), durch Kapazitätserweiterung oder Erschließung neuer Marktsegmente, durch Marktveränderungen von außen, durch Revision der Geschäftstätigkeit, andersherum kann es auch zur Notwendigkeit personeller Freisetzungen kommen. Diese Planung erfolgt stets vor der Folie eines Manage-

---

[198] Der REFA-Verband für Arbeitsgestaltung, Betriebsorganisation und Unternehmensentwicklung e. V. (1924 gegründet als Reichsausschuss für Arbeitszeitermittlung)

mentzirkels (Ziele setzten, planen, realisieren, kontrollieren). Solche Bedarfsermittlung ist häufig nicht unproblematisch, insbesondere wenn der Arbeitsplatz hinsichtlich der Arbeitsmenge deutlichen Schwankungen im Tagesablauf unterliegt *oder* die Arbeitsproduktivität schwer messbar ist *oder* es nicht um Arbeits*leistung* sondern Arbeits*bereitschaft* geht, man also nicht weiß, wann aus der Bereitschaft Arbeitsnotwenigkeit wird oder es Schnittstellenprobleme mit anderen Abteilungen oder Tätigkeitsfeldern gibt usw. Neben den Personalbemessungsformen und dem Stellenplan existieren noch Kennzahlenmethoden, globale Bedarfsprognosen oder schlichte Schätzverfahren.

Ist der Bedarf bekannt, müssen die Beschaffungswege (interne oder externe Ausschreibungen) sowie die Kontaktaufnahme zu den Menschen, die man gewinnen möchte, festgelegt werden (Stellenausschreibungen in Zeitungen, Zeitschriften, Fachzeitschriften, Internetportalen oder über Zeitarbeitsfirmen, Arbeitsagenturen usw.), dann ist die Art der Bewerberauswahl, also die Auswahlmethode zu planen (Auswahlkriterien werden durch die Fachabteilung vorgegeben, oder Stellenbeschreibungen bilden die Grundlage, Interviews, Bewerbergespräche werden in einem bestimmten Rahmen geführt, wer ist dabei, wer führt die Gespräche, mit welcher Methode oder werden alternativ Assessment-Center beauftragt), außerdem sind die Fragen nach möglicher Hospitation, Probearbeit oder Praktika, ggf. auch einer Arbeitsprobe zu entscheiden, zuletzt ist der Kontrakt zu schließen, die Arbeitsaufnahme zu bestimmen, die Einarbeitung zu regeln. Jede Organisation wünscht sich effektive Verfahren, möchte möglichst viele valide Informationen über die Bewerber erhalten und zwar über das hinaus, was schriftlich vorliegt, parallel sollen die Verfahren wenig personalaufwändig, schnell, also effizient sein, gleichzeitig stellt sich die Organisation, das Unternehmen im Rahmen dieser Verfahren immer auch selbst dar und es will in aller Regel eine gute Außenwirkung. Die Bewerberin will gleichermaßen ein positives Bild abgeben, will sich aber auch authentisch darstellen mit dem was sie ist und kann, schließlich sollen Fehleinschätzungen vermieden und die wahre Eignung ermittelt werden. Der beabsichtigte Trainingsaspekt für die Bewerberin mit solchen Situationen darf auch nicht unterschätzt werden, insofern hat die Bewerberin einen Anspruch auf eine angemessene Rückmeldung (verdient), darf diese auch erwarten.

Im Sinne von Gerechtigkeit und Fairness empfiehlt Weuster[199] (2004) folgende zehn Leitlinien: 1. Arbeitsplatzbezug wahren, nicht in die Privatsphäre eindringen; 2. Qualität des Verfahrens sichern, es soll objektiv, reliabel und valide sein[200]; 3. Konsistente Anwendung auf alle Bewerber garantieren; 4. Vorurteile minimieren (möglichst vermeiden) durch mehrere Beurteiler; 5. Transparenz über das Verfahren herstellen; 6. Ethische Aspekte wie Respekt, Vertraulichkeit, Ehrlichkeit beachten und herstellen; 7. nach dem Abschluss unbedingt Feedback geben; 8. Dem Bewerber alle relevanten Informationen zugängig machen (Gehalt, Arbeitszeit und Arbeitsbedingungen usw.); 9. Korrekturmöglichkeiten einbauen (ggf. zweites Gespräche, im Nachgang Nachfragen stellen, weitere Informationen einholen); 10. Betriebliche Interessenvertretung einbinden. Schuler[201] (2006) empfiehlt ein Bewerbergespräch (Multimodales Einstellungsinterview) analytisch in acht Schritte zu zergliedern: 1. Gesprächsbeginn: kurze informelle Unterhaltung dient der atmosphärischen Aufwärmung, das Verfahren skizzieren; 2. Selbstvorstellung des Bewerbers: Beurteilung nach anforderungsbezogenen Dimensionen; 3. Berufsorientierung und Organisationswahl: Standardisierte Fragen zur Berufswahl, Berufsorientierung, Organisationswahl und Bewerbung; 4. Freies Gespräch: offene Fragen, summarische Eindrucksbeurteilung; 5. Biographiebezogene Fragen: „Erfahrungsfragen", Beurteilung an Hand einer Skala; 6. Realistische Tätigkeitsinformationen: ausgewogene Informationen über das Unternehmen und den Arbeitsplatz; 7. Situative Fragen: auf critical-incident-Basis[202], Beurteilung an Hand einer Skala; 8. Gesprächsabschluss: Fragen der Bewerberin, Zusammenfassung, weitere Verabredungen. Die Gesprächsphasen knüpfen prak-

---

[199] Weuster, A.: Gerechtigkeit und Fairness bei Auswahlverfahren. In: Personalführung 10/2004, S.44-49

[200] Objektiv meint hier, dass bei Wiederholung des Verfahrens durch *andere* Personen, diese zu gleichen Ergebnissen kommen; Reliabilität meint die Zuverlässigkeit der Methode bzw. des Verfahrens, d.h. eine Wiederholung würde zu gleichen Ergebnissen führen; ein valides Verfahren misst nur das, was auch gemessen werden soll (berufsbezogene Daten erfährt man beispielsweise nicht in einem informellen Plausch über Hobbys der Bewerberin usw.).

[201] Schuler, H./Marcus, B.: Biografieorientierte Verfahren der Personalauswahl. In: Schuler, H.: Lehrbuch der Personalpsychologie. Göttingen 2006, S.189-229

[202] Was will nun ein critical incident bzw. ein kritisches Ereignis sagen? Auf beruflicher Ebene wird es damit beschrieben, dass jede Aufgabe spezifische Situationen beinhaltet, in denen der Aufgabeninhaber zeigen muss, was er oder sie wert ist. In diesen realen Lebenssituationen sind spezielle Qualitäten (dieses Inhabers) entscheidend, um erfolgreich zu sein oder auch nicht. Genau diese Situationen werden als critical incidents bzw. kritische Ereignisse benannt. Kritisch, weil sie entscheidend sind und weil sie nur in diesen bestimmten Situationen die Anforderungen aufzeigen, die in dem spezifischen Job notwendig sind.

tisch aneinander an, so erfolgt beispielsweise die Überleitung zwischen Phase 6 und 7 mit dem Hinweis: ‚Ich habe Sie jetzt über einige wichtige Aspekte Ihrer möglichen künftigen Tätigkeit informiert. Um Ihnen einige Beispiele anspruchsvoller oder schwieriger beruflicher Situationen zu geben, werde ich Ihnen jetzt noch mehrere Fragen stellen, in denen jeweils eine solche mögliche Situation geschildert wird. Sagen Sie mir bitte, wie Sie sich in der betreffenden Situation verhalten würden.'

Schlussendlich sollen Bewerbungsverfahren für beide Seiten gewinnbringend sein, denn sie liefern dem Unternehmen die Menschen, die es für seine Existenz benötigt, um erfolgreich am Markt bestehen bleiben zu können und sie verschaffen den Bewerben die Möglichkeit einer passgenauen Entscheidung bzw. verdeutlichen im Prozess, dass dieses Unternehmen oder dieses Stellenprofil nicht den Erwartungen der Bewerberin entspricht. In jedem Fall soll die Bewerberin das Verfahren als Trainingsfeld für weitere Verfahren verstehen können.

9.4.2.7 (7) Ist *Mikropolitik* ein expliziter Führungsstil? Erinnert es nicht unmittelbar an Niccolò Machiavelli[203] (1469-1527), der in seinem Buch „Il principe" (aus heutiger(?) Sicht) moralisch verwerfliche Ratschläge zum Machtaufbau und Machterhalt vermittelte? Bosetzky[204] (1991) unterstellt diesen Rat-Schlägen „amoralische und anti-demokratische" Qualitäten, nichts desto trotz scheinen sie zeitlos und noch immer gültig, ‚das Sosein der Welt ist mit Machiavelli immer noch hervorragend zu verstehen' (ebd. S.295). Machiavelli macht doch nur deutlich, wie Macht konstruiert werden kann, worauf man/frau also zu achten hat, was *achtsam* bedacht werden sollte, wobei sich die Beachtung auf politische Strukturen und im Wechselspiel auf die eigene Person bezieht. „Die Anwendung von Macht in Organisationen wird als Politik, genauer als Mikropolitik, bezeichnet" (Staehle 1999 a.a.O. S.406). Und Mikropolitik wird in allen Organisationen, gleich welcher Art gelebt (Parteien, Kirchen, Unternehmen, Vereinen, Wohlfahrtsverbänden u.a.m.), sie ist zugehöriger Bestandteil dieser (Organisations-)Formen, sie „ist keine bloß individuelle Option, die man auch

---

[203] Machiavelli, N.: Der Fürst. Stuttgart 1955 (Das Buch *Der Fürst* wurde, um 1513 von Niccolò Machiavelli verfasst und 1532 postum publiziert. Es gilt es als eines der ersten Werke der modernen politischen Philosophie.

[204] Bosetzky, H.: Managementrolle: Mikropolitiker. In Staehle, W.: Handbuch Management. Wiesbaden 1991, S.287-299

ausschlagen könnte, und schon gar nicht ein spezifischer Charakterzug (‚Die Führungskraft als Mikropolitikerin'), sie ist unausweichlich und unverzichtbar. Das impliziert, dass Mikropolitik nicht reduziert wird auf illegale opportunistische Machenschaften, sondern als ‚Extra-Rollen-Verhalten' konzipiert wird: Über formal definierte Erwartungen hinaus, versuchen die Akteure ihre Vorhaben zu realisieren" (Neuberger 2002 a.a.O. S.728). Derselbe verweist darauf, dass auch die klassische Führungsforschung schon immer verschiedene Wege der Zielerreichung und somit Handlungs- und Entscheidungsspielräume unterstellte. „Der Diskurs über verschiedene Führungsstile und deren unterschiedliche Erfolgswirksamkeit wäre anders nicht denkbar" (ebd. S.729). Mikropolitik unterstellt den Akteuren die Absicht, persönlicher Zielerreichung (organisationsbezogene und individuelle), mit Hilfe von Seilschaften, Promotionsbündnissen und dergleichen mehr, schneller und/oder besser zu bewirken. Menschen ‚spielen' in Organisationen um Gewinne (Prestige, Macht, Geld, die Euphorie des Sieges), auf diese Spiel-Metapher verweist Bostzky (1991 a.a.O. S.287). Neuberger charakterisiert Mikropolitik als „mikroskopisch klein, unauffällig, unmerklich […]; unterhalb der sichtbaren Ebene offizieller Politik (subpolitik), […]; verborgen, heimlich, versteckt, lichtscheu […]; ‚von unten' […]; von Einzelnen […] gestaltet und auf sie bezogen; kurzsichtig und ohne Gemeinsinn auf den eigenen Vorteil gerichtet, ohne das Große und Ganze im Auge zu haben; im Gegensatz zur formellen Großen Politik: informell, interpersonal-kleinräumig, von Angesicht zu Angesicht, unter vier Augen; nicht auf makropolitische Grundsatzentscheidungen aus […]; sie propagiert nicht den grenzenlosen Kampf aller gegen alle und schon gar nicht gegen die übergreifende stabile Ordnung, sondern ist auf lokale und kurzfristige individuelle Manöver beschränkt" (ebd. S.685-687). Staehle (1999) beschreibt, mit Verweis auf Nord[205] (1978) den politischen Charakter von Organisationen wie folgt, „Organisationen setzten sich aus Koalitionen zusammen, die um Einfluß und Macht kämpfen. Koalitionen versuchen, ihre Interessen und Positionen durchzusetzen, indem sie Umweltanforderungen manipulieren. Machtausübung in Organisationen ist eine zentrale Form gesellschaftlicher Machtausübung" (ebd. S.406). Wobei ungleiche Machtverteilungen nach Nord enthumanisierende Effekte haben, denn die weniger Mächtigen werden von den Mächtigeren in wenig humanen Abhängigkeitsverhältnis-

---

[205] Nord, W. R.: Dreams of humanziation and the realities of power. In: AMR 1978, S.674-679

sen gehalten. Wie machen die Mächtigen dies? Neuberger[206] (2003) beschreibt 2 x 7 Items, die den Mächtigen dafür zur Verfügung stehen. Die ersten Sieben konnotieren eher *negative* Assoziationen: 1. *Informationskontrolle* (verfälschen und/oder selektieren); 2. *Kontrolle von Verfahren, Regeln, Normen* (Entscheidungsverfahren kontrollieren/ändern, Präzedenzfälle schaffen, günstige Kriterien konstruieren und einführen usw.); 3. *Beziehungen nutzen oder stören*; 4. an einer *guten Selbstdarstellung* arbeiten; 5. Situationskontrolle wahren, Sachzwang schaffen (Sabotage, Fehler und/oder Fakten vertuschen usw.); 6. *Handlungsdruck erzeugen* (dazu gehören Einschüchterungen, Schikanen, heute würde man eher von Mobbingtechniken sprechen, Termine setzten/kontrollieren usw.); 7. *Timing*, das meint richtige Zeitpunkte abzupassen oder zu setzen, andere überraschen und für Momente handlungs*un*fähig machen, irritieren oder Entscheidungen hinauszögern (aussitzen) bzw. umgekehrt richtig Zeitdruck machen. Dagegen setzt er nun sieben *positiv* assozierend wirkende Elemente: 1. *Rationales Vorgehen* (systematisches, differenziert kluges argumentieren, Expertisen erstellen bzw. anderen fundierte Ausarbeitungen vorlegen); 2. *Begeistern* (Charisma haben und nutzen, ebenso Visionen aufzeigen und Inspirationen versprühen, hohe Werte verkörpern, daran glauben und appellieren usw.); 3. *Koalition und Partizipation* (Menschen motivieren, Mitbestimmung ernst nehmen, eine gute förderliche Atmosphäre schaffen usw.); 4. *Personalisieren* (Identifikationen ermöglichen, Vorbilder präsentieren, hohe Werte verkörpern und vorleben, an diese appellieren, Selbstverpflichtungen einfordern u.a.m.); 5. mit eigener *Bestimmtheit* antreten, selbstsicher sein, klar und fordernd auftreten, Konfrontationen nicht aus dem Weggehen, Konflikte nicht meiden, Führung für sich beanspruchen; 6. Mit *Belohnungen* arbeiten, Anerkennung geben, den richtigen Rahmen dafür wählen, Anderen Vorteile verschaffen, ihnen bei der Karriere behilflich sein, sie in die Pflicht nehmen, schuldig machen usw.; 7. *Beraten* (Mentor sein, Ratschläge annehmen und weitergeben, hilfreich sein, wichtige Tipps/Hinweise geben).

Dass Politik sich vielfältig gestalten lässt, zeigen diese 14 Optionen politischen Handelns, die alle miteinander, je nach Situation und Kontext parallel oder nacheinander Bedeutung haben können und in das Repertoire eines guten Mikropolitikers gehören. Das politisches Führen situativ ist, erklärt sich beinahe von selbst, denn es geschieht

---

[206] Neuberger, O.: Mikropolitik. In: Rosenstiel, L. von et al. a.a.O. S.44f.

immer in irgendwelchen Situationen oder konstruiert Situationen, ist aber nicht ‚situative Führung', diese Form des Führens ist versucht alles Geschehen verstehbar zu machen, zu ‚rationalisieren', wie Neuberge es nennt. ‚Situative Führung' hält fest „an der Macher- und Kontroll-Illusion, die glaubt, das Führungsgeschehen als technischen Prozess optimieren zu können, indem in buchhalterischer Pedanterie für typisierte Situationen Erfolge versprechende Stile empfohlen werden. Insofern sind sie eine Schrumpf und Kümmerform des politischen Ansatzes [...]" (ebd. S.48f.). Mikropolitik ist nicht nur etwas Reales, etwas, was immer da ist, das sich oft dem Blick entzieht, aber stets anders spürbar wird. Sie sichert dem Einzelnen die Möglichkeit in der Organisation Einfluss zu nehmen und aufzusteigen. Ein Aufstieg ohne solchen Einsatz gelingt oftmals nicht, bzw. ist zumindest „sehr unwahrscheinlich, denn ohne mikropolitische Aktivitäten wird auch der/die Beste nicht weit kommen" (Bosetzky 1991, S.297). Nicht jeder in organisationalen Kontexten ist ein Mikropolitiker, aber jeder hat irgendwie damit zu tun, wird damit konfrontiert und muss sich entscheiden, diesem Geschehen, so gut es eben geht auszuweichen, nicht mitzumachen, Strömungen rechtzeitig zu entlarven oder sich dem zu stellen und für sich das Blatt so zu wenden, dass er nicht zu denen gehört, die Bosetzky wie folgt beschreibt: „Der Umgang mit MikropolitikerInnen ist ‚menschlich' oft enttäuschend, weil sie stets dazu neigen, den anderen zu instrumentalisieren und fallenzulassen (Schreibweise wie im Original, d. Verf.), wenn er keinen Nutzen mehr bringt [...]. Da sie ständig auf der Hut sein müssen, Fehler zu begehen und Minuspunkte einzuheimsen, sind sie zumeist ‚ohne Ecken und Kanten', ‚Plastikmenschen', ‚nach allen Seiten hin offen' und scheuen die Nähe zu Personen, die sich irgendwie ‚gesellschaftlich bedenklich (also zumeist sehr weit ‚links') profiliert haben. Freunde und Freundinnen, die offen die Meinung sagen, schätzen sie mit zunehmender Machtkumulation immer weniger: Bestätigung ist ihnen alles. [...] Der Wert eines anderen bemisst sich immer danach, wie sehr er im mikropolitischen Spiel von Nutzen ist [...]" (ebd. S.298f.). Staehle (1999) betrachtet die mikropolitischen Erscheinungen weniger emphatisch, er geht eher pragmatisch davon aus, dass Spiele und/oder Kämpfe um Macht, Status, Privilegien und Konflikte alltäglich zu allen Organisationsformen weltweit gehören, der Mensch sich damit also abfinden muss, gut, wenn er darum nicht nur weiß, sondern diese Prozesse auch erkennt (sich dadurch zum Teil entziehen kann oder Lenkungsfunktionen für sich entwickelt) (ebd., S.409). Mikropolitik findet schließlich immer

‚unter der Decke' statt. Neuberger (2002) spricht deswegen auch von einem ‚Rum-
pelstilzchen Effekt': „In dem Moment, wo sie (die Mikropolitik, d. Verf.) bei ihrem
Namen genannt (aufgedeckt) wir, verliert sie viel von ihrer Kraft. Entscheidend ist
nicht so sehr die Heimlichkeit des Geschehens – denn viele der Beteiligten wissen,
was alles läuft -, sondern die Exkommunikation des Themas. Es darf nicht offiziell
[…] darüber geredet werden" (ebd., S.712). Denn nur wenn der Schleier der Verschwiegenheit darüber verbleibt, sind alle Deutungen dem Vorbehalt der Vermutun-
gen unterworfen. Die Kraft der Mikropolitik liegt in ihrer Verschwiegenheit (‚Extra-
Rollen-Verhalten'/Neuberger) – insofern darf die Eingangsfrage verneint werden,
denn Mikropolitik hat zwar mit Macht und insofern auch mit Führung zu tun, kann
aber nicht als expliziter Führungsstil bezeichnet werden. Über Führungsstile wird
offen debattiert, sie sind ein Feld wissenschaftlicher Auseinandersetzung, Forschung, Lehre, Tagungen besetzen dieses Feld, differenzierte Diskurse werden zur
Thematik geführt, Fortbildungen, Seminare, Ratgeber runden es ergänzend ab.
Mikropolitik macht in den Führungsspektren einen schmalen Anteil aus, ist ein spezifisches Feld, zu dem sich schwer forschen lässt, da diese Form der Machtausübung
eben nicht explizit zelebriert wird. Neuberger wendet dieses Spiel, ins Notwendige
und konnotiert es positiv, indem er darauf verweist, dass politisches Handeln auf
soziale Ordnung gerichtet ist. „Aber eben keine mechanische oder bürokratische,
sondern eine, die aus dem ‚Spiel' der Kräfte resultiert. Eine solche Ordnung ist be-
weglich, sie passt sich neuen Lagen schneller an als ein starres formales Regelwerk.
Darin liegt ein unverzichtbarer Beitrag zur Systemstabilisierung: Stabilität durch
Instabilität" (ebd., S.714).

9.4.3 Führertypen

Ein Typus ist eine Figur, eine Form oder eine (Merkmals-)Ausprägung. Führung lässt
sich beobachten, Verhalten verfügt über beschreibbare Merkmale, diese lassen sich
möglicherweise bündeln und insofern kategorisieren (vermutlich wenig trennscharf),
solcherlei Kategorien könnten (Merkmals-)Typen bilden und mit Überschriften versehen werden. In der Tiefenpsychologie, der Philosophie aber auch der Literaturwis-
senschaft finden sich *Archetypen*, wie sie auch Neuberger (2002) beschrieben und
auf Führungsausprägungen hin untersucht hat. Er beschreibet die Archetypen: Va-
ter/Mutter, Held und Geist (mit den Ausprägungen der Vision, Transformation, Aske-

se, Erleuchtung). Sicherlich wären auch weitere solcher Typisierungen, wie etwa Kaiser, König, Prinz, Götter, Erzengel (Michael oder Luzifer/Satan) u.a.m. denkbar, aber es sei müßig darüber zu spekulieren, denn „Archetypen sind Rückwärtsprojektionen" und insofern ungeeignet für vorwärtsgerichtete Erklärungsmodelle (ebd. S.135). Neuberger[207] (2002) verdeutlicht diese Idee am Beispiel des Typus *Vater*, der noch vor einigen Jahrzehnten für Merkmalsausprägungen wie Mann, Patriarch, Alter, Erzeuger, Beschützer, Ernährer stand, verbunden mit Attributen wie mächtig, (be-)herrschend, kraftvoll/stark, männlich, usw., der aber eine *Rollen(um)wandlung* erleben musste und im konstruktivistisch-emanzipativen Diskurs nicht mehr per se und Geburt ‚Mann' ist, sondern als ‚Mann' erst kulturell, sozial und sprachlich geschaffen wird (vgl. de Beauvoir[208]). Wenn Frauen den ‚Mann' neu attributieren, weil sie sich andere Zuschreibungen wünschen und Männer anders (haben) wollen, gerät auch das archetypische *Vater*bild durcheinander, ja, es wird abgeschafft und damit der Vater, in seiner archetypischen Form, gleich mit. Frauen, die selbstständig leben, wirtschaftlich autonom sind, brauchen weder Fahrer, Beschützer, Ernährer usw. und wollen Frauen sich einen Kinderwunsch erfüllen, so suchen sie sich den für sie passenden ‚Erzeuger', der muss aber nicht zwingend Vater werden oder gar (Lebens-)Partner, nicht Bett und Wohnung teilen, er wird funktional auf seine biologische Notwendigkeit reduziert. *Soziale* Väter können wechseln, sind (für die Frau, möglicherweise nicht für das Kind) austauschbar, werden zu Lebensabschnittspartnern, noch nie waren Familien derart heterogen (negativ konnotiert: zerrissen). Kurzum, Archetypen können für Führungserklärungen nicht ernsthaft herangezogen werden, es sind Bilder und Metaphern, die hierfür nicht taugen.

Bennis/Nanus (1985) haben typische Anforderungsprofile für transformative Führer benannt, nachdem sie mit 90 Führern unstrukturierte Interviews durchgeführt und ausgewertet haben. Beide haben sich charismatischen, transformativen Führern zugewandt (wenngleich dies eine normative Setzung ist), weil sie davon ausgehen, dass nur diese Sinn vermittelnde soziale Architekten sind, welche Mitarbeiter zum Handeln bewegen, Geführte in Führer verwandeln und Führer zu Change Agents

---

[207] vgl. Neuberger 2002 a.a.O., S.106-136

[208] „Man wird nicht als Frau geboren, man wird es" („On ne naìt femme, on le devient") Simone de Beauvoir In: Schwarzer, A.: Simone de Beauvoir. „Das andere Geschlecht." Hamburg 2007, S.161

machen (vgl. ebd. S.3[209]). Sie benennen *vier* Anforderungen: 1. „mit Visionen Aufmerksamkeit wecken"; 2. „durch Kommunikation Sinn vermitteln"; 3. „einen Standpunkt einnehmen"; 4. „Entfaltung der Persönlichkeit durch - positives Selbstwertgefühl, - Lernen aus Fehlern, - Erkennen von Stärken und Kompensation von Schwächen, - Entwickeln von Talenten, - Übereinstimmung von Qualifikationen und Anforderungen" (Staehle 1999, S. 867). Zu ganz ähnlichen Ergebnissen sind Tichy/Devanna[210] (1986) nach 12 Interviews gekommen, sie zeichnen sieben Charakteristika, bezogen auf transformative Führer auf: 1. „Sie verstehen sich als Change Agents"; 2. „Sie sind couragiert"; 3. „Sie vertrauen anderen Menschen"; 4. „Sie handeln wertorientiert"; 5. „Sie sind lebenslange Lerner"; 6. „Sie können mit Komplexität, Ambiguität und Unsicherheit umgehen"; 7. „Sie haben Visionen" (ebd., S. 867). Beide Autorenteams klären allerdings die notwendigen organisatorischen Bedingungen nicht, unter denen transformative Führung möglicherweise gelingen könnte. Weil diese Spezifikation fehlt, ordnet Staehle sie eher der „Management-Folklore" zu (S.867). Kakabadse[211] (1984) erarbeitete eine differenziertere Klassifizierung von Führertypen, indem er diese an Persönlichkeitsstrukturen koppelte, allerdings wirken diese synthetisch und idealisiert. Er beschreibt zunächst den *Traditionalisten:* dies ist ein Bewahrer, der jede Veränderung als Bedrohung erlebt, er besitzt spezifische Kenntnisse, ist genau aber unflexibel, steht für Stabilität und ist anderen gegenüber loyal. Es folgte der *Teamcoach,* dieser benötigt Nähe von Gleichgesinnten, tritt in Gruppen missionarisch auf, gilt als flexibel, informell, persönlich, ist seiner Gruppe gegenüber loyal. Der dritte Typ ist der *Company Baron,* dieser denkt ganzheitlich, ist eher ein Generalist ohne Detailkenntnisse, entwirft strategische Pläne, allerdings sollen Veränderung allmählich, gewissermaßen evolutionär geschehen, er gilt als opportunistisch und statusbewusst. Der letzte Typ wird von dem Autoren als *Visionär* bezeichnet, auch diese sehen die Organisation als Ganzes und wollen diese, gemäß ihren Visionen am liebsten dramatisch verändern, sie sind kaum loyal und arbeiten

---

[209] Bennis, W. G./ Nanus, B.: Leaders: The straegies for talking charge. New York 1985; deutsch: Führungskräfte. Frankfurt 1987 zitiert nach Staehle 1999 a.a.O. S.867

[210] Tichy, N. M./ Devanna, M. A.: The transformational leader. New York 1986 zitiert nach Staehle 1999 a.a.O. S.867

[211] Kakabadse, A. P.: The politics of management. Aldershot, Hants 1984

sehr isoliert (vgl. Staehle 1999, S. 867f.). Luthans/Hodgetts/Rosenkrantz[212] (1988) begleiteten 44 Manager während ihrer Tätigkeiten, haben diese Beobachtungen dokumentiert und sowohl 12 Verhaltensformen, als auch 4 zentrale Aktivitäten herausgearbeitet, folgende Tabelle verdeutlicht dies.

Beobachtete Verhaltensformen	Manageraktivitäten
Informationen austauschen	Routine-Kommunikation
Papierkram erledigen	
Planen	traditionelle Managementfunktionen
Entscheiden	
Kontrollieren	
Interagieren mit Externen	Beziehungspflege
Soziale Kontakte pflegen/ Politik machen	
Motivieren	Human Resource Management
Disziplinieren	
Konflikte handhaben	
Personal beschaffen	
Personal entwickeln	

Abb.: 30 nach Staehle 1999 a.a.O. S.870

In der nachfolgenden Tabelle wird die Häufigkeit der Manageraktivitäten den unterschiedlichen Manager*typen* zugeordnet.

---

[212] Luthans, F./ Hodgetts, R. M./ Rosenkrantz, St. A.: Real managers. Cambridge, Mass. 1988

Manageraktivitäten	alle Manager	Erfolgs-Manager	Leistungs-Manager	Erfolgs- *und* Leistungs-Manager
	N = 248	N = 52	N = 178	N = 15
Routine-Kommunikation	29	28	44	31
traditionelle Managerfunktionen	32	13	19	34
Beziehungspflege	19	48	11	20
Human Resource Management	20	11	26	15
in %	100	100	100	100

Abb.: 31 nach Staehle 1999 a.a.O. S.870

Wer mit *sich* beschäftigt ist, an seiner Karriere baut, wie dies Erfolgsmanager tun, verbringt beinahe die Hälfte seiner Zeit mit Beziehungspflege, also mit Mikropolitik. Leistungsmanager verbringen beinahe soviel Zeit mit Routinekommunikation und immerhin noch ein Viertel ihrer Zeit mit Tätigkeiten des HRM, kümmern sich also um Mitarbeiter, das wiederum tun die Karrieristen kaum. Der Idealtypus des Autorentrios (ganz rechts in der Tabelle, von denen gab es nur etwa 6% im erwählten Kreis der beobachteten Manager (während die Karrierebastler etwa 72% ausmachten), verbringt immerhin ein gutes Drittel seiner Zeit mit Routinekommunikation und ein weiteres (sehr gutes) Drittel mit den traditionellen Managerfunktionen (Managementzirkel). Die Autoren fordern die Auswahlverfahren zu verändern und das Augenmerk mehr auf die Förderung der leistungs- *und* erfolgsorientierten Manager zu legen. Staehle konstatiert in diesem Zusammenhang, dass es offensichtlich eine Rückbesinnung auf Personalisierung der Führung und damit auf die Eigenschaftstheorien gibt, die während einer kognitiv-rationalen Phase eher marginale Bedeutung hatten.

9.5 Résumé

Einerseits eröffnet ein retrospektiver Blick auf dieses Kapitel, neben einer Vielfalt unterschiedlicher Ansätze, insbesondere hinsichtlich von Führungskonzepten (wie also geht der [Führung-]Mensch mit Menschen um, die zu Mitarbeitern bzw. Unterstellten werden), den Verdacht, das es neben dem (klassischen) Personalmanagement, der Personalverwaltung, der Personalwirtschaftslehre, etwas gibt, das dem *Human-Relations-Ansatz* entwachsen ist, diesen zum *Human-Ressource Management* weiterentwickelt hat. *Andererseits* wird ein solcher (HRM-) Ansatz in der einschlägigen Literatur längst nicht flächendeckend aufgegriffen[213], so dass gar nicht klar ist, ob es diesen Ansatz wirklich gibt bzw. ob diese Idee nicht nur ein ideelles Konstrukt ist und ob diese unterschiedlichen, nebeneinander existierenden Konzepte, sich zu einem wirklichen Ansatz einmal verbinden lassen werden. HRM ist zunächst eine Idee (auch ein Ideal), die Idee nämlich, das es sich beim Personal um *Menschen* handelt, welche einen Wert *in sich* (gewissermaßen a priori) haben. Dieser Wert *an sich* basiert in der Aufklärung (steht in Verbindung zur Idee der „*Gleichheit, Brüderlichkeit und Freiheit*"), fand seinen Niederschlag in der UNO-Konvention der Menschenrechte und ist Ausdruck demokratischer Staatsstrukturen. Ein solcher ‚*Wert an sich'* ist in der westlichen Welt an die Vorstellung individueller Daseinsform gebunden, erklärt das Interesse am Einzelnen und der Entwicklung bürgerschaftlicher Ideale und Rechte. Solche Entwicklungen gehen an Organisationen und Unternehmen nicht spurlos vorbei, schließlich unterliegen auch diese den gleichen Entwicklungen, zumal diese Globalisierungstendenzen aufweisen, was dem (virtuellen) Informationsfluss geschuldet ist (‚die Welt wird zum virtuellen Dorf'). HRM ist aber nicht nur eine Idee, sondern gewinnt seinen Praxisbezug durch sich verändernde gesellschaftliche Rahmenbedingungen. Staehle (1999) verweist in diesem Zusammenhang auf Wettbewerbsverschärfung, neue Technologien, Produktivitäts- und Qualitätsprobleme, Demografie und Wertewandel (vgl. ebd. S.779). Regnet (2003) benennt folgende Veränderungen: zunehmende Komplexität der Arbeitsabläufe, technologische Veränderungen; Konkurrenz- und Kundenorientierung; Rationalisierungen; Internationalisierung und Globalisierung; Arbeitsmarktentwicklung; weibliche Berufstätigkeit; demografischen Entwicklung; Wertewandel; Anforderungen an Mitarbeiter; Halbwertzeit des Wissens (vgl. ebd. a.a.O. S.53-57). HRM soll für die Unternehmen und Organisationen die Antwort auf komplexe Veränderungen und Anforde-

---

[213] Das einschlägige Lehrbuch von Vahs, D.: Organisation. Stuttgart 2007 verzichtet auf diesen Ansatz; Alfred Kieser/ Mark Ebers: Organisationstheorien. Stuttgart 2006 tun dies gleichermaßen; Wunderer, R./ Dick, P.: Personalmanagement. Quo vadis? Analysen und Prognosen zu Entwicklungstrends bis 2010. Neuwied 2006; Drumm, H. J.: Personalwirtschaft. Berlin, Heidelberg 2005; Bühner, R.: Personalmanagement. Oldenburg, München, Wien 2005; Neuberger, O.: Führen und führen lassen. Stuttgart 2002 u.v.a.m klammern diese Begrifflichkeit aus; hingegen findet sich bei Staehle, W.: Management. München 1999 (!) bereits ein eigenständiges Kapitel.

rungen sein, indem es diese erkennt, analysiert und mit Mitteln der Personal*entwicklung*, sowie der Organisationsentwicklung, in Verbindung mit einem systematischen Wissensmanagement (organisationales Wissen) diesen Anforderungen derart entgegenwirkt, dass die jeweiligen Anforderungsprofile im Unternehmen erreicht werden. Dahinter steckt die Annahme, dass jetzt und in Zukunft nicht mehr genügend qualifiziertes Personal, an jedem beliebigen Ort (der Welt) und zu jeder beliebigen Zeit zur Verfügung steht. Menschen müssen insofern beschafft und gebunden werden, dazu müssen sie motiviert werden, sich motivieren lassen (wollen) und Commitment entwickeln können, sie müssen stetig entwickelt, fortgebildet, qualifiziert werden. Bindung, Commitment, Loyalität sollen sie für die Organisation (er-)halten, also *für* das Unternehmen sichern und darüber das Unternehmen sichern. Da die Produktivität gesichert und gesteigert werden soll, wird eine hohe Identifikation mit dem Unternehmen und seinen Leitlinien und Zielen verlangt, die Menschen sollen für ihre Firma (wie für ihre Familie) da sein und sich um es (sie) sorgen. Die Bezahlung soll leistungsgerecht, fair und anerkannt sein, die Arbeitszeiten flexibel. Dies alles vor dem Hintergrund prekärer Arbeitsverträge, zeitlichen Befristungen, Projektorientierung, multiprofessionellen Teams, Diversityansätzen, hohen Leistungsanforderungen, hoher Fachlichkeit, bei Lohnkürzungen durch Kurzarbeit, hoher örtlicher Mobilität, dem Wunsch nach ,work-life-balance' usw. Diese vielen Facetten, von denen hier nur einige wesentliche genannt wurden, miteinander zu vereinen, gleicht dem Wunsch nach der Quadratur des Kreises (oder der Verkugelung des Würfels, wie A. Merkel dies kürzlich nannte). HRM wird dies wohl kaum richten können, zumal es *das* HRM gar nicht gibt. Die Komplexität der anstehenden Probleme benötigt zur Problembewältigung ein ebenso komplexes Vorgehen, HRM ist darin lediglich ein Baustein.

HRM ist eher ein Gedanke, eine Idee, eine Leitlinie, vielleicht ein Konzept, eher das Ergebnis philosophischer Haltungen, die der humanistischen Idee nahe stehen und damit einem ähnlichen Menschenbild, bei unterschiedlichen theoretischen Hintergründen (vgl. hierzu Charlotte Bühler; Abraham Maslow; Carl Rogers, Fritz Perls; Martin Buber; Vorläufer: Comenius; Rousseau; Pestalozzi; Fröbel). HRM geht, sollte es in den Unternehmen verankert werden, insofern über das Personalwesen weit hinaus, weil es mit genau diesen *humanistischen Haltungen* verwoben wäre, weil es dann in den *Leitbildern* der Unternehmen verankert sein sollte und zur ,Chefsache' der Vorstände erhoben werden müsste, soll es breit und dauerhaft Wirkung zeigen.

Das äußere Zeichen dieser Haltung zeigt sich durch den ‚Seitenwechsel' des Personalverstehens, es steht nämlich in gedanklicher Bilanzierung auf der Kapitalseite des Unternehmens, es steigert das (ideelle) Vermögen.

HRM ist nicht der Schlüssel motivationstheoretischer Umformung für unternehmerische Praxis, bestenfalls liefert der Ansatz recht verschiedene theoretische Ansätze, welche sich nicht unbedingt aufeinander beziehen und durchaus nebeneinander Bestand haben dürfen. Auch hier zeigt sich eher das Bild eines Puzzles als einer Gesamtschau. Es bedarf des Mutes zur Lücke und der Kreativität eigener Gestaltung dieser theoretischen Bausteine.

Noch unübersichtlicher wird es im HRM hinsichtlich der Führungstheorien und entsprechender Annahmen und Metaphern, ein Blick auf das vorangegangene Kapitel ‚Personalführung' verdeutlicht dies unmissverständlich. Vielleicht gibt es nichts Falsches im Richtigen, weil es dann ja nicht mehr richtig wäre, ganz sicherlich gibt es nicht *die* richtige Führungstheorie sondern nur unterschiedliche theoretische Bausteine, also gewissermaßen Modelle für etwas richtigerweise Notwendiges. Derart betrachtet lässt sich HRM auf das Zusammensetzen sehr unterschiedlicher Bausteine ein, aber diese sind nicht beliebig (austauschbar), sie sollten alle gekannt sein und erst in der Zusammenschau entsteht ein erkennbares Bild oder bildhaft anders gesagt, das richtige Zusammenfügen aller Steine ergibt eine statisch taugliche Mauer.

Dieses Kapitel hier zeigt allerdings in seiner Zusammenschau eine Heterogenität des HRM-Ansatzes, die (noch) nicht den Mut aufkommen lässt, ein solches Konzept flächendeckend in den Unternehmen in den nächsten Jahren anzunehmen. Dennoch kann es Mut machen, Teile davon zu nehmen, die sowohl in ihren Ideen *und* konzeptionell zusammenpassen, um eine Entwicklung anzustoßen, die es erlaubt solche Ideen aufzugreifen, lebendig werden zu lassen, um sie zum Wachsen zu bringen und zu formen. Auch in diesem Feld lassen sich, wie oft auch anderswo, keine fertigen Produkte erwerben, sondern lediglich Samen – alles andere ist Prozess und liebevolle Begleitung.

Hinsichtlich der Fragestellung dieser Arbeit, konnte aufgezeigt werden, was sich hinter der Begrifflichkeit des HRM vielfältig verbirgt, um dies nun, in Verbindung mit den vorherigen Kapiteln, auf die Übertragbarkeit in personale Prozesse des *Freiwilligen Engagements* zu überprüfen (Kapitel D).

D HRM ein Gestaltungsinstrument für Profession *und* freiwilliges Engagement?

10. HRM im Kontext von Freiwilligem Engagement

„Alles, was mehr aus uns macht, ist Gnade für uns." Rainer-Maria Rilke

Diese Aussage schlägt eine Brücke zwischen den beiden Bereichen, die doch sehr unterschiedlich sind, aber dennoch aufeinander bezogen. Unterschiedlich sind sie bereits in ihrer gesellschaftliche Zuordnung, während *Freiwilliges Engagement* eine gesellschaftliche Querschnittsaufgabe darstellt, die im Grundsatz alle Menschen unseres Staatswesens anspricht, quer durch alle (soziologisch beschriebenen) Gesellschaftsschichten, in den unterschiedlichsten Betätigungsfeldern möglichen Engagements und in je unterschiedlicher Intensität, meint HRM etwas Spezifisches, das sich ausschließlich in organisationalen Zusammenhängen aufspüren lässt und insofern etwas exklusives und nicht für jedermann Zugängiges darstellt.

Beides aber gereicht, im Sinne Rilkes, dem Menschen zur Gnade, da es den Keim zur weiteren individuellen Entfaltung in sich trägt. Während im *Freiwilligen Engagement* eines Menschen, dieser über sich hinauswachsen kann, sich neue Felder erschließt, neue Erfahrungen macht, neues Wissen generiert, neue soziale Kontakte knüpft, sich neu und anders erfährt, wachsen ihm gewissermaßen Flügel, welche es ihm ermöglichen, über das bisher Gewesene hinwegzuschweben, ohne es ablegen zu müssen. Die Idee der Rollenkonzepte erlaubt es ihm in unterschiedlichen Rollen zu verweilen und diese dennoch in seine Persönlichkeit integrieren zu können. Diese neuen Erfahrungen, geknüpft an veränderte Selbstwahrnehmung, erlaubt es dem Menschen *„mehr aus sich zu machen"*, über sich hinauszuwachsen, zwar kein Anderer, aber anders zu werden. Unter dem Begriff des HRM lässt sich viel fassen, wie dies im Kapitel C beschrieben wurde, dennoch trägt es sowohl organisatorische -, als auch individuelle Wachstumspotentiale in sich. Weil HRM unter anderem auch Personal*entwicklung* meint, weil es Rückmeldungs- und Anerkennungs*verfahren* entwickelt, weil es sich an unterschiedlichen Zielebenen orientiert, spricht es stets Wachstumspotentiale an, insofern trägt auch dieser Ansatz, als Gedanke, Idee, Leitlinie, Konzept, die Möglichkeit in sich *„mehr aus sich zu machen"*.

Dieser *individuelle* Aspekt ist die eine Seite der Münze, die andere Seite bezieht die *Allgemeinheit* ein. Es geht nicht um individuelles Wachstum, nur des Wachstums wegen, sondern immer ist damit ein Wachstums*nutzen* angesprochen, welcher über das Individuum hinausgeht. *Freiwilliges Engagement* geschieht nicht nur zum Selbstzweck, sondern geschieht im Spiegelbild des Anderen, es leistet eine Gemeinwohlaufgabe, dient der Gemeinnützigkeit im weitesten Sinne, ist Dienst am Nächsten[214], ganz gleich wo es stattfindet. Im HRM geschieht alles individuelle Wachstum für den Nutzen der Organisation, allerdings auch hier nicht zum Selbstzweck derselben, denn diese hat Aufgaben (Dienstleistungs- oder Produkterstellung) in den Gesellschaften zu erfüllen, für die sie konstruiert wurde und die für sie konstitutiv sind. Die Differenz besteht in der unterschiedlichen *Gewichtung* der Gewinnabsicht. Dabei darf nicht verkannt werden, dass Gewinne auf beiden Seiten intendiert sind, während ein Wirtschaftsunternehmen, um zu überleben, mindestens kostendeckende Einnahmen erwirtschaften muss, darüber hinaus aber bestrebt ist einen *monetären* Mehrwert zu erzielen, will eine gemeinnützig wirkende Institution nicht nur gleichermaßen ihre Kosten decken, sondern zusätzlich einen *ideellen* Mehrwert herstellen, der als Nutzen für die Allgemeinheit bezeichnet werden kann. In Organisationen eingebundenes *Freiwilliges Engagement* (er-)schafft solchen Mehrwert.

---

[214] Solch ein Dienst kann mittelbar oder unmittelbar geleistet werden, denn dieser Dienst am Nächsten kann sich auch auf Umwegen zeigen, so leistet auch ein unbezahlter, freiwillig arbeitender Vogelwart im Wattenmeer einen indirekten Dienst am Nächsten, wenngleich er mit einem anderen Menschen, während seines Dienstes, in keinen Dialog eintritt.

11. Differenzen zum Professionskontext

11.1 Akquise

Wirtschaftlich arbeitende Unternehmen, also alle Organisationen, welche Kosten verursachen und diese über Einnahmen decken, benötigen Menschen, die für sie tätig werden und zwar unter Bedingungen gemeinsamer Absprachen, gemeinhin als Personal bezeichnet. Der Mensch, der zum Personal wird, wird dies in einer ihm zugewiesenen Rolle und Funktion. Diese funktionale Zuweisung basiert auf einer Vertragsgestaltung, die in aller Regel auf gesetzlichen, verfahrensrechtlichen sowie tariflichrechtlichen Grundlagen ruht, insofern ist diese nicht frei gestaltbar, d.h. Rechte und Pflichten sind für beide Seiten definiert. Als zu Personal gewordene Person unterstellt er sich diesen Regeln, füllt seine Rolle und Funktion aus, ganz gleich mit welcher Identifikation, Neutralität oder Ablehnung er diesen Job verrichtet – er leistet ihn gegen Entlohnung, die wirtschaftlichen Verhältnisse erzwingen gewissermaßen diese Rollen- und Funktionsübernahme (im Idealfall decken sich die betrieblichen Erwartungen mit den persönlichen Ansprüchen, dies kann aber nicht erwartet werden). Derart betrachtet ist der Begriff der Personal*beschaffung* angemessen. Das HRM hat für diesen Bereich unterschiedliche Verfahren entwickelt, diese wurden im Kapitel C dargestellt.

Anders verhält es sich beim *Freiwilligen Engagement*, denn die freiwillig agierende Person kommt mit ihrer Persönlichkeit als Ressource. Sie will sich mit ihrem *Sosein* einbringen, sich für eine selbst gewählte Aufgabe zur Verfügung stellen. Sie bestimmt selber den Umfang ihrer Tätigkeit, den Beginn und das Ende. Sie erhebt den Anspruch auf freie Selbstbestimmung. Ihr Engagement unterliegt keinen normierten, gesetzlich definierten, tariflichen Regelungen[215]. Die Gewinnung solcher Personen ist schlecht steuerbar, es gibt keine normierten Verfahren, sondern nur Erfahrungswerte, die in Seminaren, schriftlichen Empfehlungen u. dgl. m. weitergegeben werden. Insofern ist der Begriff des Akquirierens von Menschen angemessener, denn diese werden nicht systematisch beschafft, sondern tatsächlich *gewonnen*. Menschen die

---

[215] Mit Ausnahme eines gesetzlichen Unfallversicherungsschutzes in gemeinnützig anerkannten Organisationen.

von sich aus, des Projektes und ihres Engagements wegen kommen, sind gleichermaßen, wie diejenigen Menschen, welche durch Akquiseanstrengungen gewonnen werden können, ein Geschenk. Sie sind es, weil sie sich (ver-)schenken, indem sie ihre individuellen Möglichkeiten, ihre Persönlichkeit, ihre Zeit u.a.m. im Grundsatz kostenlos zur Verfügung stellen.

11.2 PE

Vermutlich kommen sich die Bereiche des HRM und des *Freiwilligen Engagements* in den Inhalten, die sich hinter dem Begriff der Personal*entwicklung* (PE) verbergen, am nächsten. Zwar passt die Begrifflichkeit des Personals nicht zum *Freiwilligen Engagement*, aber ersetzte man diesen gegen den Begriff der >*Entwicklung menschlicher Ressourcen*<, was der Intention des HRM entgegen käme, würde deutlicher, welche Intentionen damit verbunden sind. Es bleibt aber die Frage nach der jeweiligen *Absicht* bzw. dem *Interesse*.

„Personalentwicklung bedeutet eine systematische Förderung und Weiterbildung der Mitarbeiter. Dazu zählen sämtliche Maßnahmen, die der individuellen beruflichen Entwicklung der Mitarbeiter dienen und ihnen unter Beachtung ihrer persönlichen Interessen die zur Durchführung ihrer Aufgaben erforderlichen Qualifikationen vermitteln"(Menzel a.a.O. S.2[216]). Diese Aussage verdeutlicht, worum es einem Unternehmen geht, es sollen die erforderlichen Qualifikationen vermittelt werden, damit die betrieblichen Aufgaben reibungslos erfüllt werden können. Selbstredend stehen die Ziele des Unternehmens im Fokus, nicht die persönliche Verwirklichung der/des jeweiligen Mitarbeiterin/Mitarbeiters. Staehle verdeutlicht dies unverblümt, in dem er formuliert, dass sich solche Sichtweise nur unzureichend mit der Praxis deckt, denn „Mitarbeiterziele werden in der Regel nur insofern und insoweit berücksichtigt, als sie nicht der Erreichung der Unternehmensziele entgegenstehen" (Staehle 1999 a.a.O. S.873). Das originäre Interesse eines Unternehmens ist sein Überlebensziel, dem ordnet sich auch die PE unter, eine solche Intention aber ist nicht schon deswegen verwerflich, weil sie nicht den individuellen Mitarbeiter in den Mittelpunkt rückt, sondern ihr Überleben (oder Wachstum). Dennoch rückt das Personal zentral ins Blick-

---

[216] Menzel, W.: Personalentwicklung. Erfolgreich motivieren, fördern und weiterbilden. München 2005

feld, ist es doch die Instanz, welche den Erfolg des Unternehmens sichert. PE hat unterschiedliche Funktionen, sie kann sowohl *berufsvorbereitend,* als auch *berufsbegleitend* stattfinden und sie kann drittens *berufsverändernd* notwendig werden (vgl. ausführlicher B 6.2). Grundlagen für PE-Maßnahmen sind *zum einen* die unternehmerischen Planungen hinsichtlich künftiger Märkte, modernerer Produktionstechnologien, neuer strategischer Ausrichtungen, notwendiger Change-Prozesse, der Mitarbeiterplanungen der Abteilungen oder strategischer Geschäftseinheiten und der MA-Planungen insgesamt, wozu auch Karriereplanungen und/oder Laufbahnplanungen gehören, *andererseits* ist es der Abstimmungsprozess mit dem jeweiligen Mitarbeiter, der jeweiligen Mitarbeiterin. Damit sind die Absichten und Interessen aus Unternehmersicht skizziert.

Die Perspektive einer *gemeinnützigen Organisation*, die innerhalb ihrer Strukturen Projekte zum Nutzen der Allgemeinheit vorantreiben will, erstellt mit diesem Wirken eine Dienstleistung für eine je spezifische Gruppe der Gesellschaft. Im Unterschied zu ihren professionellen Abteilungen wird *diese* Dienstleistung nicht von Personal erfüllt, sondern von Menschen, die sich *freiwillig engagieren*. ‚Die Entwicklung menschlicher Ressourcen bedeutet eine systematische Förderung und Weiterbildung. Dazu zählen sämtliche Maßnahmen, die der individuellen Entwicklung der Freiwilligen dienen und ihnen unter Beachtung ihrer persönlichen Interessen die zur Durchführung ihrer Aufgaben erforderlichen Qualifikationen vermitteln'. Diese minimal abgewandelte Definition von Menzel, die wir weiter oben in Bezug auf Personal vorfinden, verdeutlicht, wie mit wenigen Veränderungen ein ähnlicher Sachverhalt formuliert werden kann. Die Absicht und das Interesse einer gemeinnützig tätigen Organisation entfernt sich nicht allzu weit von anderen Unternehmen in Bezug auf ihr Tätigkeitsfeld mit *freiwillig Engagierten* verhält es sich nicht anders. Auch hier wird eine Dienstleistung erstellt, die in möglichst gleichbleibender Qualität für die Nutzer dieser Leistung erbracht werden soll, insofern ist die *Entwicklung der Freiwilligen* daraufhin ausgerichtet. Wenn dies transparent ist und sich mit dem Interesse der Freiwilligen deckt, gewinnen beide Seiten. Der Unterschied ist, dass die Entwicklung der freiwilligen Helfer nicht verordnet werden kann und sich als Zielformulierung im Protokoll eines Jahresgespräches niederschlägt, sondern, dass stets ein gemeinsamer Aushandlungsprozess im Vordergrund steht und niemand zur Entwicklung verpflichtet werden kann.

11.3 Gibt es eine Differenz zur *Motivation* und zum *Commitment* in personalen Strukturen zu solchen in freiwilligen Kontexten?

Betrachtet man die im Kapitel C dargestellten Theorien, Modelle, Annahmen, so wird deutlich, dass diese zunächst nicht auf Organisationen beschränkt sind. Motivation entsteht oder entwickelt sich, wenn bestimmte Bedingungen erfüllt sind und zwar nicht in jedem Fall kontextgebunden im Hinblick auf Organisationen. **Motivation** ist beeinflusst von *personen*gebundenen Bedingungen, wie auch von *äußeren* Rahmenbedingungen. Sie lässt sich von außen beobachten, Verhaltensergebnisse lassen sich beurteilen, sie lässt sich möglicherweise physiologisch messen und durch Introspektion feststellen – nichts davon aber erklärt *wie* sie entsteht, sondern bestenfalls ob sie vorhanden ist. Für den Bereich der *Freiwilligen Engagement* ist solche Motivationsmessung eher irrelevant, denn wer nicht motiviert ist, kommt nicht *oder* geht. Interessanter ist deswegen ihr Entstehungsprozess, wie lassen sich Menschen für *etwas* interessieren, wie lässt sich aus einem entfachten Interesse eine Begeisterung für eine Sache entwickeln, wie entsteht aus einer Begeisterung Überzeugung und aus Überzeugung die Stärke und Ausdauer, die es benötigt um lang andauernd, trotz möglicher Rückschläge, motiviert bei der Sache zu bleiben. Wie unterstützt man Menschen darin einen Entschluss zu fassen, also ihren Rubikon zu überschreiten (vgl. das Volitionsmodell, C 9.2). Gemäß der *Maslowschen Bedürfnispyramide* ist bei den *freiwillig Engagierten* vermutlich davon auszugehen, dass deren Grundbedürfnisse (in Bezug auf Körperlichkeit, Sicherheit, soziale Beziehungen) befriedigt sind, so dass diese nun nach sozialer Anerkennung und Selbstverwirklichung streben, aber nicht alle Menschen, deren Grundbedürfnisse befriedigt sind, entwickeln freiwillige Ambitionen im sozialen Sektor. Viele gehen andere Wege der Selbstverwirklichung oder Transzendenz. Die *Zwei-Faktoren-Theorie* von Herzberg verweist in erster Linie auf die intrinsischen Bewertungskategorien der Menschen, denn was zufrieden oder unzufrieden macht bzw. was Unzufriedenheit abstellt, aber dennoch nicht Zufriedenheit herstellt, ist von außen nicht herstellbar. Die *Leistungsmotivationstheorie* verweist uns lediglich auf drei unterschiedliche Motivationsarten (Leistungsstreben, soziales Streben und Machtstreben). Jede Form von Motivation scheint an Ziele geknüpft, schließlich ist man *auf etwas hin* motiviert, will etwas erreichen bzw. bewirken, wobei die Stärke der Motivation von der Ziel*valenz* abhängig ist, so zumindest die Annahmen der Zieltheorie (vgl. Locke, C 9.3). Inwieweit Umweltfaktoren und im Individuum ruhende Bedingungen im Wechselspiel dieser Kräfte wirken, sich beeinflussen, bleibt unscharf. Theorien und Modelle erfüllen für diesen spezifischen Bereich stets nur punktuelle Erklärungen, gleichen eher einem Puzzle.

Was einen Menschen wann, wie, wofür motiviert, ist in Teilbereichen möglicherweise zu erkennen (durch Beobachtung oder Selbstbeobachtung), aber nicht planbar, es lässt sich nicht festschreiben. Und dennoch ergibt sich eine *Ursachen*differenz zwischen *Freiwilligem Engagement* und Professionskontext, der Unterschied wird sichtbar dadurch geprägt, dass jemand, der sich freiwillig engagieren möchte, nicht nur bereits seinen Rubikon überschritten hat, sondern darüber hinaus, ohne organisatorisches Einwirken, sich autonom Ziele setzte und nun eine dafür passende Institution/Organisation wählt. Verändern sich die Ziele, so wird er eine andere, dazu passende Organisation wählen, d.h. dieser Mensch ist nicht nur frei in seiner Ziel*bestimmung*, sondern auch in der Wahl seiner Mittel zur Ziel*erreichung*. Die Tatsache seines konkreten Engagements ist ein Hinweis auf eine hohe Ziel*wertigkeit* (Valenz). Interessanterweise darf davon ausgegangen werden, dass er in Hinblick auf seine Anstrengungs- und seine Leistungs*bereitschaft* bereits eine hohe Motivation mitbringt, die zunächst nicht abhängig scheint von einer entsprechenden (extrinsischen) Belohnung, welch in der Folge Zufriedenheit herstellt (gem. dem Motivationsmodell von Porter/Lawler a.a.O.). Die Belohnung erfolgt über sein Tun. Der Freiwillige kommt mit einem Auftrag an sich selbst *und* an die Organisation, er will Handeln, will etwas bewegen, bewirken, verändern, wenn ihm das gelingt, erfährt er über das Gelingen bereits Anerkennung. Diese wird im sozialen Kontext des Handelns durch die Gemeinschaft der Handelnden und deren Ergebnisbewertungen verstärkt.

Commitment entwickelt sich im professionellen Bereich über die Möglichkeit der Identifikation mit dem Leitbild, den Zielen, dem Handeln einer Organisation, wobei die Unterscheidung von affektivem-, normativen- und fortsetzungsbezogenem Commitment getroffen werden kann (vgl. hierzu C 9.3). Ein stabiles Commitment scheint die Bindung an die Organisation zu festigen, insofern bekommt es Bedeutung für Organisationen, welche Menschen an sich binden wollen. Der Unterschied tritt in der Differenz der Commitment-Formen zutage. Organisationen, die mit Freiwilligen arbeiten und umgekehrt, werden ein hohes Interesse am *affektiven* Commitment entwickeln, also an *emotionaler Bindung*, die zu einem quasi familiären Gefühl führen kann, so dass der Freiwillige ‚Teil dieser Organisationsfamilie' wird. Ein normatives Commitment, welches eine organisationale Bindung anspricht, die moralisch determiniert ist („die Org. hat mir meine Ausbildung finanziert, da kann ich nicht so einfach das Handtuch werfen") ist eher nicht von Interesse, da der Freiwillige, derart gebunden, sich nicht mehr im Sinne der Zielerreichung engagieren wird. Eine Form der gegenseitigen Kostenabwägung, wie im fortsetzungsbezogenen Commitment, darf im *Freiwilligen Engagement* getrost ausgeklammert werden. Spannender ist die Frage, ob sich Commitment herstellen lässt oder ob es derjenige, der es hat, nur aus sich selbst heraus erwerben kann. Wenn sich jemand an eine Organisation bindet, weil er diese in ihren Zielen und in ihrem Handeln gut findet (Commitment entwickelt) und/oder diese als Familie erlebt, ‚Wir-Gefühle' entwickelt (Identifikation herstellt), tut er dies zunächst aus sich selbst heraus - möglich ist dies prinzipiell in *jeder* Organisation. Allerdings bedarf es zur Identifikation über soziale Bindungen eine ausgeprägte *informelle Kultur* in Wirtschaftsunternehmen, während diese für die Commitmentbildung nicht notwendig ist. In Handlungsfelder des *Freiwilligen Engagements* ist diese *informelle Kultur* Bestandteil der Organisation (zumindest in *diesem* Bereich der Org.), anders wäre ein Zusammenkommen und gemeinsames freiwilliges Arbeiten schwer vorstellbar. *Freiwilliges Engagement* verlangt in beinahe allen Bereichen nach sozialen Kontakten und sozialer Anerkennung – ja wird überwiegend deswegen geleistet (vgl. auch Abb. 20 S.74). Insofern ist im Kontext *Freiwilligen Engagements* die Identifikation mit der Organisation möglicherweise höher als das Commitment.

11.4 Führung

Besteht im Hinblick auf *Freiwilliges Engagement* Führungsnotwendigkeit und wenn ja, wie führt man Freiwillige? Der erste Teil der Frage lässt sich nicht uneingeschränkt mit einem ‚Ja' beantworten, ist die Beantwortung dieser Frage doch abhängig vom Hintergrund des Engagements. So gibt es basisdemokratische Engagementbereiche, die explizite Führung nicht benötigen. Diese Formen lassen sich beispielsweise in vielen Bürgerinitiativen und anderen Interessengemeinschaften unterschiedlichster Couleur finden (Attac-Deutschland steht exemplarisch dafür). Daneben gibt es ‚klassische' Engagementbereiche, die quasi para*militärisch* organisiert sind, die sicherlich eindrucksvollsten Beispiele hierfür sind die *Freiwilligen Feu-*

erwehren oder das *Technische Hilfswerk*. Zwischen den Feuerwehren und Attac ist das Spektrum breit, obgleich die Wahrscheinlichkeit, dass eine Feuerwehrfrau gleichzeitig auch Mitglied in Attac ist, relativ groß scheint. Diese Formen widersprechen sich nicht, sie sind auch keine Frage der Gesinnung, sondern der organisatorischen Notwendigkeit (man stelle sich nur einen Feuerwehr- oder Katastropheneinsatz vor, der basisdemokratisch organisiert wird). Wohlfahrtsverbände, Kirchen und andere gemeinnützigen Organisationen, welche orientiert an konkreten Projekten, im Rahmen einer Managementplanung definierte Ziele verfolgen, den Zielerreichungsgrad kontrollieren, Qualitätsstandards wollen und regelnd eingreifen, kommen nicht umhin Führung zu wollen und diese zu implementieren. Was aber trennt Führung in Personalorganisationen von Organisationen des *Freiwilligen Engagement*? Das die zuletzt genannte Organisation ganz häufig auch eine Organisation der Personalwirtschaft ist, darauf wurde bereits verwiesen, heißt das aber auch, dass sie Führung möglicherweise unterschiedlich handhaben und herstellen muss?

Führung, daran sei erinnert, scheint ein sehr altes Konstrukt der Menschheit zu sein. Der *Konstrukt*begriff verweist darauf, dass sie hergestellt werden muss. Sie ist ein soziales Konstrukt, welches zum (Über-)Leben Akzeptanz benötigt[217]. Für Führung, dies konnte oben differenziert gezeichnet werden, gibt es kein *zentrales* Konzept (vgl. C 9.4.2). Jenseits aller Annahmen, was Führung ist und wie sie funktioniert, bleibt im Konkreten nur die gegenseitige Verständigung darüber, also ein Aushandlungsprozess. Dieser erfolgt nicht immer explizit, schließlich wird in allen Organisationen täglich irgendwie geführt und dennoch bestimmen reziproke Wirkungen zwischen Umwelteinflüssen und der Organisation sowie zwischen den Geführten und den Führern, die ‚Art und Weise' von Führung. Die Aussage also, dass Führung allerorten doch da ist und sich tagtäglich behaupten muss, darf nicht darüber hinwegtäuschen, dass diese nicht statisch ist, sich also ständig verändert und entwickelt. Diese Veränderungsdynamik betrifft sowohl das Individuum als Führender, wie auch die Organisation selbst (schließlich besteht diese aus Individuen). Die Führungskonzepte von Organisationen verändern sich allerdings nicht nur deswegen, weil sich Individuen in ihnen verändern (interne Dynamik), sondern auch weil Einflüsse von

---

[217] Ohne soziale Akzeptanz bildet sich Widerstand, Rebellion, Umsturz u. dergl. m., Führung gelingt auf Dauer nur im sozialen Einverständnis aller Beteiligten (der Führer und der Geführten).

außen, aus Forschung und Beratung auf sie einwirken (externe Dynamik). Insofern lässt sich behaupten, gibt es hinsichtlich eines Führungsanspruches, einer Führungsnotwendigkeit und seiner Umsetzung (konzeptuell und in Bezug auf Aushandlungsprozesse) in der Personalwirtschaft und vor dem Hintergrund *Freiwilligen Engagements* keine Differenz. Das überrascht nur auf den ersten Blick, gibt es doch Unterschiede im Selbstverständnis und seiner Umsetzung. Denn die oben angesprochene Reziprozität zwischen den Freiwilligen und ihren Führern, ganz gleich, ob diese professionell agieren oder gleichermaßen freiwillig, bestimmt in einer inneren Dynamik den Aushandlungsprozess. Das gesellschaftliche *und* individuelle Selbstverständnis *Bürgerschaftlichen Engagements,* nimmt als externe Dynamikgröße gleichermaßen unmittelbaren Einfluss auf die Art des organisationalen Führungsselbstverständnisses in diesem Feld. In vorliegenden Forschungen zu Führung im Bereich Freiwilliger, lässt sich ablesen *wer* führt, aber nicht *wie* geführt wird (vgl. A 3.4). Beher et al. (a.a.O.) zeigen im Rahmen ihrer Forschungsarbeit die *Weiterbildungswünsche* von Führern in dem Segment gemeinnütziger Organisationen, sie unterscheiden dabei zwischen hauptamtlichen - und ehrenamtlichen Führern. Daraus ließen sich Rückschlüsse ziehen, was aus Sicht der Führenden denselben an (Führungs-)Können und (Führungs-)Wissen fehlt. Folgende Tabelle gibt die Wünsche in Prozentangaben wieder:

Weiterbildungswünsche	hauptamtlich	ehrenamtlich
Inhaltliche Weiterbildung im Aufgabenfeld der Organisation	50,4	59,3
Öffentlichkeitsarbeit (PR, Außenvertretung, Repräsentation)	46,7	56,7
Förderung ehrenamtl. Engagements/ Freiwilligenmanagements	33,6	55,3
Projektmanagement	54,2	45,4
Interessenvertretung, Kontaktaufbau und –pflege	39,0	49,5
Leitbildformulierung und strategische Planung	41,7	42,8
Finanzen (Controlling, Kostenrechnung, Fundraising)	46,9	34,6
Sitzungsplanung/ Moderation	29,8	28,6

Abb.: 32 Beher et al. a.a.O. S. 177

Die genannten Fortbildungswünsche der Führenden beziehen sich in nur einem Punkt, nämlich dem Wunsch zur Thematik des Freiwilligenmanagements, auf explizites Führungshandeln, alle anderen genannten Bedarfe spiegeln andere Bereiche, die nicht originär mit Führungs*handeln* befasst sind, sondern Wissen und Können um Führung herum meinen.

Betrachtet man die Zukunftssorgen der Führenden, so steht auch dort nicht erkennbar die Sorge um die ‚richtige' Art des Führens im Fokus, sondern es sind ganz andere Dinge wie: Erschließung neuer Finanzquellen, Gewinnung von Freiwilligen, mangelnde politische Unterstützung, zunehmende Bürokratisierung und wachsender Konkurrenzdruck (vgl. ebd. S. 184).

Dabei ist die *Art und Weise* des Führens von *zentraler* Bedeutung für den Verbleib der gewonnenen Freiwilligen sowie für zukünftige Gewinnung derselben. Die Sorge vor der Konkurrenz wird vermutlich erst dann erdrückend, wenn die Freiwilligen gehen und Neue nicht kommen, wenn das Tätigkeitsfeld brach liegt, das Renommee schwächelt und Gelder in der Folge nicht mehr fließen.

12. Erfahrungen im Programm FiS

In diesem Projekt wurden (Herbst 2009) zeitgleich etwa 90 Familien begleitet, dazu standen 38 ausgebildete freiwillige Assistentinnen zur Verfügung, weitere 20 wurden gewonnen, parallel eingeführt und ausgebildet. Zwar waren diese Freiwilligen auf drei Stadtteilbüros verteilt, dennoch mussten in jedem Stadtteilbüro rechnerisch ca. 13 Assistentinnen und künftig vermutlich 19 koordiniert, beraten, begleitet, angeleitet, geführt werden. Wie gelingt dies in diesem Projekt? Mit Blick auf die Umfrageergebnisse (vgl. B 6.4.4) wird erkennbar, dass die Zufriedenheit der Assistentinnen mit ihren Teamerinnen mit über 80% angegeben wird, weiter 13% sind zumindest zufrieden. Ähnlich verhält es sich mit dem Aspekt der Ausbildung und auffallend zufrieden sind die Assistentinnen mit ihrer Tätigkeit in den Familien, ihren Möglichkeiten dort fachlich zu agieren und mit den Auswirkungen ihres Handelns. Diese freiwillig engagierten Menschen kamen in erster Linie um *‚etwas Sinnvolles tun zu können'* und um *‚Kontakt zu anderen Menschen zu haben';* erst danach folgte der Wunsch *‚anderen helfen zu können'* und sich *‚weiterzubilden',* das *Leit- und Menschenbild* des Programms rangierte immerhin noch auf Platz 5 der Liste und hatte damit die gleiche Bedeutung wie der Wunsch nach *‚Einbindung in Teamstrukturen'.* Gleichzeitig liegt der Mittelwert (Median) ihrer Zugehörigkeit bei 16 Monaten, wobei 14 Assistentinnen

24 Monate und länger im Projekt sind, das verweist auf relative Stabilität der Zugehörigkeit. Im Kapitel B 7 wurden acht Herausforderungen beschrieben, die hier aufgegriffen werden und auf die an dieser Stelle eingegangen werden soll. Benannt wurden: a) Bindung der Freiwilligen (Commitment); b) Annerkennungskultur; c) Leitbildarbeit; d) Corporate Identity; e) Gewinnung Freiwilliger; f) Entwicklung der Freiwilligen; g) Motivation; h) Führungsverständnis.

a) *Bindung*: Oben wurde bereits ausgeführt, dass die Dauer des Verbleibs im Projekt, insbesondere im Vergleich zum zeitlichen Bestand des Projektes (38 Monate), relativ hoch ist. Was hält die Menschen dort? Betrachtet man die Wünsche der Freiwilligen, so werden diese offensichtlich im Projekt erfüllt, d.h. die Erwartungen der Menschen decken sich mit dem, was sie dort vorfinden (vgl. Auswertung in B 6.4.4). Die Freude am Handeln, das Erleben von (scheinbarer) Effizienz des Handelns scheint ein zweiter Faktor zu sein. Die unmittelbare Rückmeldung aus den Familien, wie es der Fragebogen aufzeigt, aber auch der Evaluationsbericht Gehrmanns (s. Kundenzufriedenheit), die positive Verstärkung durch die Teamer/innen und die offensichtlich vielen positive Rückmeldungen aus dem persönlichen Umfeld sowie zu guter Letzt, die als wichtig beurteilte Aufwandsentschädigung, sorgen offensichtlich für ein hohes Zufriedenheitsgefühl im Projekt. Dies wird ergänzt durch die positive Beurteilung der Schulungen, deren Inhalte für die praktische Arbeit sowie die angenehme Atmosphäre. Da auch die Einbindung ins Team von 84% der Befragten als positiv eingeschätzt wurde, erfüllt sich auch an dieser Stelle die Erwartung von positiven sozialen Kontakten, diese werden gleich dreifach erfüllt: im Team, in den Familien und durch die Teamerinnen. Bindungsfaktoren, so lässt sich wohl sagen, wären damit Zufriedenheit mit dem Engagement*feld*, den Auswirkungen des eigenen Handelns (Selbstwirksamkeit), der sozialen Einbindung (in die Organisation) und positive Rückmeldungen hinsichtlich des Engagements. Diese Faktoren erzeugen offensichtlich so etwas wie (quasi) ‚job-enrichment' (Vielfältigkeit und Erfolg) und darüber eine affektive Bindung. Zusammenfassend lässt sich sagen, dass Bindung über Zufriedenheit mit der Erfüllung von eigenen Zielerwartung einhergeht, weiterhin mit erfolgreichen sozialen Kontakten sowie positiver Rückmeldung durch die Organisation und/oder der unmittelbaren Dienstleistungserbringung am Menschen, durch diesen Menschen. In diesem Zusammenhang sei auf die grundlegenden organisationalen Maßnahmen (den Rahmen) verwiesen, wie sie auf den Seiten 120/121 beschrieben wurden.

b) *Anerkennung*: Von einer Anerkennungs*kultur* lässt sich dann sprechen, wenn über ein solches Kulturverständnis Einigung erzielt wurde und dies im Anschluss etabliert werden kann und zwar in der *gesamten* Organisation (nicht nur bezogen auf eine Abteilung, ein Projekt oder etwa ein Stadtteilbüro). Das setzt einen aktiven und offensiven Diskurs voraus, der zu einem Ergebnis führen muss, dass dann von allen gleichermaßen getragen wird. Derart betrachtet existiert eine Anerkennungs*kultur* im Projekt FiS offensichtlich (noch) nicht. Anerkennungsansprüche bzw. Forderungen, sind im Leit- und Menschenbild des Programms verankert, insofern sind sie Bestandteil des Projektes, allerdings eben nicht im Sinne eines lebendigen Diskurses, der auch Anpassungsprozesse und Weiterentwicklungen ermöglicht (vgl. 6.2) und nicht im Sinne einer Unternehmenskultur. Das dennoch mehrschichtig Anerkennung existiert und im Projekt wirkt, ließ sich weiter oben zeigen, dies bedeutet zunächst scheinbar einen Widerspruch zu der Forderung nach einer *Kultur* der Anerkennung in der Organisation, der allerdings lässt sich insofern auflösen, als dass die praktische Wirksamkeit von Anerkennung im Feld, wenn sie denn dort erfolgt, nicht gleich zu setzten ist mit *systematischer* Entwicklung und Absicht einer solchen Anerkennungs*instrumentes* in einer Organisation. Anders gesagt: will man das Funktionieren von Anerkennung nicht dem Zufall überlassen, so kommt man um die (gemeinsame) Entwicklung eines solchen *Instrumentes* nicht herum.

c) Eine *Leitbild*arbeit stand am Anfang der Programmentwicklung von FiS, allerdings war diese Arbeit auf die Programmväter (Gehrmann et al.) beschränkt, diese wiederum haben im Rückgriff auf andere Modelle (,Home-start', ,Emma', FAM, FIM) Anleihen genommen. Insofern ist zwar ein Leitbild determiniert, es kam nur bislang über diese Festschreibung nicht hinaus, es wurde bisher nicht (weiter-)entwickelt, sondern gewissermaßen tradiert. Dabei bleibt die Frage unbeantwortet, ob Leitbildarbeit im Projekt, als lebendiger Prozess aller Interessierten, möglich ist, wenn diese Arbeit nicht vorab für die Organisation selbst geleistet wurde? Muss sich nicht ein projektbezogenes Leitbild in ein organisationales Leitbild (inhaltlich) eingliedern lassen?

d) Eine *Corporate Identity* soll verdeutlichen, ,wer wir sind' (vgl. Vahs 2007[218]). FiS ist ein *patentiertes* Programm, es verfügt über ein *eingetragenes* (geschütztes) Logo, ist

---

[218] Vahs, D.: Einführung in die Betriebswirtschaftslehre. Stuttgart 2007, S.27

darum bemüht, analog einer personalen Identität, stets erkannt zu werden, also über eine *Corporate Identity* zu verfügen. Dazu gehört ein *Corporate Design*, also eine einheitliche Farbgestaltung auf Flyern, Postern, Stellwänden und Schirmen sowie anderen Werbeträgern. In diesem Zusammenhang wäre auch ein einheitliches Erscheinungsbild der Menschen von erheblicher Bedeutung. Alle FiS Assistentinnen und die Teamerinnen wären *beispielsweise* an einem identischen Halstuch bzw. Schal, Mütze, T-Shirt, Pullover, an einheitlich gestalteten Arbeitstaschen (ob City-Rucksäcke oder wahlweise Stofftaschen) usw. erkennbar. Ein solch erweitertes *Corporate Design* wurde bisher nicht umgesetzt. Allerdings wurden und werden die Werte, das Leitbild, wird das Verhalten, werden Umgangsformen in den Schulungen thematisiert und in Rollenspielen trainiert, so dass sich eine *Programmkultur*, im Sinne eines *Corporate Behaviour* entwickelte. Erhebliche Anstrengungen sind noch im Bereich des *Public Relations* zu entwickeln und zwar im Sinne der Einbeziehung aller beteiligten Stakeholder. Dies betrifft die persönliche und nicht persönliche *interne* Öffentlichkeitsarbeit (informelle und formale Zusammenkünfte; regelmäßige Beteiligung an der internen Betriebszeitung u.a.m.) ebenso wie die persönliche und nicht persönliche *externe* Öffentlichkeitsarbeit (Pressearbeit, ‚Tage der offenen Türen' oder Beteiligung an anderen öffentlichen Veranstaltungen, interaktive Internetpräsens, gespendete Anzeigen usw.), zur Letzteren gehört auch der Bereich des Sponsoring.

e) Mit der *Akquise Freiwilliger* scheint das Projekt die geringsten Schwierigkeiten zu haben, der Zulauf bzw. die Gewinnung von Menschen scheint noch immer gut zu gelingen. Zum Teil werben Assistentinnen selbst neuen Nachwuchs, zu einem anderen Teil kommen Engagierte überwiegend aus dem Kindergartenbereich, dies war dem Erhebungsbogen zu entnehmen (vgl. *im* Bogen die Auswertung zur Rubrik *B*), was sicherlich im unmittelbaren Zusammenhang damit steht, dass das Stadtteilbüro Mitte, mittig in einem Kindergarten seinen Platz hat und damit einen unübersehbaren Zugang zu den jungen Eltern dort entwickeln kann (Hemmschwellen werden abgebaut, der Zugang ist erleichtert, die Zielgruppe geht täglich dort ein und aus). Darüber hinaus gab es 21 Hinweise auf *Sonstige* Zugänge zu FiS, dazu gehörten vor allem Bekannte und Freundinnen, aber auch andere Institutionen. Für dieses Projekt, so ließe sich ein Fazit ziehen, wäre es gut, sich hinsichtlich seiner Gewinnungsabsichten von Freiwilligen, verstärkt weiteren Kindergärten zuzuwenden, da in diesem Bereich gute Akquiseerfahrungen getätigt werden konnten.

f) Hinsichtlich der *‚Entwicklung personaler Ressourcen'*, wurde im Kapitel B (s. 7. Herausforderungen) darauf hingewiesen, dass „es bestimmter Strukturen, Ausbildungsprogramme und Verfahren" bedarf, außerdem „Entwicklungsgespräche mit gemeinsamer Zielerarbeitung". Das Projekt scheint in Hinsicht auf Ausbildung relativ weit entwickelt zu sein, so gibt es definierte Inhalte und Verfahren für die Schulungen der Freiwilligen (vgl. Gehrmann et al. 2008 a.a.O.). Die Schulungen werden als persönliche Bereicherung erlebt, außerdem scheinen sie den *Freiwilligen* Sicherheit im Umgang mit den Familien zu geben, denn im Rahmen der Erhebung wurde deutlich, dass die Assistentinnen sowohl im Umgang mit den Familien, ihrer Arbeit, als auch mit den Ergebnissen ihres Handelns ausgesprochen zufrieden waren. Die Schulungen selbst wurden inhaltlich, methodisch und in ihren Auswirkungen positiv bewertet (allerdings verbunden mit einer Kritik an den äußeren Rahmenbedingungen: Orte und Materialien). Entwicklungsgespräche hingegen finden nur vereinzelt statt, diese sind weder explizit eingeführt, noch systematisch dokumentiert und hinterlegt.

g) *Motivation*: Offensichtlich gelingt es im Projekt FiS, die *Freiwilligen* zu binden und motiviert ‚bei der Stange' zu halten, dafür spricht die Verweildauer einerseits und die Ergebnisse der Zufriedenheitsabfrage unterschiedlicher Ebenen andererseits (vgl. Erhebungsauswertung in B). Lässt sich dieses näher fassen? Was motiviert die Menschen? Die positiven Rückmeldungen erfahren die *Freiwilligen*, so die Auswertung, sowohl aus ihrem privaten Umfeld (Familie, Freunde, Bekannte), als auch unmittelbar durch die Familien, welche sie begleiten und gleichermaßen auch durch die FiS-Teamerinnen. Darüber hinaus scheinen sich die *Freiwilligen* gegenseitig zu motivieren. Mit anderen Worten, es erfolgt eine mehrfache Rückmeldung durch unterschiedliche Seiten, so dass hierüber eine gewünschte notwendige Anerkennung erfolgt. Die Annahme ist zulässig, dass dies die intrinsische Motivation unmittelbar beeinflusst. Ein weiterer Aspekt, der von *allen* Freiwilligen benannt wurde und ein Grundbedürfnis befriedigt (vgl. Maslow, hier: B, S.106 ff.), ist die materielle Anerkennung über die Aufwendungspauschale. Zu guter Letzt wird diese Tätigkeit als Wiedereinstieg in berufliches Handeln bewertet und als Chance verstanden, ggf. beruflich woanders Fuß fassen zu können. Wir wissen nichts Genaues über den sozioökonomischen Status der Freiwilligen, so dass hinsichtlich bestimmter Motivations-annahmen (Maslowsche Bedürfnispyramide) an dieser Stelle keine Annahmen bes-tätigt werden können. Allerdings wissen wir etwas über motivationale Absichte, da diese erfragt und beantwortet wurden (vgl. Abb. 6, S.74). Zusammenfassend lässt sich an dieser Stelle feststellen, dass die ‚mitgebrachten' Wünsche und Bedürfnisse der Freiwilligen offensichtlich erfüllt werden konnten, m. a. W., es konnte offensicht-lich ein bestmöglicher *Fit* hinsichtlich dem Programmdesign und den Freiwilligen hergestellt werden. Weiterhin erfolgt eine organisational gesteuerte Rückmeldung an die freiwilligen Akteure sowie eine eher zufällige, nicht steuerbare Rückmeldung und Wirksamkeitsbestätigung durch diejenigen Menschen, welche die von ihnen gefor-derte Unterstützung empfangen. Eine dritte, in aller Regel positive Anerkennung, wird im Kreis der Familien und durch den Freundes- und Bekanntenkreis wirksam. Beide Elemente, *Fit* und *Rückmeldungen* scheinen motivational wirksam zu sein. Nicht untersucht und damit ausgeklammert, bleiben die Aspekte der Leistungsmoti-vationstheorie (McClelland/Atkinson, hier: S.109). Zum einen träfen nur einige An-nahmen dieser Idee auf Freiwillige zu (Konzentration auf Aufgabe, Arbeitskontinuität, Selbständigkeit, unmittelbares Feedback), zum anderen stellt sich die noch nicht beantwortete Frage, ob der Leistungsaspekt im Sektor des freiwilligen Engagement überhaupt eine bedeutende Rolle einnimmt. Gleichermaßen kritisch muss wohl auch das Bruggemannsche Konzept der *Arbeitszufriedenheit* betrachtet werden, da ent-stehende Unzufriedenheiten im Freiwilligenbereiche vermutlich eher schneller zur Aufgabe der Tätigkeit führen wird, als dies in vertrags- und lohnabhängigen Berei-chen der Fall sein wird.

h) Das *Führungsverständnis* der TeamerInnen im Projekt basiert auf einem Ver-ständnis der Begegnung mit den Freiwilligen auf Augenhöhe[219]. Der konsequente Verzicht auf hierarchische Strukturen, das stete Bemühen um partnerschaftliche Begegnung, spiegelt diese Haltung und zwar auch im Kreis der beteiligten Teame-rInnen, wenngleich es dort eine formale (gesetzte) Teamleitung gibt. Obwohl die Professionellen einen Ausbildungs- und Wissensvorsprung haben, sie die Schulun-gen gestalten und die Begleitung bzw. Beratung der *Freiwilligen* sicherstellen, inso-fern also in diesen Prozessen eine Metaebene einnehmen, gelingt es im täglichen

---

[219] gem. eigener Einschätzung der TeamerInnen im Interview, die Freiwilligen wurden hierzu nicht befragt.

Miteinander offensichtlich, dieses Wissensgefälle nicht in den Vordergrund zu transportieren und die Metaebene nur punktuell im Beratungsprozess herzustellen, um sie gleich auch wieder verlassen zu können. Die Professionellen führen die Erstgespräche mit den Familien, entscheiden über das Zustandekommen von Hilfeprozessen, bestimmen die jeweilige Assistentin für eine Familie, überwachen den Hilfeprozess und evaluieren denselben, sie beenden möglicherweise vorzeitig die Hilfe oder entscheiden im Beratungsprozess mit der Assistentin, ob diese im System verbleibt oder nicht bzw. ob die geleistete Hilfe noch dem Auftrag entspricht und intervenieren wenn dies nicht mehr der Fall ist, d.h. sie greifen regelnd oder steuernd ein. Dies alles sind Führungsfunktionen, welche von den *Freiwilligen* offensichtlich akzeptiert werden. Diese Akzeptanz scheint auf dem ansonsten *partnerschaftlichen Umgang* gegründet zu sein, schließlich bestimmen die *Freiwilligen* selbst über ihren grundsätzlichen Einsatz und den Umfang ihres Tätigseins im Projekt. Möglicherweise liegt der Schlüssel zum Führungserfolg in dieser Kunst der Herstellung von Partnerschaft im Umgang mit dem *freien Bürger* in dieser Engagementform und der punktuellen Begrenzung von Führungsverhalten auf die Stellen und Ebenen, wo dieses notwendig ist, vielleicht gelingt nur deswegen die *Akzeptanz* von Führungsverhalten bei den *Freiwilligen* in diesem Projekt.

12.1 Herausforderungen von FiS für das HRM (oder andersherum?)

Ob HRM eine Herausforderung für *Bürgerschaftliches* - bzw. *Freiwillige Engagement* ist oder dieses für das HRM ist eine Überlegung wert, schließlich hat sich das, was sich hinter dem Begriff des HRM entwickelt hat, *in* professionellen Kontexten *für* eben diese entwickelt. Mit HRM werden ideelle Ansätze verknüpft und zwar in Verbindung mit Verfahren, Methoden und Techniken des Personalwesens. Beides, die (quasi) ‚Philosophie' *und* die methodischen Optionen, stehen somit in einer Traditionslinie organisatorischer Entwicklung, insofern dient beides Organisationen bzw. Unternehmen. Mit einer solchen Fokussierung fordert HRM nicht *Freiwilliges Engagement* heraus, da es selbst diesen Bereich stets ausblendete. Umgekehrt benötigt *Freiwillige Engagement*, insbesondere in organisationalen Kontexten, Konzepte für den Umgang mit Menschen. Solche Konzepte lassen sich unmöglich vereinheitlichen, sind doch die Strukturen in den unterschiedlichsten Feldern des *Freiwilligen*

Engagements zu different (vgl. Kapitel A). Diese vielfältigen Engagementformen der Bürger fordern das HRM heraus, da sie aus Effizienzgründen ‚das Rad nicht neu erfinden' können und sich an Bestehendes anlehnen müssen. Insofern greift auch das Projekt FiS auf Inhalte des HRM zurück, diese Inhalte wurden in B unter Herausforderungen skizziert und in diesem Kapitel unter 12. von *a* bis *h* thematisiert. Die anstehenden Herausforderungen für das Projekt lassen sich daher aus diesen Beschreibungen heraus benennen:

1. Einführung und Begleitung einer lebendigen *Leitbildarbeit und Werte-Entwicklung*;

2. Entwicklung einer *Kultur der Anerkennung* für alle Ebenen des Projektes (beginnend bei den Projektentwicklern, bis hin zu den Familien, welche die Unterstützung erhalten), eingebunden in eine Anerkennungskultur des Unternehmens;

3. Entwicklung einer *CI* mit den dazugehörigen C-Formen (s.o.);

4. Erhalt und Weiterentwicklung der z.Zt. gelingenden Herausforderungen: Akquise, Entwicklung menschlicher Ressourcen, Motivationsförderung, Führung.

12.2 Strukturelle Probleme von FiS

Ein *formales* Problem, welches in der Struktur eines Projektes liegt, ist seine Laufzeit. ‚*Projekte*' werden fiskalisch zeitlich stets befristet, sie existieren nur dann fort, wenn sie sich derart bewähren, dass sie in eine Regelleistung (der Produkt- oder Dienstleistungserstellung) übergehen, dann sind sie aber kein Projekt mehr. FiS befindet sich noch immer in einem Projektstatus und wird von Jahr zu Jahr neu in den Haushalt des Magistrats aufgenommen, damit ist die Existenz von FiS unbestimmt.

Ein zweites, ebenfalls formales Problem besteht darin, dass FiS jährlich neu beweisen muss, dass sich sein Aufwand[220] lohnt. Solche evaluierenden Erhebungen und Berichterstellungen kann das Projekt aus sich selbst heraus durchführen, allerdings wirkt es glaubwürdiger, wenn einmal jährlich, von außen schauend, dies geleistet

---

[220] 1. Im Sinne eines Geschäftsvorganges des Magistrates, der zu einer Verminderung des haushalterischen Reinvermögens führt. 2. Im Sinne einer Arbeitsaufwendung/ -leistung, die sich nur lohnt, wenn ‚sie sich rechnet', d.h. sie muss den Nachweis erbringen (im Evaluationsbericht), dass sie bestimmte Sollvorgaben (gem. einer Leistungsvereinbarung) erfüllt.

wird. Solche Evaluation ist mit Kosten hinterlegt, welche sich nicht im Haushalt spiegeln. Diese Evaluation, obgleich notwendig, muss also anders finanziert werden und ist nicht gesichert.

Ein drittes, diesmal inhaltliches Problem, besteht darin, dass dieses Programm Allgemeingültigkeit für sich reklamiert, d.h. es soll vom Anspruch her in jeder Gemeinde sinnvoll eingesetzt werden können und dort funktionieren. Dazu muss es im Kern seiner Aussagen und Intentionen derart beschnitten sein, dass dies gelingt, ganz gleich, über welche Strukturen die jeweilige Kommune verfügt. Inhaltliche Anpassungen müssen dann später, jeweils vor Ort und *für* den jeweiligen Ort entwickelt werden. Solange das Programm aber an nur *einem* bundesweiten Standort besteht, sind solche Anpassungsleistungen *dort* zwar richtig und für das Projekt produktiv, für das *Modell*programm sind sie kontraproduktiv und verlangen nach Erläuterungen. Dies steht einer lebendigen Leitbild- und Werte-Entwicklungsarbeit ebenso im Wege, wie einer inhaltlichen Anpassung an kommunale Bedingungen, schließlich entfernt sich damit das Projekt vom Programm (was *vor Ort* richtig sein kann, für den Modellstatus aber schwierig ist).

Ein viertes und letztes Problem dieser Art zeigt sich in der Einbindung des Projektes in eine bestehende Trägerstruktur, besonders nachdem im ersten Jahr eine Träger-*kooperation* zuständig war. Jeder dieser Träger verfügt über eine andere Geschichte, Entwicklung und Kultur. Ein neues Projekt entwickelt diese Elemente für sich selbst und muss diese an seinen Träger anpassen. Eine solche Anpassungsleistung kann nicht gelingen, wenn es sich um zwei sehr unterschiedliche Trägerformen handelt, insofern werden Entwicklungen im Projekt entweder negiert oder entwickeln sich als Parallelstrukturen zu den bestehenden Trägerstrukturen, weil Integration *strukturell* nicht gelingt. Eine solche Startphase weist Folgeprobleme in den Folgejahren auf und zwar in Hinsicht auf ein eigenständiges Entwicklungsdefizit *und* bezüglich einer möglichen Integrationsleistung in bestehende Trägerstrukturen. Die Entwicklung einer *CI* sowie einer *Kultur der Anerkennung* gelingt nicht im Alleingang, sondern kann nur eingebettet sein in eine derartige Entwicklung im Unternehmen. Insofern kann FiS die Notwendigkeit zwar anmahnen, aber nicht selbst initiieren, Integration gelingt nicht monokausal, sie ist ein reziproker Prozess.

13. Grenzbereiche des HRM in Bezug auf *Freiwilliges Engagement*

Weiter oben wurde erläutert, dass HRM seine Entwicklung *in* und *für* Organisationen genommen hat. Ein rekursiver Blick auf die Inhalte von HRM lässt erkennen, dass es sich um spezifische, z. T. von einander deutlich abgegrenzte Bereiche bzw. Inhalte handelt. Dort, wo es im Prinzip um gleiche oder ähnliche Inhalte geht, handelt es sich dennoch um verschiedene Konzepte, erinnert sei beispielsweise an die Unterschiede des Michigan- und des Harvard-Konzeptes (vgl. Kapitel C 8.1). Das HRM basiert auf dem Konstrukt des *Personals*. Es betrachtet Personal als Vermögen, als Kapital des Unternehmens (nicht mehr als Kostenfaktor), das aber darf nicht darüber hinwegtäuschen, dass es sich dennoch immer nur um diese spezifische funktionale Zuweisung handelt. HRM interessiert sich *nicht* für den Menschen als Individuum, in all seiner Ganzheitlichkeit. Genau darin liegt die *Zumutung* für den Anwendungsbereich des HRM in Bezug auf *Bürgerschaftliches* – bzw. *Freiwilliges Engagement*. Der Freiwillige ist kein Personal, er versteht sich auch nicht als solches, er grenzt sich zu seinem personalen Status, den er in aller Regel woanders auch noch hat, im Kontext *Freiwilligen Engagements* deutlich ab. Er kommt als Person, nicht als Personal. Er will als (ganzheitlicher) Mensch wahrgenommen werden nicht in einer spezifischen Funktion. Bezugspunkt ist eine informelle und persönliche Rahmung und eben nicht ein eingrenzender formaler Status. HRM trägt zwar das Menschliche im Namen, meint aber nicht die Ressourcen des Einzelnen oder den Einzelnen als Ressource, sondern betrachtet aus einer *Unternehmensperspektive* die Menschen *im* Unternehmen als eine Ressource *für* das Unternehmen, - das ist eine ganz andere Betrachtungsweise als sie der Mensch im *Freiwilligen Engagement* für sich beansprucht. Derart betrachtet ist das HRM als Ganzes ein einziger Grenzbereich des *Freiwilligen Engagements*.

Andersherum ließe sich fragen, welche Elemente des HRM kann das *Bürgerschaftliche* – bzw. *Freiwillige Engagement* für sich nutzen, auf was kann es sinnvoll zurückgreifen? Dies sind (zumindest) jedoch diejenigen Elemente, welche in den bisherigen Kapiteln stets erneut in den Blickwinkel genommen wurden, dabei handelt es sich um die Bereiche der ☑ Gewinnung von Freiwilligen (Akquise), ☑ deren Entwicklung, ☑ die Auseinandersetzung um Motivation, ☑ Bindung, ☑ Identifikation und ☑ Commitment sowie ☑ um Führung.

Im Umkehrschluss bedeutet dies, dass die *Grenzbereiche des HRM*, bezüglich der Arbeit mit *Freiwilligen*, diejenigen Bereiche sind, welche sich spezifisch um Personal in seiner Funktion für das Unternehmen kümmern *und* welche Personal als Vermögen in seiner Vermögensdimension für das Unternehmen ermitteln wollen. Letzteres verbietet sich im *Freiwilligen Engagement* schon deswegen, weil ein Unternehmen zwar mit einer personalen Größenordnung kalkulieren kann und davon ausgehen *muss*, dass dies jederzeit zu beschaffen oder zu erhalten bzw. zu entwickeln ist, Organisationen, die mit *Freiwilligen* arbeiten dies aber gleichermaßen so nicht können, denn ob sich *Freiwillige* für bestimmte Aufgaben jeweils gewinnen lassen, ist von vielen Faktoren[221] abhängig, keine gemeinnützige Organisation kann in ihrem Selbstverständnis davon ausgehen, das dies stets in gleichbleibender Weise gelingt. Der vorhin zuerst benannte Bereich, nämlich die Einsatzplanung sowie Entwicklungsplanung der personalen Funktionen für ein Unternehmen ist gleichermaßen ein Grenzbereich in diesem Zusammenhang, da sich *Freiwillige* schlecht verplanen lassen (wollen). Die Planungsgrundlage, nämlich eine determinierte Aufgabe und deren Größendimension sowie die Perspektive dieser Aufgabe in einem bestimmten zeitlichen Horizont, lassen sich zwar planen, mit Zahlen hinterlegen, aber die *Freiwilligen*, welche die Organisation zur Ausführung benötigt sind nicht zu verplanen. Wer das trotzdem tut, begibt sich auf einen eher unbestimmten Untergrund, es bleibt ihm nur die *Hoffnung* auf relative Stabilität. Mit anderen Worten lässt sich sagen, dass die Grenze des HRM bezüglich des *Freiwilligen Engagement*, im Gegensatz zu personalen Unternehmensbereichen, in der grundsätzlichen *Nichtplanbarkeit des Engagements* liegt. In diesem Zusammenhang liegt es auf der Hand, dass bezüglich eines strategischen Personalmanagements diese beschriebene Planungsbegrenzung ebenfalls gilt. Kurzum, eine gemeinnützige Organisation, die mit *Freiwilligen* arbeitet, wäre gut beraten ihre Unternehmensziele an den Menschen auszurichten, über die sie verfügt. Es erscheint in diesem Zusammenhang problematisch Unternehmensperspektiven zu entwickeln, die an den (vorhandenen) Menschen vorbeigehen, es

---

[221] Solche Faktoren sind abhängig von der jeweiligen Region (ländlicher Raum, Stadt, Flächenland, Metropolenverschmelzung wie im Ruhrgebiet), anhängig von gesellschaftlichen Stimmungen und Strömungen, Meinungsbildung, der Einflussnahme durch die Medien, von Katastrophen in der Welt, welche plötzlich Einfluss auf Spendenverhalten und Engagement nehmen u.v.a.m.

sei denn, die Erwartung, für diese neuen Ziele neue *Freiwillige* zu finden, die mit Interesse und Können diese Ziele verfolgen, ist realistisch.

14. Zusammenfassung und Empfehlungen

Die bisherigen Darstellungen erlauben den Hinweis darauf, dass *Bürgerschaftliches – bzw. Freiwilliges Engagement (FE)* in Organisationszusammenhängen[222] mit *Human Ressource Management* zusammen gedacht werden dürfen. Dabei darf nicht verkannt werden, dass beide Bereiche unterschiedliche Wurzeln haben und je andere Intentionen verfolgen. HRM will in Unternehmenszusammenhängen für das Unternehmen wirken, während *Freiwilliges Engagement* für sich wirkt, sich selbst genügt und zwar in der Sache, zeitlich begrenzt und auf sich bezogen. Diese Aussage hat einen *doppelten* Bedeutungszusammenhang, denn sie gilt für das Engagement, welches eine spezifische Perspektive hat und möglicherweise von verschiedenen Menschen verfolgt wird *und* sie gilt für das Individuum, welches sich in einem bestimmten Umfeld sowie Umfang für eine bestimmte Sache engagiert.

FE ist in Organisationskontexten keine stabile Planungsgröße. Dies ist eine wesentliche Differenz zum Personal in (möglicherweise den gleichen) Organisationen, d.h. mit Personal *lässt* sich (eher) rechnen, mit Freiwilligen *ist* ggf. zu rechnen oder eben auch nicht. Freiwilligkeit ist nicht kalkulierbar, sie ist ein Geschenk und mit solchem rechnet man nicht (wenngleich die Wahrscheinlichkeit, ein Geschenk zu einem bestimmten Anlass zu erhalten relativ hoch ist, wer aber damit rechnet, kann sich leicht verkalkulieren).

---

[222] Freiwilliges Engagement außerhalb *formaler* Organisationen, wie dies beispielsweise in vielen Bürgerinitiativen der Fall ist, bei Attac oder anderswo, entwickelt vor diesem Hintergrund Ziele oder übernimmt vorhandene Zielperspektiven, welche von allen Beteiligte in je unterschiedlicher Weise verfolgt werden. Gemeinsam ist diesen Initiativen, dass sie über keine formalen Strukturen verfügen, sich basisdemokratisch verstehen und sich aktuell in aller Regel virtuell organisieren und miteinander kommunizieren. Über diese Ebenen gelingt es, in unbestimmten Zeitabständen und nicht regelmäßig, wirkliche Treffen und Protestaktionen zu initiieren. Da es keine Organisation als (formale) Organisation gibt, sondern Menschen sich themenspezifisch irgendwie verhalten und organisieren, gibt es auch keine Mitgliedschaften. Zwar verstehen sich Menschen als (oft vages) Mitglied einer solchen Initiative, aber aus diesem Verständnis heraus *sind* sie diese Initiative. Ein solches Verständnis verbietet Planungen der quasi ‚Mitglieder' dieser Initiative (es sei denn, jeder verplant sich irgendwie selbst– was vermutlich jeder praktisch tut).

14.1 *FE* lässt sich grundsätzlich auf Ziele hin ausrichten, solche Ziele können Unternehmensziele sein, insofern kann eine Organisation planen, sowohl inhaltlich als auch mit Bedacht im Umfang, d.h. der ‚Art und Weise' der Zielerreichung. Die personale Planung in diesem Zusammenhang ist eine Planung von Personen, welche sich ganz unterschiedlich intensiv zur Verfügung stellen. Diese Personen bestimmen zwar nicht die Organisationsziele, sondern entscheiden sich *für* diese, aber sie bestimmen die Intensität *ihrer* Weggestaltung dorthin und damit die Gestaltung des Weges schlechthin, es sei denn, die quantitativen Ressourcen von Freiwilligen sind *nicht* endlich.

Personalbeschaffung im Sinne von *Personen*beschaffung ist also möglich, allerdings sind die Beschaffungs*wege* des HRM zur Gewinnung von Freiwilligen eher untauglich. Ausschreibungen, Bewerbungsverfahren, Assessmentcenter u.a.m. darf der Werber in seiner Schublade belassen, wenn er Menschen bewerben will, um sie für freiwilliges Engagement zu gewinnen. Hier gibt es keine *Bewerber für eine* Stelle sondern den Werber *auf einer* Stelle, der um Freiwillige für freiwillige Projekte seiner Organisation wirbt, damit wird der Werber zum Bewerber, denn er bewirbt sein Projekt und will Menschen gewinnen. Dazu muss er Begeisterung herstellen, Menschen *von* seiner und *für* eine Sache überzeugen, muss ihnen helfen ihren Rubikon zu überschreiten, sie locken, bewerben, muss sich und seine Initiative hervorheben, den Nutzen und die Notwendigkeit mit Begeisterung darstellen – hier wird das Verhältnis des Bewerbers verdreht, geradezu auf den Kopf gestellt. Menschen müssen gewonnen werden. Jeder Mensch der kommt, der sich einbringt, dabei bleibt, die Organisation durch sich, durch sein *Sosein*[223] bereichert, ist ein Gewinn, sowohl für die Organisation, als auch für die Nutzer. In diesem Sinne ist Akquise zu entwickeln.

14.2 *Personal*entwicklung und *Freiwilligen*entwicklung sind *nicht* identisch. Die Differenz tritt dort zutage, wo es um die Ausrichtung der Entwicklung auf Unternehmensziele geht und diese in den Fokus rücken, Personal also angepasst werden muss (an neue Produktionsverfahren, im Rahmen von notwendigem Changemanagement, an neue Technologien, an veränderte Märkte usw.) *Freiwillige* lassen sich auch entwi-

---

[223] Im Sinne von Sein als Konstruktionsbegriff, wie er im Existenzialismus Verwendung findet, also Sein als Selbstentwurf, Selbstbestimmung in Freiheit des Einzelnen. Wie der Mensch sein Sein bestimmt, bestimmt er auch sein Sosein und damit seine Art und Weise des sich Einbringens und das Feld, welches er bestellen will.

ckeln, wollen sich aber im Vorwege für das dahinterliegende Ziel entscheiden. Sie kommen, *wenn* sie kommen, eines Ziels wegen, ändert sich dies, dann sind sie (im Grundsatz) weg. Haben sie sich aber *für* ein Ziel, ein Projekt, eine Hilfeform entschieden, sind sie bereit, um sich diesem Ziel anzunähren, sich dafür fortzubilden. Solcherlei Bildung ist aber immer auch Selbstzweck. Freiwillige bilden sich auch mit dem Ziel der *Selbstverwirklichung*, weil sie die Inhalte interessieren – sonst kämen sie nicht, schließlich stellen (bzw. ‚opfern') sie ihre unbezahlte Zeit zur Verfügung, die sie auch anders verbringen könnten. Andersherum bedeute dies aber, wenn sich Menschen *für* ein Projekt entschieden haben, sie sich innerhalb dieser Strukturen verwirklichen wollen, Passgenauigkeit besteht, wollen sie sich fortbilden (lassen), genau an diesem Punkt, werden Planungen, Methoden, Festschreibungen (Vereinbarungen) u.a.m. möglich, ab hier greifen Möglichkeiten der *personalen* Entwicklungen des HRM, einschließlich des Wissenstransfers und der Wissenssicherung in der Organisation.

14.3 Im Rahmen des HRM werden unterschiedliche Motivationsansätze, Modelle und Theorien diskutiert, ebenso bezüglich Identifikation und Commitment (vgl. die Kapitel B und insbesondere C, S.104 ff.). Diese Erklärungsansätze finden ihren Nutzen sowohl in dem Segment des Personalwesens, als auch im Umgang mit *Freiwilligem Engagement*. Sie lassen sich nicht ‚eins-zu-eins' übertragen, sondern erlauben *jeweils* ein partielles Verstehen. Gerade deswegen ermöglichen sie vielleicht einen Nutzen sowohl für das HRM, wie auch (bedingt) für das *FE*. Mit anderen Worte lässt sich formulieren, dass die beschriebenen Motivationsmodelle (Kapitel C 9.3) jeweilige Erklärungsansätze darstellen, die weder nahtlos ineinander greifen, noch aufeinander aufbauen. Sie dienen entweder der Analyse wahrgenommener motivationaler Verluste *oder* dienen vorausschauender Planung motivationaler Steuerungsabsichten. Das entscheidend Andere im Kontext freiwilligen Engagement ist der bereits überschrittene Rubikon und ist die ‚mitgebrachte' Motivation (für etwas), d.h. Freiwillige *sind* in aller Regel hoch motivierte ‚Mitarbeiter' einer Sache (vgl. auch in diesem Kapitel 11.3).

14.4 Der Führungsbegriff durchzieht jedes Kapitel dieser Arbeit auf je andere Art, er scheint geradezu ein Schlüsselbegriff für Organisationen zu sein und ebenso scheint es unvorstellbar, dass Führung *nicht* stattfindet. *FE* innerhalb von Organisationen benötigt Führung so die Annahme, aber lassen sich Freiwillige führen? In diesem Zusammenhang kann im Verweis auf die unterschiedlichen Führungstheorien und Führungsmodelle (vgl. ausführlich hierzu Kapitel C 9.4) festgestellt werden, dass diese jeweiligen Ansätze nur als heterogene Verstehens- und Analysemodell begriffen werden können. In Bezug auf Führungsmöglichkeiten im freiwilligen Engagementbereich kommt es nicht so sehr darauf an, *das* Führungskonzept für diesen Bereich schlechthin zu bestimmen (eine Unmöglichkeit), sondern zunächst ein Verständnis von Führungsoptionen zu entwickeln. Auf dieser Grundlage erst, wird Führungs*entwicklung* in diesem Feld möglich. Oben wurde dies beschrieben und es wurde konkret im Zusammenhang mit dem untersuchten Projekt gezeigt, *was* Führung leisten kann und wo deren *Grenzen* liegen. Führung muss sich im Kontext von FE beschränken aber sie gelingt in ihrer Beschränkung, Dank ihrer Beschränkung[224].

14.5 Es ließe sich zu jedem beschriebenen Punkt der Zusammenfassung eine explizite *Empfehlung* aussprechen, dies würde allerdings allzu schnell zu (nicht gewollten) Redundanzen führen, sind diese doch implizit benannt. Wenn sich in diesem bunten Reigen der Möglichkeiten *und* Begrenzungen von HRM *im FE* etwas Weiteres empfehlen ließe, dann ist es, neben den oben benannten Hinweisen (14.1 bis 14.4), die Orientierung an der *Menschlichkeit*.

Dies mag zunächst altmodisch erscheinen *oder* vordergründig vor christlichem Hintergrund Akzeptanz erwarten. Aber Menschlichkeit ist nicht nur ein großes Wort, es ist ein modernes Konzept, ein Ideal, es bedürfte sicherlich einer gemeinsamen Verständigung darüber. Allerdings macht es der verwandte Begriff der Menschenrechte einfacher, miteinander Einvernehmen zu erzielen, wird er doch seit der Aufklärung entwickelt und wurde zwischenzeitlich[225] durch die Vereinten Nationen verankert. Neben einer europäischen Menschenrechtsabsicherung, gilt solche grundgesetzlich auch für die BRD, insofern lässt sich begrifflich darauf zurückgreifen. Was bedeutet das aber in diesem Zusammenhang? *Freiwilliges Engagement*, ganz gleich wo immer es auch stattfindet, leisten Menschen *für* Menschen, damit ist es gelebte

---

[224] Selbst dort, wo Führung offensichtlich explizit gelebt wird, wo sie unhinterfragt dazugehört, wie etwa bei den Freiwilligen Feuerwehren (mit Uniformen und Rangabzeichen), gelingt sie nicht per se, sondern in ihrer Beschränkung auf den (Übungs-)Einsatz, sie gilt nicht zuvor und nicht danach, d.h. sie ist kontextgebunden.

[225] 1948

Menschlichkeit im Sinne von Menschenliebe. Solch philanthropisches Engagement bedarf der Achtung, des Respekts, der Anerkennung. Die Tatsache, dass sich hinter dieser Menschlichkeit, gelebte Menschenliebe im *doppelten* Sinn verbirgt, schmälert die Sache nicht. Das Handeln eines Menschen für einen Anderen ist gelebte Liebe am Nächsten *und* auch Liebe gegen *sich selbst*. Die oft benannte *Selbst*verwirklichungsabsicht in diesem Tun ist ein Zeichen dafür, aber hat diese Intention nicht ihre Berechtigung? Wer will einem anderen Menschen seine Selbstverwirklichungsabsicht streitig machen? Das Streben nach Verwirklichung oder gar Transzendenz ist eine starke Kraft, die sich in ihrer Wirkung auch auf andere richten kann und diesen dann ggf. zum Nutzen gereicht (vgl. hierzu auch Maslow a.a.O.).

Wenn im Feld des *Freiwilligen Engagements* (und *Frühe Hilfen* sind ein kleiner Teilbereich davon) etwas tragende Kraft erhält, dann ist es die Kraft der zwischenmenschlichen Begegnung im Sinne eines *Dialogischen Prinzips*[226], sie liegt in eben dieser Begegnung, des sich Einlassens auf den Anderen, des verstehen Wollens, des bedingungslosen Annehmens (auf Zeit), des wieder loslassen Könnens, des *für sich* sein Wollens, des Wechselspiels von Nähe *und* Distanz – dies alles kennzeichnet Menschlichkeit. Diese muss auf beiden Seiten *gelebt* werden, sowohl in der Organisation, als auch in der Begegnung mit ihren Nutzern. Menschlichkeit ist im Feld des HRM *nicht* der zentrale Begriff, er ist es für das *Freiwillige Engagement* und nur auf diesem Feld ist er es *in Verbindung* mit bestimmten Absichten und Möglichkeiten des HRM.

14.6 Es ergibt sich eine *weitere* Empfehlung aus dem bisher Gesagten, nämlich die Akzeptanz der *Gnade des Geschenks* und in Verbindung damit, die *Demut vor den* sich daraus ergebenden *Möglichkeiten*. Auch dies klingt zunächst wenig modern und unzeitgemäß, allerdings verkennt das Klangbild (und möglicherweise archaisch anmutende Assoziationen) die Kraft der Moderne[227], welche darin steckt. Modernität

---

[226] Vgl. hierzu Buber, Martin: Das Dialogische Prinzip. Gütersloh 1999

[227] Die Moderne steht in Abgrenzung zur Postmodernen oder zweiten Moderne. Dieser Diskurs spricht den Bezug gesellschaftliche, kultureller, wissenschaftlicher, philosophischer Entwicklungen in den post*industriellen* Gesellschaften an. Die zweite Moderne hat die Gläubigkeit an Systeme jeglicher Art überwunden, damit sind übergeordnete Idee und allgemeingültige Erkenntnisse obsolet und die großen Geschichten der Geschichte überwunden. Was gilt ist die Konstruktion von Wirklichkeit, ohne Anspruch auf Gültigkeit. Einer der bekanntesten Vertreter dieses Ansatzes ist Jean-Francois Loytard (,Das postmoderne Wissen.' Wien 1979/1999). Die

in säkularisierten (westlichen) Gesellschaften ist gekennzeichnet durch einen hohen Grad individueller Autonomie, durch vielfältige Lebensentwürfe und diesbezüglicher Entscheidungsoptionen, durch Flexibilität, Mobilität, Ungebundenheit und Spontaneität, kurzum, durch die Freiheit menschlicher Seinsentscheidung. Modernität besagt, dass alles auch anders möglich ist und vermittelt insofern Freiheit, nämlich die Freiheit sich stets aufs Neue anders zu entscheiden (vgl. den systemischen Kontingenzbegriff in 9.4.2.3). Die Kehrseite dieser Medaille ist die Entscheidungs*notwendigkeit*. Vor einer Entscheidung steht die Informationssuche, das Ringen um Möglichkeiten, das Abwägen von Für und Wider – also ein Entscheidungs*prozess*[228]. Kommt es am Ende eines solchen Prozesses zu einer Entscheidung, ist diese fundiert und (zumindest vorläufig) stabil. Gnade meint in ihrem ursprünglichen Sinn nicht nur den Achtungsbezug vor Gott, sondern Gnade spricht auch die Güte, die Gunst, das Wohlwollen an, welches aus sich selbst heraus geschenkt wird, sie ist ‚ein erteiltes Privilegium' bzw. die freiwillige Vergabe von ‚Almosen', damit knüpft sie an die Absicht des Verteilens, des Verschenkens an. Ein begnadeter Mensch ist mit einer besonderen Gabe ausgestattet, er wurde von der Natur beschenkt. Wenn ein Mensch der Moderne sich am Ende seines Entscheidungsprozesses für ein *Freiwilliges Engagement* entscheidet, handelt es sich um eine freiwillige Vergabe bestimmter Ressourcen, es ist Ausdruck seines Wohlwollens und ein Privileg im dreifachen Sinn, denn er selbst verfügt über das Privileg, sich diesen Einsatz leisten zu können, die Organisation ist privilegiert, weil sie von ihm bedacht (beschenkt) wird und der Nutzer dieser verschenkten Ressourcen erhält das Privileg des nutzen Könnens einer Dienstleistung. Solche Geschenke sind nur in arbeitsteiligen modernen Gesellschaften möglich, da nur diese solche Grundbedingungen zur Verfügung stellen, die es jedem Bürger erlauben sowohl zu verschenken, als auch etwas geschenkt zu bekommen.

Diese Möglichkeiten erfordern Demut, denn Demut erst ermöglicht den Blick auf die Gnade und verhindert die Annahme solcher Geschenke als Selbstverständlichkeit.

Moderne steht im Spannungsfeld der Geschichte und Zukunftsbildung, an der sie webt und zugleich die Fäden dazu aus der Vergangenheit aufgreift. Sie ignoriert die großen ‚Erzählungen' *nicht*.

[228] Sicherlich kann nicht jede Entscheidung fundiert getroffen werden, der Mensch muss sich permanent für oder gegen etwas entscheiden, die gewöhnlichen Alltagsentscheidungen finden routiniert und gewohnheitsgemäß statt, andere spontan oder beeinflusst durch äußere Bedingungen bzw. Einflüsse – *hier* sind bewusste Entscheidungen angesprochen.

Demut vor den sich aus der Gnade ergebenden Möglichkeiten spricht den Achtungs-bezug zu dem Ermöglichenden an. Eine Organisation kann Freiwilligkeit nicht for-dern, sie kann lediglich dazu ermuntern, kann werben, vielleicht überzeugen. Wenn sie Menschen gewinnt, die sich freiwillig einer Sache hingeben, kann sie deren Hin-gabe lediglich in Dankbarkeit und Ergebenheit, in Demut eben, annehmen. Der Beg-riff der De-mut (dio-muoti ‚dienstwillig') beinhaltet den Dienst, also das Dienen für etwas, dies enthält eine zweifache Bedeutung, es geht nämlich einerseits um das Empfangen des Dienstes, die Empfängnis dieses Leistungswillens ist gleichzeitig die Geburt des Dienstes am Nächsten und andererseits ist der Dienst*geber*, derjenige, der sich in den Dienst begibt, der *Freiwillige* also, er erhält im Verschenken das Geschenk seiner Wirksamkeit. Erst die *Moderne* ermöglicht dem Menschen diese freie Entscheidung und eröffnet die Möglichkeit diese freie Entscheidung zu verwirkli-chen.

14.7 Jenseits von ‚Menschlichkeit', die sich in der Gunst des Geschenkes spiegelt und der erfahrenen sowie bewusst wahrgenommenen Begünstigung einer Organisa-tion durch die Organisation, bleibt, als *letztes* Element im Bunde, die Empfehlung HRM als Instrument oder vielleicht besser, als *Werkzeug* des *Freiwilligen Engage-ment* zu begreifen. Zwar verbirgt sich hinter dem Begriff des HRM eine Idee im Sinne eines Ideals, dieses aber ist *zum einen* heterogen (jedes Unternehmen versteht darunter vermutlich etwas anderes), *zum anderen* ist es nicht mit der Intention von *Freiwilligem Engagement* kompatibel, darauf wurde weiter oben in verschiedenen Zusammenhängen mehrfach verwiesen. Zwar kann das HRM zu einem strategischen Faktor in einem Unternehmen erklärt werden und von oberster Stelle implementiert und überwacht, es kann aber im Rahmen *Freiwilligen Engagements* dieses nicht (ideell) überflügeln. Was wäre, wenn die *Freiwilligen* gingen und nur noch das HRM in der Organisation verbleibt? HRM ohne *Freiwillige* ist in diesem Kontext nichts. *Freiwilliges Engagement* ohne HRM bleibt *Freiwilliges Engagement* – es funktioniert vermutlich (irgendwie) trotzdem. *FE* braucht Überzeugung und etwas, wofür sich Engagement lohnt. HRM kann für *FE* Werkzeug sein, kann dazu beitragen, dass FE mit nur geringen Reibungsverlusten gelingt. Welche Elemente taugen und welche eher nicht, wurde weiter oben genauer ausgeführt. Ein solches Verständnis wäre angemessene Bescheidenheit, sozusagen instrumentale Verwendung von HRM in Demut.

Abbildungsverzeichnis

Literaturverzeichnis

Ackermann, K.F.: Konzeptionen des strategischen Personalmanagements für die Unternehmenspraxis. In: H. Glaubrecht/D. Wagner: Humanität und Rationalität in Personalpolitik und Personalführung. Freiburg i. Br. 1987

Allen, N. J./ Meyer, J. P.: The measurement and antecedents of affective, continuance and normative commitment to the organization. Journal of Occupational Psychology 63 1990, S.1-18

Alscher, M./ Dathe, D./ Priller, E./ Speth, R. (BMFSFJ Hrsg.): Bericht zur Lage und zu den Perspektiven des bürgerschaftlichen Engagements in Deutschland. Berlin (August) 2009 (WZB Wissenschaftszentrum Berlin für Sozialforschung)

Arnold, Rolf: Stellvertretende Führung – Führung zur Selbstführung. In: Personalführung 6/2000, S.18-22; zitiert nach Dahlgaard/ Stratmeyer a.a.O. S.30

Atkinson, J. W.: Einführung in die Motivationsforschung. Stuttgart 1975

Barney, J.B.: Firm resources and sustained competitive advantage. In: Journal of Management 17, 1991, S.99-120

Beck, U.: Kinder der Freiheit. Frankfurt a.M. 1997

Beck, U.: Mehr Zivilcourage bitte. Ein Vorschlag an die Adresse Gerhard Schröders: Wir brauchen eine Gesellschaft engagierter Individuen. In: DIE ZEIT, 25.05.2000

Beer, M./ Spector, B./ Lawrence, P.R./ Mills, D.Q./ Walton, R.E.: Human resource management. New York u. London 1985

Beher, K./ Liebig, R./ Rauschenbach, Th.: Strukturwandel des Ehrenamtes. In: Beher, K./ Liebig, R./ Rauschenbach, Th.: Strukturwandel des Ehrenamtes. Weinheim und München 2000

Beher, K./ Krimmer, H./ Rauschenbach, Th./ Zimmer, A.: Die vergessene Elite. Führungskräfte in gemeinnützigen Organisationen. Weinheim und München 2008

Bennis, W. G./ Nanus, B.: Leaders: The straegies for talking charge. New York 1985; deutsch: Führungskräfte. Frankfurt 1987 zitiert nach Staehle 1999

Bierhoff, H.-W.: Wie entsteht soziales Engagement und wie wird es aufrechterhalten? In: Rosenkranz, D./ Weber, A.: Freiwilligenarbeit. Einführung in das Management von Ehrenamtlichen in der Sozialen Arbeit. Weinheim und München 2002

Bliedermann, C.: Die Zusammenarbeit mit Freiwilligen organisieren. In: Rosenkranz, D./ Weber, A.: Freiwilligenarbeit. Einführung in das Management von Ehrenamtlichen in der Sozialen Arbeit. Weinheim und München 2002

BMFSFJ (Hrsg.) Geiss, S./ Gensicke, Th./ Picot, S.: Freiwilliges Engagement in Deutschland 1999-2004. (II. Freiwilligensurvey, durchgeführt im Auftrag des BFSFJ, vorgelegt von TNS Infratest Sozialforschung) BFSFJ, München 2005

Bosetzky, H.: Managementrolle: Mikropolitiker. In Staehle, W.: Handbuch Management. Wiesbaden 1991, S.287-299

Breisig, T.: Personal. Oldenburg 2007

Bremers, K.: FiS – eine wahre Erfolgsgeschichte. In: Gehrmann et al. 2008, S.11f.

Bruggemann, A.: Zur Unterscheidung verschiedener Formen von Arbeitszufriedenheit. Arbeit und Leistung, Heft 28/1974

Bruggemann, A./ Groskurth, P./ Ulrich, E.: Arbeitszufriedenheit. Bern 1975

Brown, J. A. C.: Psychologie der industriellen Leistung. Reinbek 1956

Brosch, A.: Formen bürgerschaftlichen Engagements. In: Hummel, K.: Bürgerengagement. Seniorengenossenschaften, Bürgerbüros und Gemeinschaftsinitiativen. Freiburg i. Br. 1995, S.73-79

Buber, Martin: Das Dialogische Prinzip. Gütersloh 1999

Büchler, Ch.: Das Beispiel HENKEL. In: Rosenkranz, D./ Weber, A.: Freiwilligenarbeit. Einführung in das Management von Ehrenamtlichen in der Sozialen Arbeit. Weinheim und München 2002

Bühner, R. (1987): Personalmamagement für neue Produktionstechnologien. In: BFuP 3/1987, S.249-265

Capelli, P./ Crocker-Hefter, A.: Distinctive human resources are firms` core competencies. In: ODY 24, 1996, S.7-22

Conradi, W.: Personalentwicklung. Stuttgart 1983

Dahlgaard, K.: Personalarbeit im Krankenhaus. S. 14-18; In: Trill, R./ Tecklenburg, A.: Das erfolgreiche Krankenhaus. Neuwied, Köln, München 2000

Dahlgaard, K./ Stratmeyer, P.: Kooperatives Prozessmanagement im Krankenhaus. Kooperation und Führung. Band 6, Neuwied, Köln, München 2007

Dahlgaard, K.: Phasen der Personalbeschaffung. Manuskript/ Modulunterlagen MBA Studiengang, HAW HH, SS 2008

Deutscher Bundestag, 14. Wahlperiode. Drucksache 14/8900, S.290

Dietrich, K./ Heinemann, K./ Schubert, M.: Kommerzielle Sportanbieter. Eine empirische Studie zu Nachfrage, Angebot und Beschäftigungschancen im privaten Sportmarkt. Schorndorf 1990

Domsch, M.E.: Personalplanung und Personalentwicklung für Fach- und Führungskräfte. In: Rosenstiel, L. von/ Regnet, E./ Domsch, M. E.: Führung von Mitarbeitern. Stuttgart 2003

Drumm, H. J.: Szenarioprognosen für ein künftiges HR-Management. In Personalführung 5/2001.

Ehmann, H.-M./ Eisele, D. S.: Personalmanagement im Rückblick – Augenblick – Ausblick. In: Personal 5/2003, S.32-35

Eichhorn, P./ Seelos, H.-J./ Schulenburg, Graf von der J.-M.: Krankenhausmanagement. München, Jena 2000

Endrikat, K.: Die *weibliche* Moral im Sport. Wertvorstellungen jugendlicher Sportlerinnen und Sportler. Geschlechterunterschiede in der Einstellung zu Fairnesswerten im Sport. In: Fair-Play-Initiative des deutschen Sports unter Federführung der Deutschen Olympischen Gesellschaft (Hrsg.): Fair-Play für Mädchen und Frauen im Sport? Frankfurt a.M. 1995

Enquete-Kommission „Zukunft des Bürgerschaftlichen Engagements". Deutscher Bundestag: Bericht Bürgerschaftliches Engagement: Auf dem Weg in eine zukunftsfähige Bürgergesellschaft. Opladen 2002

Esser,G./ Weinel, H.: Vernachlässigende und ablehnende Mütter in Interaktion mit ihren Kindern. In: Martinus, J./ Frank, R.: Vernachlässigung, Missbrauch und Misshandlung von Kindern. Erkennen, Bewusstmachen, Helfen. Bern 1990

Evers, A.: Engagement und Bürgertum. In: Transit. Europäische Revue. 1998, H. 15, S.192

Fiedler, F. E.: A theory of leadership effectiveness. New York 1967

Fleishman, E. A./ Hunt, J. G.: Current developments in the study of leadership. Carbondeale1973

Fombrun, C./ Tichy, N./ Devenna, M.: Strategie Human Resource Management. New York 1984

Gaskin, K./ Smith, J./ Paulwitz, I.: Ein neues bürgerliches Europa. Freiburg 1996

Gehrmann, G./ Müller, K. D./ Säuberlich, U.: Familie im Stadtteil. Methodenhandbuch. Prävention familiärer Gewalt gegenüber Kindern. Regensburg 2008

Gehrmann, G.: Evaluationsbericht 09/2007 bis 09/2008. Unveröffentlichtes Manuskript. Frankfurt und Bremerhaven 2009

Geiss, S./ Gensicke, Th./ Picot, S.: Freiwilliges Engagement in Deutschland 1999-2004. (II. Freiwilligensurvey, durchgeführt im Auftrag des BFSFJ, vorgelegt von TNS Infratest Sozialforschung) BFSFJ. München 2005

Gensicke, T./ Picot, S./ Geiss, S.: Freiwilliges Engagement in Deutschland 1999-2004. München 2006

Habermas, J.: Faktizität und Geltung. Beiträge zur Diskurstheorie des Rechts und des demokratischen Rechtsstaats. Frankfurt a.M. 1992

Hagen, W.: Was tun, Herr Luhmann? Vorletzte Gespräche mit Niklas Luhmann. Berlin 2009

Hart, S.L.: A natural-resource-based view of the firm. In: AMR 20, 1995, S.986-1014

Hayes, R.H.: Strategie planning – forward in reverse? In: HBR 6/ 1985, S.111-119.

Heckhausen, H.: Motivation und Handeln. Berlin 1989

Heider, F.: The Psychology of Interpersonal Relations. New York 1958

Heinemann, K./ Schubert, M.: Der Sportverein. Ergebnisse einer repräsentativen Untersuchung (Bundesinstitut für Sportwissenschaft, Bd. 80) Schorndorf 1994 In: Beher, K./ Liebig, R./ Rauschenbach, Th..: Strukturwandel des Ehrenamtes. Weinheim und München 2000

Helming, E./ Sandmeir, G./ Sann, A./ Walter, M.: Kurzevaluation von Programmen zu Frühen Hilfen für Eltern und Kinder und sozialen Frühwarnsystemen in den Bundesländern. Abschlussbericht. München 2007

Hemphill, J. K.; Coons, A. E. (1957): Development of the leader behaviour description questionnaire. In: Stogdill, R.M.; Coons, A.E.: Leaders behaviour. Columbus In: Staehle, W.: Handbuch Management. Wiesbaden 1991

Herzberg, F./ Mausner, B./ Snyderman, B.: The Motivation of Work. New York 1959

Heymann, H.-H./ Müller, K. G.: Betriebliche Personalentwicklung. In: WiSt 4/1982, S.151-156

Hirschmann, A. O.: Engagement und Enttäuschung. Über das Schwanken der Bürger zwischen Privatwohl und Gemeinwohl. Frankfurt a.M. 1984

Hofmann, L. M.: Führungskräfte in Europa. Empirische Analyse zukünftiger Anforderungen. Wiesbaden 2000

Jakob, G.: Zwischen Dienst und Selbstbezug. Eine biographieanalytische Untersuchung ehrenamtlichen Engagements. Opladen 1993

John, S.: Editorial. In: Frühe Hilfen interdisziplinär gestalten. Zum Stand des Aufbaus Früher Hilfen in Deutschland. Deutsches Institut für Urbanistik, Tagungsmaterialien November 2008

Kakabadse, A. P.: The politics of management. Aldershot, Hants 1984

Kaufmann, F.-X.: Sozialpolitisches Denken. Frankfurt a.M. 2003

Kais, E.: Arbeits- und Organisationspsychologie. Workbook. Weinheim 2006

Kavemann,B./ Kreyssig, U.: Handbuch Kinder und häusliche Gewalt. Wiesbaden 2007

Kelly, H. H.: The Process of Causal Attribution. American Psychologist 28, S.107-128

Klages, H.: Die Deutschen – ein Volk von Ehrenämtlern? Ergebnisse einer bundesdeutschen Studie. In: Forschungsjournal NSB, Jg. 13, 2000, H. 2, S.33-47

Kieser, A./ Ebers, M.: Organisationstheorien. Stuttgart 2006

Kindler, H.: Partnergewalt und Beeinträchtigungen kindlicher Entwicklung: Ein Forschungsüberblick. In: Kavemann,B./ Kreyssig, U.: Handbuch Kinder und häusliche Gewalt. Wiesbaden 2007, S.36-53

Klein, A.: Der Diskurs der Zivilgesellschaft. Münsteraner Diskussionspapiere zum Nonprofit-Sektor. Nr.6, Der Diskurs der Zivilgesellschaft. Politische Hintergründe und demokratietheoretische Folgerungen. Reihe Bürgerschaftliches Engagement und Zivilgesellschaft, Band 4 Opladen 2001

Kocka, J.: Industrielles Management: Konzeptionen und Modelle in Deutschland vor 1914. In: Vierteljahreszeitschrift für Sozial- und Wirtschaftsgeschichte, Bd. 56/1969, S.332-372

Likert, R.: New Patterns of Management. New York 1961

Locke, E. A.: The nature and causes of job satisfaction. In: Dunnette, M. D.: HIOP 1976 S.1297-1349

Luhmann, Niklas: Ökologische Kommunikation. Opladen 1986

Luthans, F./ Hodgetts, R. M./ Rosenkrantz, St. A.: Real managers. Cambridge, Mass. 1988

Machiavelli, N.: Der Fürst. Stuttgart 1955 (Das Buch *Der Fürst* wurde, um 1513 von Niccolò Machiavelli verfasst und 1532 postum publiziert)

Mai, R,/ Swiaczny, F.: Demografische Entwicklung. Potentiale für Bürgerschaftliches Engagement. Materialien zur Bevölkerungswissenschaft 126. Wiesbaden 2008 (Bundesinstitut für Bevölkerungsforschung)

Maetze, M./ Petermann, F.: ‚Swimmy' – frühe Elternberatung. In: Spielräume Heft 36/37 03/2007, S.48-50

Martinus, J./ Frank, R.: Vernachlässigung, Missbrauch und Misshandlung von Kindern. Erkennen, Bewusstmachen, Helfen. Bern 1990

Maslow, A. H.: Motivation and personality. New York 1954 deutsch: Motivation und Persönlichkeit. Olten/Freiburg 1977

McClelland, D. C./ Atkinson, J. W./ Clark, R. A./ Lowell, E. L.: The archievement motive. New York 1953

McClelland, D. C.: The achieving society. Princeton, New York 1961

Menzel, W.: Personalentwicklung. Erfolgreich motivieren, fördern und weiterbilden. München 2005

Meyer, J. P./ Allen, N. J.: Commitment in the workplace. Thousand Oakes: Sage. 1997

Mintzberg, H.: The structuring of organizations. Englewood Cliffs 1979 In: Staehle, W.: Handbuch Management. Wiesbaden 1991

Mintzberg, H.: Stratgy Safari. Wien 1999

Moser, K.: Commitment in Organisationen. Bern 1996

Müller, K. D./ Gehmann, G.: Familie im Stadtteil. In: Sozialmagazin, Heft 9/2000

Neu, C.: Demografischer Wandel in entlegenen ländlichen Räumen – Herausforderung für die Zivilgesellschaft. In: BMFSFJ (Hrsg.): Zukunft gestalten – sozialen Zusammenhalt sichern. Nachhaltige Entwicklung durch bürgerschaftliches Engagement. BMFSFJ

Neuberger, O./ Allerbeck, M.: Messung und Analyse der Arbeitszufriedenheit. Bern 1978

Neuberger, O.: Führen und führen lassen. Stuttgart 2002

Neuberger, O.: Mikropolitik. In: Rosenstiel, L. von et al. 2003

Nord, W. R.: Dreams of humanziation and the realities of power. In: AMR 1978

NZFH: Frühe Hilfen. Modellprojekte in den Ländern. Köln 2008

Olk, Th.: Vom alten zum neuen Ehrenamt. Ehrenamtliches soziales Engagement außerhalb etablierter Träger. In: Blätter der Wohlfahrtspflege, 1989, H. 1, S.7-10

Olk, Th.: Perspektiven der Förderung bürgerschaftlichen Engagements in der Stadt Köln. Vortrag anlässlich der KABE-Fachtagung am 20.03.2003 in Köln

Olk, Th./ Klein, A.: Jahresbericht 2008 mit einem Ausblick auf 2009. BBE Berlin 2009

Picot, S.: Jugend und freiwilliges Engagement. In: Rosenbladt, von B.: Freiwilligensurvey 1999. Stuttgart 2000

Picot, S.: Freiwilliges Engagement Jugendlicher im Zeitvergleich 1999-2004. In: Freiwilligen-survey 2000

Porter, L. W./ Lawler, E. E.: Mangerial attitudes and performance. Homewood 1968

Pott, L./ Wittenius, U.: Qualitätsmanagement in der Zusammenarbeit mit Freiwilligen. In: Rosenkranz, D./ Weber, A.: Freiwilligenarbeit. Einführung in das Management von Ehren-amtlichen in der Sozialen Arbeit. Weinheim und München 2002

Rauschenbach, Th.: Gibt es das neue Ehrenamt? Zum Stellenwert des Ehrenamtes in einem modernen System sozialer Dienste. In: Sozialpädagogik 1/1991, S.2-10

Reddin, W. J.: Managerial Effectiveness. New York 1970; deutsch: Das 3-D-Programm zur Leistungssteigerung des Managements. München 1977

Regent, E.: Der Weg in die Zukunft – Anforderungen an die Führungskraft. In: Rosenstiel, L. von et al. 2003

Ridder, H.-G./ Bruns, H.-J.: Personalbeschaffung. In: Eichhorn, P./ Seelos, H.-J./ Schulen-burg, Graf von der J.-M.: Krankenhausmanagement. München, Jena 2000

Ritscher, W. (Hrsg.): Systemische Kinder- und Jugendhilfe. Heidelberg 2005

Rosenbladt, von B.: Freiwilligensurvey 1999. Stuttgart 2000

Rosenkranz, D./ Weber, A.: Freiwilligenarbeit. Einführung in das Management von Ehren-amtlichen in der Sozialen Arbeit. Weinheim und München 2002

Rosenkranz, D./ Görtler, E.: Woher kommen in Zukunft die Freiwillige? In: Rosenkranz, D./ Weber, A.: Freiwilligenarbeit. Einführung in das Management von Ehrenamtlichen in der Sozialen Arbeit. Weinheim und München 2002

Rosenstiel von L./ Regnet, E./ Domsch, M.: Führung von Mitarbeitern. Stuttgart 2003

Rosenstiel, L. von: Die motivationalen Grundlagen des Verhaltens in Organisationen. Leis-tung und Zufriedenheit. Berlin 1975

Sann, A./ Schäfer, R./ Stötzel, M.: Zum Stand der Frühen Hilfen in Deutschland – ein Werk-stattbericht. Interdisziplinäre Fachzeitschrift der DGgKV Jahrgang 10, Heft 2, 2007, S.4

Scherpner, H.: Geschichte der Jugendfürsorge. Göttingen 1979

Schöning, B./ Kraus, G.: Corporate Volunteering. Wenn Soziale Arbeit und Wirtschaft von-einander profitieren. In: Rosenkranz, D./ Weber, A.: Freiwilligenarbeit. Einführung in das Management von Ehrenamtlichen in der Sozialen Arbeit. Weinheim und München 2002

Scholz, C.: Personalmanagement in virtualisierenden Unternehmen: Paradigmawechsel plus gradueller Wandel! In: Information Management & Consulting, 4/1998, S.7-13

Scholz, C.: Personalmanagement. München 2000

Schreyögg, G.: Verschlüsselte Botschaften – Neue Perspektiven einer strategischen Perso-nalführung. In: ZfO 3/1987, S.151-158

Schröder, J.-A.: FiS – Familie im Stadtteil. In: Spielräume Heft 36/37 03/2007, S.53-55

Schröder, J.-A.: Gewalt und Gewaltprävention. In: Spielräume Heft 36/37 03/2007, S.51f.

Schröder, J.-A.: Human Resource Management mit einem Bezug zur ehrenamtlichen Arbeit in organisatorischen Kontexten. Hausarbeit an der HAW Hamburg, Fakultät Wirtschaft und Soziales, MBA Studiengang 2009

Schuler, H.: Psychologische Personalauswahl. Göttingen 2001

Schuler, H.: Auswahl von Mitarbeitern. In Rosenstiel, L. von et all (2003)

Schuler, H./ Marcus, B.: Biografieorientierte Verfahren der Personalauswahl. In: Schuler, H.: Lehrbuch der Personalpsychologie. Göttingen 2006

Schwarzer, A.: Simone de Beauvoir. Hamburg 2007

Sozialministerium Baden-Württemberg (Hrsg.): Bürgerschaftliches Engagement, Bd. 3 Stuttgart 1996

Staehle, W.: Handbuch Management. Die 24 Rollen der exzellenten Führungskraft. Wiesbaden 1991

Staehle, W. H.: Management. (7. Aufl.) München 1994

Staehle, W. H.: Management. (8. Aufl.) München 1999

Stigler,H./ Reicher, H.: Praxisbuch empirische Sozialforschung in den Erziehungs- und Bildungswissenschaften. Innsbruck 2005

Stogdill, R. M.: Personal factors associated with leadership. In: Journal of Psychology, 25/1948, S.35-71

Strehmel, P.: Personalmanagement in Bildungs- und Betreuungseinrichtungen. Teil 1: Psychologische Grundlagen. Remagen 2006

Thiersch, R.: Frauen./ Wagner, G.: Jugendamt./ Heinze, R.G./ Olk, Th.: Wohlfahrtsverbände. In: Handbuch der Sozialarbeit/Sozialpädagogik. Neuwied und Darmstadt 1984

Tichy, N. et al.: Strategy human resource management. In: SMR 2/1982, S.47-61

Tichy, N. M./ Devanna, M. A.: The transformational leader. New York 1986 (zitiert nach Staehle 1999, S.867)

Trill, R./ Tecklenburg, A.: Das erfolgreiche Krankenhaus. Neuwied, Köln, München 2000

Tschumi, M.: Praxisratgeber der Personalentwicklung. Zürich 2005

Ueltzhöffer, J./ Ascheberg, C.: Engagement in der Bürgergesellschaft. Die Geislingen-Studie. Ein Bericht des Sozialwissenschaftlichen Instituts für Gegenwartsfragen Mannheim. In: Sozialministerium Baden-Württemberg (Hrsg.): Bürgerschaftliches Engagement, Bd. 3, Stuttgart 1996

Vahs, D.: Organisation. Einführung in die Organisationstheorie und –praxis. Stuttgart 2001

Vahs, D.: Einführung in die Betriebswirtschaftslehre. Stuttgart 2007 van Dick, R.: Commitment und Identifikation mit Organisationen. Göttingen, Bern, Toronto, Seattle 2004

van Knippenberg, D.: Work motivation and performance: a social identity perspective. Applied Psychology: An International Review 49, 2000, S.357-371

Vroom, V. H.: Work and motivation. New York 1964

Vroom, V. H./ Yetton, P. W.: Leadership and decision-marking. London 1973

Wagner, S. F.: Kurze Geschichte der Ehrenamtlichkeit. Historische Entwicklung - frühe Quellen - Vorzeit und Mittelalter. DPWV Berlin 2007 (Vortrag zur Jahreshauptversammlung des Unionhilfswerks am 7. Mai 2007)

Weuster, A.: Gerechtigkeit und Fairness bei Auswahlverfahren. In: Personalführung , Heft 10/2004

Wunderer, R.: Managementrolle: Führender. In: Staehle, W.: Handbuch Management. Die 24 Rollen der exzellenten Führungskraft. Wiesbaden 1991

Verzeichnis der Internetquellen

www.bmfsfj.de/bmfsfj/generator/BMFSFJ/Engagementpolitik/buergerschaftlich .am: 06.08.2009 BMFSFJ: Bürgerschaftliche Engagement

www.fruehehilfen.de NZFH c/o Bundeszentrale für gesundheitliche Aufklärung, Ostmerheimerstraße 220, 51109 Köln

http://www.dji.de/cgi-bin/projekte/output.php?projekt=644&Jump1=LINKS&Jump2=30

www.buergerengagement.de; auch Hummel, K. (Hrsg.): Bürgerengagement. Seniorengenossenschaften, Bürgerbüros und Gemeinschaftsinitiativen. Freiburg i. Br. 1995

www.sozialministerium.baden-wuerttemberg.de/de/Nutzen_und_Struktur_der_...: Begründung für *Frühe Hilfen* (Zitat)

http://www.fruehehilfen.de/4010.0.html: Begriffsbestimmung *Frühe Hilfen*

Anhang

Erhebungsinstrument (Fragebogen)

Sehr geehrte FiS-Assistentinnen,

Der folgende Fragebogen dient der wissenschaftlichen Arbeit zu dem Programm FiS, welches ein Baustein der Frühen Hilfen ist, die derzeit überall in Deutschland eingerichtet bzw. ausgebaut werden. Er richtet sich unmittelbar an Sie, als FiS-Assistentin und ist anonymisiert, d.h. es lässt sich nicht zurückverfolgen, wer den Bogen ausgefüllt hat.

Wir bitten Sie um etwa 15 Minuten Ihrer Zeit, um den Bogen auszufüllen. Geben Sie den ausgefüllten Fragebogen bitte in einem verschlossenem Umschlag an Ihre FiS-Teamerin zurück oder senden ihn direkt an die Geschäftsstelle der IJB e.V., z.Hd. J.-A. Schröder, Kurt-Schumacher-Straße 80, 27578 Bremerhaven.

Herzlichen Dank für Ihre Unterstützung.

Fragebogen zum Programm „Familie im Stadtteil" (FiS) zur

A) Einbindung in Trägerstrukturen

B) Bedeutung der Tätigkeit

C) Zufriedenheiten/ Unzufriedenheiten

A) Einbindung in Trägerstrukturen

Das Programm FiS gibt es z.Zt. ausschließlich in Bremerhaven, dieses Programm existiert hier seit dem Jahre 2005. Es war zunächst im *Helene-Kaisen-Haus,* einer Magistratseinrichtung (Wirtschaftsbetrieb) und der *IJB e.V.,* einem freien Träger der Kinder-, Jugend- und Familienhilfe, angebunden. Kennen Sie den aktuellen Sachstand?

FiS wird heute von folgenden Trägern realisiert:

☷ Helene-Kaisen-Haus

☷ IJB e.V.

☷ Andere Träger der Kinder- und Jugendhilfe in Bremerhaven

Der oder die Träger bieten FiS für folgende Regionen der Stadt Bremerhaven an:

☷ Nord

☷ Mitte

☷ Süd

Meinen Vertrag habe ich mit

☷ der IJB e.V.

☷ dem Helene-Kaisen-Haus

☷ einem anderen Träger

Die IJB e.V. kenne ich

☷ nur als Träger von FiS

☷ auch in anderen Zusammenhängen und zwar als Träger von:

(Mehrfachnennungen möglich)

☷ Familienhilfen

☷ Tagesgruppen

☷ Kindergarten und Krippe

☷ Heimerziehung

☷ Betreutes Jugendwohnen

- Projektarbeit (Erlebnispädagogik, auch im Ausland)

- Beratungsangeboten

- Mädchentelefon

- Jungentelefon

- Kinder- und Jugendnotdienst

- Anderes

Zu den benannten anderen Bereichen habe ich

- Kontakt

- keinen Kontakt

- wünsche ich mir Kontakt

- wünsche keinen Kontakt, aber hätte gerne mehr Information

B) Bedeutung Ihrer Tätigkeit (im Programm FiS)

Zunächst einmal möchten wir von Ihnen gerne erfahren, wie Sie auf FiS zuerst aufmerksam wurden.

- (Kinder-)Arzt

- Hebamme

- Kirchengemeinde

- Kindergarten

- Sonstige: _____

Als nächstes interessiert uns welche Aspekte für Sie Bedeutung haben.

Mir sind folgende Dinge im Zusammenhang mit FiS wichtig:

(Mehrfachnennungen möglich)

- das Leitbild und das Menschenbild

- die Tätigkeit des Helfen Könnens

- der Kontakt mit anderen Menschen

- die Einbindung in ein Team

- die Beratung und Begleitung meiner Arbeit

- die Schulungen

- etwas sinnvolles tun zu können

- das ich eine Aufwandsentschädigung erhalte

- für mich ist dies wie ein Wiedereinstieg in berufliches Handeln

- Sonstiges: _____

_____

Verraten Sie uns bitte noch, seit wann Sie bei FiS sind?

- weniger als 3 Monate

- 3 bis 6 Monate

- 6 bis 12 Monate

- 12 bis 18 Monate

- bis 24 Monate

- mehr als 24 Monate

C) Zufriedenheiten/ Unzufriedenheiten

Wir möchten abschließend von Ihnen erfahren, wie zufrieden Sie mit verschiedenen Bereichen in diesem Programm sind. Beurteilen Sie Ihre Zufriedenheit auf einer Skala von 1 bis 6, also ähnlich wie im Bereich der Schulnoten. Vergeben Sie bitte eindeutige Noten (nicht 2,5), machen Sie bitte einen Kringel um Ihre Zahl.

Zufriedenheit mit Ihrer Tätigkeit:

1--------------2--------------3--------------4--------------5------------6

Zufriedenheit mit Ihrem Tun (mit der Art und Weise, dem methodischen ‚Handwerkszeug‘, Ihrer Gesprächsführung . . .):

1--------------2--------------3--------------4--------------5------------6

Zufriedenheit mit der Auswirkung Ihres Handelns (Ergebnisorientierung)

1--------------2--------------3--------------4--------------5------------6

Meine Einbindung in das Team beurteile ich wie folgt:

1--------------2--------------3--------------4--------------5------------6

Beurteilen Sie nun die fachliche Begleitung und Beratung:

1--------------2--------------3--------------4--------------5-------------6

Wie beurteilen Sie die Module (Inhalte) der Schulungen?

1--------------2--------------3--------------4--------------5-------------6

Und wie beurteilen Sie die Dauer (Zeitachse) der Ausbildung

1--------------2--------------3--------------4--------------5-------------6

Beurteilen Sie bitte den äußeren Rahmen der Schulungen

(Räume, Moderationsmaterial, Technik)

1--------------2--------------3--------------4--------------5-------------6

Nun noch Ihr Wort zur Aufwandsentschädigung.

halten Sie diese für richtig (Dienstleistung gibt es nicht zum Nulltarif) oder sollte sie gänzlich entfallen (Ehrenamt ist schließlich Ehrenamt)?

☐ Die Zahlung einer Aufwandsentschädigung ist richtig.

☐ Eine Aufwandsentschädigung sollte entfallen.

Wenn Sie diese Entschädigung grundsätzlich als richtig erachten, wie beurteilen Sie die Höhe dieser Leistung?

▓ angemessen

▓ zu niedrig

▓ zu hoch

Wenn ich Anerkennung erfahre, dann durch folgende Personen:

▓ FiS Teamerin

▓ Familien, denen ich helfe

▓ andere: _____

_____

▓ ich erfahre keine Anerkennung

Nennen Sie uns an dieser Stelle Zufriedenheiten, die wir bislang nicht erfragt haben, die für Sie aber bedeutend sind:

_____

_____

_____

_____

_____

Nun fragen wir noch einmal anders herum, womit sind Sie unzufrieden, was sollte also verändert werden?

Unzufrieden bin ich mit: _____

_____

Ich wünsche mir folgende Veränderung: _____

_____

Unzufrieden bin ich mit: _____

_____

Ich wünsche mir folgende Veränderung: _____

_____

Unzufrieden bin ich mit: _____

_____

Ich wünsche mir folgende Veränderung: _____

_____

Wir danken Ihnen für Ihre Mitarbeit!

Stecken Sie nun diesen Fragebogen in einen Umschlag, verschließen Sie diesen und über-
geben ihn Ihrer FiS-Teamerin oder senden diesen an die IJB e.V., *z.Hd. J.-A. Schröder*, Kurt-
Schumacher-Straße 80, 27578 Bremerhaven, vielen Dank.

Bremerhaven, im Juli 2009

Autorenprofil

Jörg-Achim Schröder, MBA; Dipl.-Soz.Päd.; Supervisor (DGSv), wurde 1955 in Bocholt/Westf. geboren.

Nach seiner Ausbildung zum staatl. anerk. Erzieher studierte er erfolgreich Soziale Arbeit/ Sozialpädagogik. Am ISP des Rauhen Hauses in Hamburg absolvierte er von 1997 bis 2000 die Ausbildung zum Supervisor und zwei Jahre später an der Diakonischen Akademie Deutschland in Berlin die Aufbauausbildung zum Organisationsentwickler. In Hamburg an der HAW studierte er von 2007 an Management und Betriebswirtschaft im Rahmen eines postgraduierten MBA-Studiums und schloss dieses im WS 2009/2010 erfolgreich ab.

Der Autor arbeitet seit 17 Jahren in leitenden Stellungen, seit fünf Jahren als Geschäftsführer eines Non-Profit-Unternehmens. Im Rahmen dieser letzten Tätigkeit beschäftigt sich der Autor mit dem Management von freiwillig engagierten Menschen im Kontext bürgerschaftlichen Engagements, womit der Bezug zur Masterthesis hergestellt ist.